忍耐力

其實你比自己想的更有耐力！
棉花糖實驗之父
寫給每個人的意志增強計畫

沃爾特·米歇爾 著
Walter Mischel

陳重亨 譯

The Marshmallow Test
Mastering Self-Control

目錄
CONTENTS

ABOUT AUTHOR
關於作者

棉花糖實驗之父——沃爾特·米歇爾 Walter Mischel

1930 年生於奧地利維也納。1938 年，納粹占領奧地利，與家人逃亡至美國。現居紐約。

擁有紐約大學學士學位、紐約市立學院臨床心理學碩士學位、俄亥俄州立大學臨床心理學博士學位。

米歇爾創始的棉花糖測試（The Marshmallow Test），是心理學史上最有名、也最重要的實驗之一，也讓他從此揚名國際。此實驗始於 1960 年代末期史丹佛大學的賓恩幼稚園，以學齡前兒童為研究對象，後來成為現代科學分析認知機制以強化延宕滿足和自我控制的先驅。這項研究也意外獲得豐碩成果，相當準確地預測出受試者日後的健康及生活幸福程度，並發現此一重要過程及認知技能，是意志力之所必需。

曾短暫任教科羅拉多大學。1950-1962 年，於哈佛大學執教；

之後在史丹佛大學擔任教授並主持講座長達二十一年。1983年起，於哥倫比亞大學心理學系任教至今，擁有羅伯特・約翰斯頓・尼文（Robert Johnston Niven）人文教授榮譽。

曾發表之科學論文超過200篇，亦為心理學專著《*Introduction to Personality: Toward an Integrative Science of the Person*》的共同作者（目前該書為第八版）。畢生獲獎無數：

- 1978 年，美國心理協會（American Psychological Association）臨床心理學部傑出科學家。
- 1982 年，美國心理協會傑出科學貢獻獎。
- 1991 年，獲選為美國藝術與科學學院（American Academy of Arts and Sciences）院士。
- 2000 年，社會心理學家實驗協會（Society of Experimental Social Psychologist）傑出科學家。
- 2004 年，獲選為美國國家科學院（National Academy of Sciences）院士。
- 2011 年，葛拉威梅爾（Grawemeyer）心理學獎。
- 2012 年，維根斯坦獎（Ludwig Wittgenstein Prize）。

根據棉花糖研究的許多發現，後來變成心理學史上最具深刻見解的研究成果——直到現在。各位只要讀過這本非常精彩的書，對人性的看法必定會深深地改變。

——丹尼爾‧康納曼 Daniel Kahneman

《快思慢想》（*Thinking Fast and Slow*）作者、諾貝爾獎得主

本書以迷人筆調述說一則科學故事，同時告訴我們，這個實驗不只是針對小孩而已，我們所有人在人生中面對的棉花糖時刻，都派得上用場。本書真是精彩又深刻，而且充滿啟發。

——丹尼爾‧高曼 Daniel Goleman

《EQ》（*Emotional Intelligence*）、《專注的力量》（*Focus*）作者

延遲滿足，是讓孩子學習思考的第一步！

現在的孩子，普遍性子很急，立刻就想得到眼前的東西。於

是很多媽媽問我，這該怎麼辦？我說三個「請」是教養要訣——「請孩子等等、請不發脾氣、請講道理談判」。看似很簡單的三步驟，但實際上困難之處是，家長可能也急於教好，於是情緒就上來了，最後沒了溝通的橋樑。知名心理學家米歇爾透過科學故事告訴讀者，在家庭教養中如何實際應用、訓練孩子的自律及延遲滿足能力的具體做法。一篇篇都在教導學習運思，一篇篇都在提升巨變世代下的大腦效率。讀完這本曠世鉅作，將對你人生重大決策有深遠的影響，教孩子成為自己行為的主人。

——王宏哲
兒童發展醫學專家、天才領袖親子教育集團執行長

這本超凡的好書可謂獨一無二，從頭到尾文筆優美。米歇爾涵蓋的論點，從創意認知科學、神經科學、到遺傳學的討論都非常精彩。這是為科學代言的絕佳創作，好極了！

——艾瑞克·坎德爾 Eric R. Kandel
醫學博士、諾貝爾醫學獎得主、哥倫比亞大學神經科學系教授
《洞察的年代》（*The Age of Insight*）、
《追尋記憶的痕跡》（*In Search of Memory*）作者

這本書超棒！讓我像上癮一樣，無法控制自己地一直讀下去。讀到後來，我才知道原來自我控制是可以培養和加強的，這時我就有如置身在棉花糖的天堂一樣。刺激、好玩、簡單明瞭又生動的描述，而這些竟然都出自於嚴謹的科學研究。這本書不但很容易吸收，而且非常有說服力。不廢話，我喜歡！

——艾倫・亞爾達 Alan Alda

演員、作家、科學傳播的倡導者

這是一本我們等待已久的書！

——**安潔拉・李・達沃斯 Angela Lee Duckworth**

賓州大學心理學系副教授、2013 年麥克阿瑟基金會學者

這一本由我們這時代最偉大心理學家的創作，真是個驚奇；讓人眼界大開，既能改變想法、論點也十分有趣。米歇爾帶來的有力訊息是：自我控制的能力是可以加強的，並且他也告訴我們該怎麼做。

——**卡蘿・德維克 Carol S. Dweck**

史丹佛大學心理學教授、《心態致勝》（*Mindset*）作者

沃爾特・米歇爾是 20 世紀最具影響力的心理學家之一，《忍耐力》這本書更將讓他成為本世紀最有影響力的人。

——**史蒂芬・平克 Steven Pinker**

哈佛大學心理學約翰斯通（Johnstone）講座教授

《人性中的善良天使》（*The Better Angels of Our Nature*）作者

一位優秀研究者的精彩故事,同時也是一本如何改變人生的指南。

——提摩西‧威爾森 Timothy Wilson

維吉尼亞大學心理學系雪瑞爾‧艾斯頓(Sherrell J. Aston)講座教授

《重新調整》(*Redirect*)作者

關於人類在自我控制方面所面臨的困難,這部傑作是深刻而鼓舞人心的探索,並能教導我們更容易克服意志力的問題。

——大衛‧萊布森 David Laibson

哈佛大學經濟系教授

一本非常有趣的書……米歇爾以清晰鮮脆的文筆介紹他最新的研究成果,讓讀者能更深入地了解心理學史上最知名實驗之一的驚人成果。

——《經濟學人》(*The Economist*)

立論恢宏,讓人眼界大開……書裡提到的所有情節都告訴我們,如何發揮出最大的意志力,卻不會超過它的極限,並且有一整章是探討實際應用……人總是要承受意志的考驗,這本精彩的書鼓勵我們做出謹慎的決策。

——《出版家週刊》(*Publishers Weekly*)

米歇爾利用他精彩的經驗以及其他人於相關領域的研究,探索意志力的本質和後天培養。他用簡單明瞭而優雅的筆調，為人們解釋影響自我控制能力之神經與認知方面的複雜發現。

——《成功》（*Success*）雜誌

節奏明快，引人入勝……儘管面對所有沉淪的誘惑，本書正是讓人感到鼓舞的提醒，「在這條因果鏈的最後，個人仍是行為能力的主宰，可以自己決定要在何時拉警報。」我們終究是可以控制自我的。

——《華爾街日報》（*Wall Street Journal*）

米歇爾這本書的幸福啟示是，命運並非由吃不吃棉花糖決定……而是告訴大家，我們要如何改變自己的行為：不管是在儲存養老金、減少酒精攝取或為了健康而不吃棉花糖等等。

——《標準晚報》（*Evening Standard*）

一本精心傑作……這本書可望讓作者跟他的棉花糖實驗一樣，成為家喻戶曉的名字。

——《泰晤士高等教育專刊》（*Times Higher Education*）

FOREWORD

棉花糖的公共政策含義——
鼓勵人們學會自我控制

政大創造力講座教授｜吳靜吉

　　學會抗拒誘惑、掌握自我控制，對多數人來說是非常大的挑戰；希望維持健康、適當的體重，甚至健美的身材，是許多人的自我期待。可是，面對各種美食，尤其是甜點時，我們經常會陷入口欲與節食的拔河比賽。逛街時，忍不住購買鍾情的物品，回到家卻發現櫥櫃裡已有不少相似存貨。有些人在虛實世界中，衝動地說了一些話或做了一些事，雖逞一時之快，卻經常懊悔不已。

　　最近，英國上議院副議長休威爾男爵（Baron John Sewel）因吸毒和召妓事件被揭發，而不得不下台；台塑一些員工因未能抗拒誘惑而收賄，驚爆醜聞。這都是會斷送自己美好前途的失控行為。貪色、貪財、貪官、貪權、貪戀掌聲，都是為了即時行樂，而無法延宕滿足。

維吉尼亞大學心理學教授亞倫（Joseph P. Allen），耗費十年時間追蹤一群青少年的成長過程。許多 13 歲時耍酷而表現「假性成熟」行為，如週末飲酒作樂、尋找刺激、呼朋引伴的少年，到了 23 歲時，卻因無法抗拒眼前誘惑，而很難發展親密的人際關係，並且出現沉溺菸酒、吸毒甚至犯罪的行為。耍帥、裝酷、尋找自我認同、滿足歸屬感、期待被按「讚」，是青春期成長中的誘惑；盡情滿足自我表現的欲望，同時又能學會抗拒誘惑並懂得自我控制，是非常必要的。

　　已經 85 歲的米歇爾教授，顯然累積了不少抗拒誘惑的個人和學術經驗，終於融入新知、抽絲剝繭，出版了《忍耐力》這本書。書中一方面理性回顧近五十年來棉花糖實驗的相關研究，及其在私人和公共生活層面的應用；另一方面則感性敘說許多有趣的實驗和故事。本書其實就是米歇爾這位入世學者的生涯回憶錄，根據棉花糖實驗的科學研究結果，是心理學研究之創意與其實踐的科普著作——「寫給每個人的意志增強計畫」。

　　抗拒誘惑雖難，但也不必像荷馬（Homer）的古希臘傳說《奧德賽》（Odyssey）所描述的奧德修斯國王那般。在特洛伊戰爭結束後，奧德修斯國王於回國的途中，為了抗拒賽倫海妖（Sirens）甜美歌聲的誘惑、避免身不由己地觸礁撞死，他命令水手把自己綁在主桅桿上，不論國王如何哀求或命令，也不能鬆綁，且還要加倍綑牢；此外，為了保護水手不被甜美歌聲迷惑而失控，也命令水手以蜂蠟塞住耳朵。

　　米歇爾在書中所介紹的，都是人人可學的自我控制技巧，其中一部分是幼兒在棉花糖測試的實驗室中抗拒誘惑的方法。看著懂得延宕滿足的幼兒，在實驗室中為了抗拒誘惑所使用的自我控制方法，不僅讓成人感同身受，也佩服幼兒的意志力和創意思考；有時候，真的會以為自己是在看一部喜劇短片。

　　心理學家的確發現了不少自我控制的方法，轉移注意力是其中之一。實驗室中懂得延宕滿足的幼兒，會用唱歌、自言自語或捉迷藏等活動來分散注意力；不懂得抗拒誘惑的人，則會將注意力集中在立即可達的目標。

　　政策的制定與實施，過分強調「關鍵績效指標」（KPI）的短期目標，因而犧牲長期發展和幸福；或者不鼓勵弱勢者學會放長線釣大魚的能力，反而只給他們幾條小魚暫時解決眼前的問題。這些政策及其實施之所以受到批判，正如專欄作家布魯克斯（David Brooks）在《紐約時報》的「棉花糖測試與公共政策」一文中所說的，未能獎勵人民學會並掌握自我控制的核心問題。

第二個常用的策略是重新架構的技巧，米歇爾在書中敘述個人戒菸的過程就是最好的例子。歷經多次失敗的戒菸後，一次在史丹佛大學醫院走廊上親眼目睹癌症患者受到的折磨，從此改變了他對香菸的客觀價值，並重新評估—— 從渴望的物資到嫌惡的事物。每當要抽菸時，他就會讓自己聯想醫院走廊上癌症患者的慘景，終於和香菸一刀兩斷。

　　在忍耐等待中採取正向思考，也是有效的策略。在米歇爾的實驗中，研究者要求兒童在等待較豐厚的獎賞期間，分別想像悲傷或快樂的事件。正向思考的兒童，在白日夢裡想像身處遊樂園或親近可愛小狗，他們等待的時間幾乎是想像悲傷事件兒童的三倍。

　　傷心失意、遭遇壓力時，不靠一時的借酒消愁或吸菸減壓，而學習兒童的正向思考想像也是可學的技巧。面對誘惑或激辯時，採取冷靜沉著的策略，強調客觀的訊息、理性的溝通，和暫時拋開熱情激動的情感元素，這樣就比較能夠自我控制。大人當然也可以學習兒童，在抗拒誘惑時使用自我抽離或觀點取替等方法，掌握自我控制。

FOREWORD
學會不偏差的自我控制

財經作家｜綠角

　　壓抑當下的欲望，換取日後的成果，普遍被認為是一個與成功相關的正面特質。這個原本只是符合直覺想法的觀點，在知名的「棉花糖實驗」後被證實了。

　　能克制馬上吃一顆棉花糖的誘惑，願意等待換取兩顆棉花糖的小朋友們，在長大後，平均來說，會比不願等待的小朋友擁有較佳的學業成績、人際關係與教育程度；甚至連身體質量指數（BMI）都比較低。

　　畢竟，能克制現在想要玩樂的欲望多看點書，或者能克制想要大吃大喝的欲望，不正是這些成就的由來嗎？

　　本書的作者正是棉花糖實驗之父沃爾特・米歇爾，他在書中詳細討論了「自我控制」。其中有個反覆出現的論點，就是自我控制的能力可以後天培養。並不是一個人一出生下來，假如天生較缺乏「自我控制」的性質，就會容易受到各種誘惑，走上較低成就的人生之路。

明確的瞭解因果關係，投入心力讓自己的專注力從當下的誘惑上移開，更熱切地想望日後的成功目標，都可以讓人更能忍受當下的誘惑。人在這方面的可塑性，代表對於人生選擇，我們有相當的掌握與責任。

但對於某些人來說，他們的問題不在於能否壓抑當下的欲望，而是過度的壓抑。譬如有人為了省下錢來投資，全面壓低當下所有支出，弄到三餐過度簡約，連基本營養需求都無法滿足。

把當下可花用的金錢省下來，為的是更美好的未來。但未來的一天是人生中的一天，現在的一天難道就不是嗎？這已經是一種幾近自虐的行為。

而有些人，則進入了不合理的交換架構。他們認為，因為自己當下做出了犧牲，所以日後便理應有所回報。

譬如有人投資獲利，就把其中 5% 捐給慈善機構，這是值得鼓勵的善行義舉。但有些人捐錢，心中的要求卻是「因為我有做好事，所以日後投資的報酬會更好」。投資與善行，是能如此交換的事情嗎？

更甚者，則是建立一個不符邏輯的投資規則，然後嚴格遵守；認為自己因為很有紀律，所以就該有更高的報酬。可是，原先的投資規則本身就沒道理啊！

這種以為犧牲當下，或做點付出，就要得到一定成果的想法，可說是「自我控制」的偏差發展。自我控制是好事，但不該過度衍生或應用。就像人生的許多面向一樣，重點在於平衡。

自我控制不僅是個人人生發展的關鍵特質，甚至可說是人類社會發展的基本要件。假如數千年前開始農耕的人類，把每次的收成全都吃光，不留下一點種子留待來年耕種，那會是怎樣的結果？或者，在工業革命即將肇始的年代，人們一有錢就花費殆盡，完全沒有儲蓄或投資，那要如何形成資本，促成工業的發展？

自我控制，不論對個人與群體，都事關重大。如何調整與培養這個能力，本書將給予讀者完整的解答。

FOREWORD

找到自己的幸運棉花糖

哈佛心理學者 │ 劉軒

棉花糖實驗，是教育界最著名的心理實驗，也是一個很殘忍的實驗。

當初為了拿到更多棉花糖，小朋友要在實驗室裡獨處 20 分鐘。想想看，20 分鐘對一個 5 歲大的孩子來說，看著那一顆棉花糖，可是不能吃……你說殘忍不殘忍？

大部分的孩子幾分鐘不到就放棄了，但有少數的孩子卻可以一直等到實驗者回來，拿到兩顆棉花糖，開心的回家。而幾年後，米歇爾博士發現一個奇妙的現象：那些能忍耐最久的孩子，到了小學時的成績比較好、人緣比較好、也比較有自信。他每十年追蹤一次，發現那些孩子的 SAT 會考分數遠高過同儕，成年後事業比較成功，婚姻比較幸福……換句話說，他們有了比較幸運的人生。

很多人一聽到這個結果就說：「啊！原來如此！原來關鍵就是自制力啊！」

　　也的確，不少「虎媽虎爸」，就拿這個實驗，當作他們斯巴達式教育的背書。

　　四十多年後，米歇爾博士終於出面澄清了——原來當初實驗的重點不光是忍耐，而是看那些孩子怎麼忍耐！一而再、再而三的觀察那些通過考驗的孩子，發現他們靠的不是「忍」，而是懂得運用各種不同的方法來克服困難。長大之後，同樣的靈活思考、創意和幽默感，讓這些孩子更擅於解決問題，交更多朋友、建立更強的自信，而有了自信，更願意接受挑戰，有了更高的成就。於是，一個正面循環產生了，造就了更幸運的人生。

　　這個實驗，跟我自己的研究完全相符。分析了一萬多份，來自於 35 個國家的資料之後，我發現與幸運感、幸福感、生活滿意度有最高關聯的，就是面對困難時對自己應變的能力和自信，學術名稱是「自我效能感」（self-efficacy）。

　　對我來說，這本書最有意思的部分，就是米歇爾博士在微調不同的狀況之下，對於棉花糖實驗的結果影響。例如離開房間之前，如果實驗者跟孩子說：「你去想像那軟糖不是真的。想像有一個畫框在那裏，你只是在看一副畫。」光是這麼建議，原本等不到 5 分鐘的孩子，平均就能等到 18 分鐘！米歇爾博士也發現，如果在實驗一開始跟孩子聊一些開心的事，這些孩子也普遍能忍耐比較久。

四十多年的研究給我們的結論是：成功的心態，靠的是正面的態度、創意的思考、適當的自由、讓人能自己克服挑戰、並從失敗中學習。自古有句話：「自助者，天助之。」面對人生的無常，是否能逢凶化吉、克服挑戰、抗拒誘惑，靠的不是傻乎乎的對抗，臥薪嘗膽的狠勁兒，而是正面的態度加上靈活應變的思考。無論是 5 歲還是 50 歲，道理都是一樣。

這本書結合了米歇爾博士教授畢生的研究心得，口吻親切易懂，對教育人士含金量尤其高。若只尋求改進生活的方法，也可以在書的最後章節裡獲得。希望每一位讀者，在看完這本書之後，都能找到自己的幸運棉花糖！

INTRODUCTION
導言

　　我的學生和孩子們都可以作證,「自我控制」這門學問不是我天生就會的。很多人都知道,我曾經半夜打電話給學生,詢問最新的資料分析進度如何,儘管那是當天晚上才剛剛開始做的。跟朋友一起吃晚飯時,大家好整以暇、細嚼慢嚥,只有我興沖沖地一掃而光。正因為我自己是個急性子,才會發現原來自我控制是可以學會的,我也才會一輩子都在研究這些策略。

　　驅動我研究和撰寫本書的基本想法,來自我的信念和發現。我發現,為了未來更大成果而延宕即時的滿足,是一種可以學習到的認知技能。半個世紀前就開始,一直持續到現在的諸多研究已經證實,這些技能在我們小時候就會表現出來,並且都可以衡量,它們對我們一生幸福和身心健康也會帶來深遠的影響。最重要且最令人興奮的是,這些發現在教育和教養子女上極富意義，因為我們已經證實透過某些認知策略，可以改善和強化這些技能。

棉花糖測試和之後五十年來的實驗，已經帶來一股「自我控制」的研究浪潮，光是本世紀第一個十年裡，相關研究報告的發表數量就增加了五倍。[1] 我會在本書中詳盡介紹這個研究故事，告訴各位我們如何發現自我控制的機制，並且在日常生活裡又該如何積極駕御這些機制。

這本來是 1960 年代，在史丹佛大學的賓恩幼稚園（Bing Nursery School）開始的簡單測試，看那些學齡前的兒童會怎麼解決一個困難的問題。我當時帶著學生進行測試，讓那些幼稚園學生做選擇：馬上獲得一個獎勵（比方說一顆棉花糖）；或者他們願意自己一個人等候，但要熬 20 分鐘這麼久，然後可以獲得更多獎勵（例如兩顆棉花糖）。我們讓孩子們自己選擇他們最想要的獎勵，例如棉花糖、小餅乾、小的蝴蝶餅或薄荷糖等等。例如「愛咪」（Amy）[2] 選了棉花糖。她一個人坐在桌子旁，面前有一個棉花糖，她可以馬上吃掉；但如果她願意等待，就可以獲得兩顆棉花糖。棉花糖的旁邊擺了一個叫人鈴，要是愛咪想吃掉那顆棉花糖，隨時都可以按鈴叫研究人員回來。或者，她也可以慢慢等，等到研究人員回來；要是愛咪沒離開座位，也沒吃掉那顆棉花糖，那她就可以獲得兩顆棉花糖。看到那些孩子努力控制自己不要去按鈴，真會讓你感動到流眼淚，你一定會為他們展現的創意鼓掌，為他們加油。看到孩子那麼小就具備抗拒誘惑的潛力，爭取未來更大的報酬，一股新希望也油然而生。

　　後來意外發現，那些小朋友願意或不願意等候以延宕滿足（delay gratification）的決定，竟然也能對他們日後的生活做出更多預測。那些等待時間越長的孩子們，在 SAT 學測的分數較高；等他們到了青春期時，社交和認知功能也會比較好。[3] 那些在棉花糖測試中等待較長時間的小朋友，到了 27 至 32 歲時，他們的身體質量指數（body mass index；BMI）會比較低，也更清楚地知道自己的價值，對目標的追求更有效率，也更能適應挫折和壓力。到了中年階段，那些堅持等待（「高延宕」）和等待時間不長（「低延宕」）的人，透過腦部掃描也能看出大腦中跟成癮與肥胖有關區域的活躍狀況明顯不同。

　　棉花糖實驗到底說明了什麼？那種延宕滿足的能力是天生的嗎？它可不可以傳授學習？欠缺這種能力會有什麼問題嗎？本書就是要回答這些問題，而且答案大概會讓各位感到非常驚訝。在本書中，我會討論「意志力」是什麼及其迷思，在什麼條件下意志力可能會瓦解、有什麼認知能力和動機能強化意志力、擁有和運用意志力可以帶來什麼結果。我將檢視這些研究成果的意義，重新思考我們是誰；我們能否變得更好;我們的心智如何運作;我們如何控制自己的衝動、情感和性格,什麼情況下又會控制失敗;我們要怎麼改變自己;還有,我們要如何教養自己的孩子。

　　大家都很想知道意志力如何運作,也都希望擁有更強的意志力,讓自己、自己的孩子或親戚朋友,能更容易地解決一些像是吸菸的問題。延宕滿足、抵抗誘惑,是遠自文明開始以來就已經出現的基本挑戰。聖經「創世紀」中亞當和夏娃在伊甸園的故事,誘惑正是其核心,古希臘哲學家把這種意志力薄弱、控制不了自己的情況稱為「akrasia」。千百年來,意志力都被視為一種永遠不變的特質,你有就有、沒有就是沒有;而那些在生物背景或社會背景下受到瞬間力量操縱的人,則被視為意志力薄弱的犧牲者。追求長期目標能否成功,自我控制正是關鍵。要建立關懷和相互支持的人際關係,必須培養出自我約束和同情的能力,自我控制與否在這方面也一樣重要。善於控制自我的人,不會在孩童時期過早地誤入歧途,因而出現輟學或魯莽行事不知輕重等狀況;日後也不會讓自己身陷於那些他們討厭的工作上。這是情緒智商的「主要特質」,[4] 對建構充實人生非常重要。然而,它的重要性雖然非常明顯,長久以來卻被排除在嚴肅的科學研究之外,直到我和我的學生們創造出一種方法,才揭開這些理念的祕密,從心理過程來解釋其運作,讓大家看到它在適應功能上扮演著關鍵角色。

進入本世紀以來，棉花糖實驗開始獲得公眾關注，而且熱度不斷上升。2006 年，大衛‧布魯克斯（David Brooks）在《紐約時報》（*New York Times*）週日版撰文報導；[5] 幾年後，當他採訪歐巴馬總統時，總統還請他談一談棉花糖。[6] 2009 年，《紐約客》（*The New Yorker*）也以棉花糖測試做了科學類專題報導；[7] 這項研究後來也被全球許多電視節目和報刊雜誌廣泛報導。它甚至讓卡通《芝麻街》（*Sesame Street*）那隻餅乾怪獸（Cookie Monster）也學會控制自己的衝動，不要再貪吃餅乾才能加入餅乾饕客俱樂部。棉花糖研究影響了許多學校的課程安排，從窮人子女的學校到菁英私校都包括在內。[8] 有些跨國投資公司也利用它來推動退休金計畫。[9] 要跟大眾討論延宕滿足的重要性，一張棉花糖的照片就是最好的開場白。我在紐約市看到一些孩子放學回家時，穿著「不要吃棉花糖」的 T 恤，還配戴了「我通過棉花糖測試」的大徽章。幸運的是，當大家對意志力話題的興趣大增之際，延宕滿足和自我控制如何啟動的科學研究也日益深化，發掘出許多寶貴資訊，包括心理和生理層面。

要了解自我控制和延宕滿足的能力，我們不但要知道啟動的關鍵，也要探索瓦解的條件。就和亞當和夏娃戰勝不了誘惑一樣，我們也在報紙頭條看到許多菁英人士自毀前程的報導，有總統、州長等政治領袖，身為社會道德支柱、受人尊敬的法官、運動明星和演藝紅星，他們因為某個年輕的實習生、清潔婦或非法藥物而毀了自己。這些人都很聰明，不只是智力，他們的情緒商數、社交手腕也都很強，否則不會爬到那麼高的位置。但後來為什麼會出現那麼愚蠢的舉動？跟他們一樣成功的人有那麼多，為什麼別人就不會把自己鬧上頭條新聞？

我援引了科學研究的最新發現，來解釋這些事情。其核心是，人類的大腦裡有兩個交互運作的系統，一熱一冷。熱的是人的情緒、本能反射（reflexive）和潛意識；冷的是認知和沉思（reflective），這些較慢也較費勁。[10] 在那些小朋友面對棉花糖時，意志力是否發揮作用，都是這兩個系統面對強大誘惑時交互作用所致。關於我們是什麼樣的人、我們個性的表現與本質，還有自身做出改變的可能性，此研究的發現推翻了我長期以來的假設。

在 PART 1「延宕的能力 —— 啟動自我控制」，我將告訴各位棉花糖測試的故事和實驗，大家會看到學齡前的小朋友做到了亞當和夏娃做不到的事。實驗結果證實，某些心理過程和策略可以讓我們抑制誘惑、延宕滿足，達到自我控制。這部分也會指出大腦在做到這些事情時，可能的運作機制是什麼。其後的數十年裡，有許多大腦研究運用最新的成像技術，探索心靈和大腦的連結運作，幫助我們了解那些學齡前小朋友到底是怎麼抵抗誘惑的。

棉花糖的發現必然讓我們想問：「自我控制是先天的能力嗎？」最近在遺傳學方面的研究可以提供最新答案。它們揭示出人類大腦驚人的可塑性，改變我們原先對於天性和DNA 的理解，包括環境和遺傳的作用、人類天性的適應性質等等。這些發現所帶來的深遠影響，將會跨出科學實驗室，對人類自身理解的信念帶來顛覆與挑戰。

PART 1 會留下一個未解之謎：那些願意等待更多獎勵的小朋友，為什麼能預測他們日後會比較成功也比較幸福呢？我會在 PART 2「從學齡前的棉花糖到 401(k) 退休金」回答這個問題。在 PART 2，我要探討自我控制能力的影響，從學齡前一直到退休規畫遍及整個人生，它會讓人創造出更多成功經驗和正面期望，也就是「我認為我辦得到」的思維模式和自我價值感。雖然擁有自我控制的能力，並不保證個人必定功成名就；但它會讓你的成功機會提高許多，尤其是在面對艱難抉擇和達成目標所需的毅力和韌性方面帶來莫大助力。它所影響的，不單是在人生過程中我們所必需學到的大量技能，更重要的是在於目標和價值的內化，指引吾人生命歷程的方向，並且讓我們擁有堅定的動機和意願，足以克服沿途碰到的艱難挫折。就像人生會以我們難以預期的方式展開，我也會在 PART 2 談到駕御自我控制，以較不費力的方式培養意志力，提高自動自發，爭取更多鼓勵。我要談的不只是抵抗誘惑，還有其他許多自我控制的挑戰，包括平撫痛苦情緒、克服傷心悲痛、避免憂鬱沮喪，以免在進行重大抉擇時受到心情或情緒的干擾。雖然 PART 2 會展示出自我控制的好處，但它的限制也一樣明顯——誠可謂過猶不及，過度的自我控制跟無法控制自我一樣，都不能帶來充實的人生。

在 PART 3「從實驗室到生活」，我會討論這項研究對公共政策的影響，主要是最近教育上的一些改革，從學前教育就加入自我控制課程，讓那些處於不利條件下的孩子也有機會開創美好生活。之後我會總結本書提供的諸多觀念和策略，而這部分的內容想必有助於我們在日常生活中實踐自我控制的努力。在本書的最後一章我要談到，對自我控制、遺傳學和大腦可塑性的研究，正在改變我們對人類本性的看法，對於我們是誰、可以做到怎樣的改善，在理解上也已經跟過去不一樣了。

在寫這本書的時候，我想像自己是悠閒地與各位讀者聊天，就像我跟朋友或新認識的人談話，他們問到：「那個棉花糖研究，最近有什麼新發現？」然後大家就聊了起來。過不了多久，我們又談到那些發現跟生活各方面的關係，從養兒育女、僱用新員工、在公務和個人方面避免昏庸決策，直到克服傷心悲痛、戒菸、控制體重、教育改革和了解自己的優缺點等等。各位或許也跟我一樣，都想做好自我控制，那這本書就是寫給你看的。有些人也許是想更深入地了解我們心智運作的情況，那麼這本書也很適合你。我希望，這本書能為各位讀者帶來一些新的對話。

NOTES

1. S. M. Carlson, P. D. Zelazo, and S. Faja, "Executive Function," in *Oxford Handbook of Developmental Psychology*, edited by P. D. Zelazo (New York: Oxford University Press, 2013), 706–743.

2. 括弧表示這些名字都經改寫，以保障隱私。

3. W. Mischel, Y. Shoda, and M. L. Rodriguez, "Delay of Gratification in Children," *Science* 244, no. 4907 (1989): 933–938.

4. D. Goleman, *Emotional Intelligence: The 10th Anniversary Edition* (New York: Bantam Books, 2005), 80–83.

5. "Marshmallows and Public Policy," *New York Times*, May 7, 2006.

6. W. Mischel and D. Brooks, "The News from Psychological Science: A Conversation between David Brooks and Walter Mischel," *Perspectives on Psychological Science* 6, no. 6 (2011): 515–520.

7. J. Lehrer, "Don't: The Secret of Self-Control," *The New Yorker*, May 18, 2009.

8. 見 http://www.kipp.org 與 http://www.schoolsthatcan.org/for examples。

9. S. Benartzi with R. Lewin, *Save More Tomorrow: Practical Behavioral Finance Solutions to Improve 401(k) Plans* (New York: Penguin Press, 2012).

10. J. Metcalfe and W. Mischel, "A Hot/Cool System Analysis of Delay of Gratification: Dynamics of Willpower," *Psychological Review* 106, no. 1 (1999): 3–19.

PART **1**

延宕的能力——啟動自我控制

在 PART 1，我會以 1960 年代的「棉花糖測試」揭開序幕。當時我帶著學生在史丹佛大學的賓恩幼稚園做實驗，我們把它叫做「驚奇屋」。我們在這裡發展出來的一套方法，後來就稱為「棉花糖測試」。我們的實驗是觀察學齡前兒童能否發揮足夠的自我克制，耐心等待兩顆棉花糖的獎賞，而不只是滿足於眼前馬上就能吃到的一顆棉花糖。我們利用一個只能單向觀看的監視窗來觀察，對於那些孩子如何控制自己和等待的情況，看得越久就越感驚訝。簡單來說，要這些小朋友抵抗誘惑也許困難得不得了；不然就是很簡單。在某些情況下，他們可以持續等待；而某些狀況下，研究人員才剛離開，他們馬上就按鈴表示要吃了。我們不停地研究，探索這些狀況何以產生不同結果，研究那些可以控制自己的孩子們的想法和行為，想知道有些孩子到底是做了什麼，讓他們的自我控制比較容易，而有些孩子又為什麼一定管不住自己。

這項研究工作耗費了多年時間，才逐漸找到一種模式，可以描述兒童和成年人在抵抗誘惑終至成功的心智運作過程。本書 PART 1 要講的就是，自我控制是如何進行的——這並不是變得堅強或直接說「不」就辦得到，而是一種思考上的改變。在我們小時候，有些人就是比較擅長於自我控制，但其實每個人都能找到一些方法，讓它比較容易做到；關於這部分我也會談到。

我們也發現，自我控制的根源其實在學步嬰兒的身上就能看到。所以，能否自我控制是天生的嗎？PART 1 的最後會回答這個問題，近期在遺傳學上的一些新發現，對於先天與後天特質的看法帶來不少洞見。這些新認識對我們如何撫養、教育孩子以及我們對於自己的認知，都將帶來莫大影響。之後的各章我會逐一探討這些內容。

CHAPTER 1
史丹佛大學的驚奇屋

　　在以笛卡爾（René Descartes）命名的巴黎醫學院前面，學生聚集在高大的廊柱底下抽菸，那些菸盒上都用法文的大寫字母寫著**「吸菸致命」**的警示。即使他們知道吸菸不好卻也控制不住，像這種無法為了未來結果而抑制即時滿足所帶來的混亂，大家應該都很熟悉吧。在我們的孩子身上，甚至是我們自己，或許都是如此。每次信心滿滿地定下新年新希望，戒菸啦、定期運動啦、不要跟愛人親人吵架啦，結果都是意志力的失敗，說不定連 1 月都還沒結束就放棄了。我很榮幸曾經參加諾貝爾經濟學獎得主托馬斯‧謝林（Thomas Schelling）關於「自我控制」的演講，他在結論時談到意志力薄弱造成的困境：[1]

　　有一種人大家應該都看過，在座的各位之中，甚至就有這種人。他們可能痛恨吸菸，把香菸扯碎、丟進垃圾筒，發誓要馬上戒菸，絕對不要讓自己的小孩變成孤兒；但三個小時後，又急急忙忙地尋找還沒關門的商店買香菸。他們可能吃了一頓高熱量的午餐，知道自己一定會後悔，也的確是後悔了，但怎麼也不明白為何自己控制不住？於是下定決心，晚餐一定要吃少一點來做個平衡；結果晚餐還是大吃大喝，吃飽喝足以後，又繼續後悔。也有些人，晚上黏在電視機前面動不了，但他們知道今晚不做點功課，明天早上的會議就完蛋了，那場會議對自己的職業生涯是多麼、多麼重要啊！可是今晚就是黏在電視前面動不了。還有些家長明知孩子一定調皮搗蛋，所以下定決心告訴自己，不要再為這些小事生氣了。結果全家去迪士尼樂園玩，孩子果然調皮搗蛋，而家長果然又生氣了，於是整趟旅行就這麼搞砸了。像這樣的理性消費者，我們該如何看待？

　　儘管對於意志力的存在和本質為何仍有許多爭議，很多人也確實在運用意志力，去挑戰自我攀爬聖母峰；歷經多年的自我否定，仍艱苦鍛練毫不鬆懈，終於邁向奧運或成為芭蕾明星；或者是戒除多年的藥物成癮。有些人可以嚴格堅守飲食控制；有些人菸不離手、成癮多年，卻還是戒得掉；但有些人明明一樣下定了決心，終究還是失敗。當我們仔細觀察自身的意志力運作，有時有用、有時又會失敗，這一切該如何解釋呢？

我在 1962 年到史丹佛大學擔任心理學教授之前，曾經在千里達（Trinidad）和哈佛大學研究「決策」，當時也是找些孩子來做實驗，問他們會選擇「現在比較少的糖果」還是「未來比較多的糖果」，或是在「現在比較少的錢」和「未來比較多的錢」之間做選擇（我會在第 6 章討論這項研究）。但我們原先的決定、對延宕結果的堅持，在面對熱切誘惑之時，經常會誤入歧途難以自拔。在進入餐廳前，我真的下定決心：「今晚不吃甜點！絕對不吃，因為要避免膽固醇、大肚腩，免得下一次抽血檢查又是個壞消息……」後來糕點車一推出來，服務生在我眼前晃了晃巧克力慕斯，我還沒來得及思考，它就掉進嘴裡了。像這種下定決心、馬上又放棄的事情，發生太多次了，到底要怎樣才能管好自己呢？我開始覺得好奇。而棉花糖測試就是這樣的研究工具，探索我們決定要延宕滿足時，該如何抵抗誘惑，耐心等待。

設計棉花糖測試

　　從古代到啟蒙運動、佛洛伊德，一直到今天，小孩都被認定為衝動、不能照顧自己、只圖眼前滿足不擅等待。[2] 對於我三個年齡相近的女兒 —— 茱蒂、蕾貝卡和琳達 —— 我原本也抱著這些莫名其妙的預期，但看到她們在幾年內出現的變化，實在非常驚訝。她們從牙牙學語和尖叫，很快就學會靈巧俐落地招惹彼此、討好爸媽，你跟她們聊天時甚至會覺得言之有物、很是愉快。在短短幾年內，她們多多少少也能做到耐心地等候自己想要的東西。此時我坐在餐桌前，看著眼前的情況，想搞清楚這到底是怎麼回事。但我完全搞不懂她們在想什麼，才讓她們可以控制自己，在誘惑面前能延宕滿足；甚至沒人在旁邊盯著，也可以維持一段時間。

我想了解意志力，尤其是為了未來結果而延宕滿足的能力，看我們在日常生活中如何做到或做不到。對於兒童開始發展這種能力的情況，我們需要一套方法來研究，而不只是瞎猜亂想。我在我三個女兒身上就看到這些技能的發展，當時她們還沒上小學，都在史丹佛大學賓恩幼稚園就讀。這個設立在大學校園裡的幼稚園，跟研究機構結合在一起，正是理想的實驗室。幾個好玩的遊戲區，設有單向觀察的大玻璃窗；幾間小小的研究室裡，都有一個可以偷偷觀察小孩行為的地方。我們就在那裡選了一間研究室，對孩子們說那是「驚奇屋」。我們就在那裡陪他們玩「遊戲」——也就是我們的實驗。

我跟我的研究生艾伯·艾伯森（Ebbe Ebbesen）、伯特·摩爾（Bert Moore）、安東妮特·蔡司（Antonette Zeiss）以及其他許多學生，在驚奇屋測試、微調，搞了幾個月；有時候很好玩，有時候又覺得很挫折。比方說，我們要設定多久的延宕時間，才會影響那些學齡前兒童的等候意願，5分鐘還是15分鐘？後來我們發現，叫他們等多久也不太重要，因為他們年紀太小，對那樣的時間差距並不理解。那麼，獎勵的數量有影響嗎？有！但要提供什麼獎勵呢？我們必須塑造出一種強烈衝突的考驗，讓他們面對情緒上熱切的誘惑；但要求他們延宕滿足至少幾分鐘，就能得到兩倍的獎勵。這個誘惑對小男孩和小女孩來說，都必須夠大、夠重要，但又精確且易於衡量。

五十年前的小孩跟現在一樣，大概都喜歡吃棉花糖；不過家長有時會禁止他們吃棉花糖，除非吃完後馬上可以刷牙，至少在史丹佛大學賓恩幼稚園是如此。但也不是每個小孩都愛吃棉花糖，所以我們找了幾種點心，讓孩子自己選擇。不管他們選擇哪一種點心，我們都答應給他一個；但要是他願意等待研究人員「自己回來」，就可以獲得兩個。當時我們第一次向某個聯邦機構申請補助，它不但拒絕這個提案，還說我們應該去找糖果廠商才對；讓我們懷疑它的建議可能沒錯。真是令人沮喪到了極點。

我之前在加勒比海地區做研究，就知道「信任」是願意延宕滿足的重要因素。[3]為了確保孩子會信任做出承諾的人，我們先叫研究人員陪孩子們一起玩，讓他們感到放心。然後我們讓孩子坐在小桌子旁，桌上放個按鈴。為了加強信任感，研究人員會找藉口經常離開房間，但只要孩子一按鈴，研究人員就會馬上回來，對孩子說：「你看，你一叫我，我馬上就回來了！」等到小孩明白研究人員一受召喚就會馬上回來時，我們就開始跟他玩另一個「遊戲」，也就是自我控制的測試。

雖然我們採用的方法力求簡單，但學術名稱可一點都不簡單──「幼稚園生為延遲之價值獎勵自願延宕即時滿足的模式」（The preschool self-imposed delay of immediate gratification for the sake of delayed but more valued rewards paradigm）。幸虧數十年後，專欄作家大衛‧布魯克斯發現這項研究，在《紐約時報》以「棉花糖和公共政策」為題撰文披露，於是媒體開始用「棉花糖實驗」這個名字。後來又延續至今，雖然我們獎勵的點心常常不是棉花糖。

我們在 1960 年代設計的實驗，並沒有用攝影機拍下孩子實驗的過程。但二十年後，為了記錄棉花糖測試的過程，並說明兒童在等待獎勵的過程中使用了什麼策略，我的博士後研究生莫妮卡‧羅德里格絲（Monica L. Rodriguez）開始在智利一間公立學校裝設隱藏式攝影機，將那些五到六歲的小朋友接受測試的過程拍攝下來。莫妮卡的實驗跟我們原先設計的過程完全一樣。首先登場的是「伊妮茲」（Inez），這位可愛的小一學生眼神活潑但表情嚴肅。莫妮卡讓伊妮茲待在學校空蕩蕩的研究室裡，坐在小桌子旁。伊妮茲要的點心是奧利奧餅乾（Oreo）。小桌子上有一個按鈴和一個餐盤大小的塑膠盤，盤上一邊放著兩塊餅乾，另一邊放一塊。立即獎勵和延宕獎勵都擺在一起，一方面是讓孩子相信只要等待就一定可以得到更多獎勵，另一方面是加強衝突感。除此之外，小桌子上沒有別的東西，房間裡也沒有任何玩具會讓孩子分心。

在給予選擇時，伊妮茲想要兩塊餅乾而不是只有一塊。她知道莫妮卡會出去做一些事，但只要她按鈴，莫妮卡就會回來。莫妮卡讓伊妮茲試按了幾次，證明她一聽到鈴響就會馬上回來。然後莫妮卡向她解釋說，要是伊妮茲可以一個人在房間裡等待，等莫妮卡自己回來，她就可以得到兩塊餅乾。要是她不想再等了，隨時都可以按鈴。但要是她按鈴，或是開始吃點心，或是離開座位，那她都只能得到一塊餅乾。為了確保伊妮茲完全了解這些說明，莫妮卡請伊妮茲覆誦。

當莫妮卡離開房間後，伊妮茲看起來有點痛苦，臉上表情變得越來越不好，似乎快哭了。然後她開始偷看那些點心，死命地盯著它們，好像在想什麼。她突然伸手彷彿要按鈴，但手快碰到時，又突然停了下來。她小心翼翼地伸出食指在上空徘徊，好像要按鈴，又完全沒碰到，一次又一次地重覆，似乎在戲弄自己。後來她轉頭不看按鈴和盤子，大聲地笑起來，好像自己做了什麼很有趣的事情。她高興地用拳頭堵住自己的嘴巴，以免笑得太大聲，臉上滿是為自己感到慶幸的笑容。大家看到這支錄影帶時，都帶著同情時而驚呼、時而跟著伊妮茲大笑，很是愉快。等到停下傻笑，她又繼續跟那個按鈴玩遊戲，但時而用食指比出「噓」的動作，手擺在閉起的嘴巴前面，邊喃喃自語「不行、不行」，彷彿阻止自己去做什麼一直很想做的事情。如此過了 20 分鐘，莫妮卡「自己回來」了。但伊妮茲還是沒有當場吃掉那兩塊餅乾，而是把它們裝在袋子裡，說要帶回家給媽媽看她獲得的戰利品。

「恩里科」（Enrico）長得挺帥，以他的年紀來說算是高大，穿著花花綠綠的圓領衫，金髮瀏海剪得很整齊。他一直很有耐心地等待。他蹺起椅腳，靠著身後的牆，不停地拍打牆壁，邊抬頭盯著天花板，臉上既無奈又認命的樣子，很用力地呼吸，似乎也很陶醉在自己製造的聲響裡。他就這樣拍個不停，直到莫妮卡回來。所以，他也得到了兩塊餅乾。

「布蘭卡」（Blanca）忙著演默劇進行無聲對話，像卓別林那樣，似乎是很小心地告訴自己，等待點心的時候該做什麼和不該做什麼。她甚至把空著的手捂著鼻子，假裝自己正在嗅聞什麼好東西似的。

「哈維爾」（Javier）眼神銳利，看起來很聰明，他在等候時似乎完全沉浸於小心翼翼的科學實驗。他的表情非常專注，好像在測試自己能以多緩慢的速度移動那個按鈴，又可以將它舉得多高，但卻不會按響它。他將按鈴舉上頭頂，很專心地瞇眼盯著它，又伸手把按鈴遠遠地拿開，動作儘可能地緩慢，把這個過程拖得越長越好。他看起來真像是日後大有出息的科學家，正在施展精神控制和想像的能力。

莫妮卡也對「羅貝多」（Roberto）做了同樣說明，他是穿著米色學校外套、白襯衫，戴著深色領帶的 6 歲男童，頭髮梳得一絲不苟。等莫妮卡離開房間，他很快地瞄了一下門，確定它已經關上。然後他舔著嘴唇，很快地對餅乾盤出手。他小心翼翼地掰開餅乾，低頭舔光中間的奶油糖霜，其間大概只停下一秒吧，對自己的鬼靈精笑得超開心。舔光奶油糖霜後，他靈巧地把那兩片餅乾闔起來，又小心地擺回盤子上。接著採取相同方式，以最快速度整治另外兩塊餅乾。嗑光夾心餡之後，羅貝多小朋友又把這兩塊餅乾擺回原位，接著環顧四周，又瞄了瞄門口，確定一切都是神不知鬼不覺。然後像個技藝精湛的演員似的，他右手支在桌上，頭慢慢地靠上去，斜托著腮，又是一臉天真無邪的模樣，睜著信任的大眼睛熱切地望著門口。

不管是誰來看這些紀錄，羅貝多的表演總是獲得最多的歡呼和掌聲，大家都笑得樂不可支。有一次某個美國頂尖私立大學的教務長還喊道：「等他準備好要上大學時，給他一份獎學金！」我看他不是在開玩笑。

預測未來？

棉花糖測試其實並不是要「測試」什麼。事實上對於想預測現實生活重要行為的心理測試，我大都覺得很懷疑。我經常指出性格測試在運用上的許多限制，因此決定自己絕對不要設計出那種東西。我帶著學生所設計的程序，並不是要看孩子們的表現有多好，而是想知道他們在決定延宕滿足時是如何辦到的。我也沒理由認為根據學齡前兒童等待棉花糖的時間有多長，就能對他們日後的生活做出有價值的預測；尤其這種在小孩很小的時候預期長期生活結果的心理測試，一向很不成功。[4]

但是在進行棉花糖測試的幾年後我開始懷疑，那些孩子在實驗中的行為，和他們日後的生活表現有著某種關係。我的三個女兒也都上過賓恩幼稚園，因此過了幾年後，我有時候會問她們，那些幼稚園的同學們後來如何了。這當然也不是什麼有組織、有方法的追蹤，只是晚餐時光的閒聊：「黛比怎麼樣？」或「山姆現在如何？」當時那些孩子都正邁入青少年階段，因此我請女兒們用 0 到 5 的等級來為那些朋友在學校的表現和平時的社交狀況打分數；於是注意到，那些學齡前兒童在棉花糖測試中的表現，跟我的女兒們私底下對他們的評分似乎頗有關聯。我拿著女兒做的評等和實驗的原始資料進行比對，果然看出明顯的關聯性。這才曉得，我跟學生都該對此好好做番研究才行。

那是在 1978 年，我跟菲利普・皮克（Philip K. Peake）一起進行的，當時他是史丹佛大學的研究所新生，如今他已經是史密斯學院（Smith College）的資深教授了。菲利普跟其他幾位同學密切合作，經常不眠不休地做研究，尤其安東妮特・蔡司和鮑伯・蔡司（Bob Zeiss）在設計、進行和追蹤上提供不少助力，也因為這些人的努力，開創了史丹佛對延宕滿足的縱貫性研究。1982 年，我們的團隊開始針對那些曾參加延宕研究的學童之家長、老師和學校顧問做問卷。詢問範圍包括跟衝動控制相關的各種行為和性格，從孩子們的規畫和預先思考的能力，處理個人和社交問題的技巧與熟稔程度（例如跟同儕的相處情況），一直到他們的學業成績都包括在內。

從 1968 年到 1974 年間，在史丹佛大學賓恩幼稚園就讀的學生，曾參加棉花糖測試者超過 550 位。我們從中建立了一份樣本，在測試之後每隔十年，針對幾個不同面向對他們進行評估。到了 2010 年，這些小孩也都邁向 40 歲了；到了

2014 年，我們還是繼續收集他們的資訊，包括職業、婚姻、財務和生理及心理健康狀況。所收集到的資訊從一開始就讓我們很驚訝，直到現在仍是如此。

青春期：應對與成就

　　第一次追蹤研究時，我們郵寄一小份問卷給受測兒童的爸媽，詢問說：「關於你的小孩和同儕，諸如同學和其他同年齡的朋友相比較，我們想知道你們對他（或她）的看法。」針對那些問題，他們以 1 至 9 的等級來評分作答（從「一點也不」、「普通」到「非常」）。我們也從那些孩子的老師獲得類似評等，主要係針對他們在校的認知和社交技能表現。[5]

　　那些在棉花糖測試中等待越久的學齡前兒童，在十幾年後進入青春期時，被評等為面對挫折時表現出更多的自我控制，對誘惑比較不會屈服，需要集中注意力時也比較不會分心，他們表現得更聰明、更自立也更有自信，並且信任自己的判斷。一旦承受壓力，比較不會像低延宕學童那麼容易崩潰，也比較少出現慌亂、脫序或做出不成熟的行為。同樣地，他們更常預先思考和規畫，一旦受到激勵時，也更能去追求自己的目標。他們對於周遭事物也更用心、更注意，能運用理性來回應，比較不會因為受到挫折就退縮。總而言之，他們跟一般所謂問題重重的青少年刻板印象很不一樣，至少在他們的家長和老師眼中是如此。

為了衡量這些小孩的學業成績，我們請家長提供他們在 SAT 學測的口試和測驗評分。SAT 學測通常是美國學生上大學的申請依據之一。為了評估家長提供資料的可靠性，我們也同時聯絡了主持測驗的學測服務中心（Educational Testing Service）。最終發現，等待時間較長的學齡前兒童，在 SAT 學測的分數表現也好很多。[6] 整體而言，延宕時間短的孩子（後三分之一）和延宕時間長的孩子（前三分之一）相比，SAT 學測成績少了 210 分。[7]

成人期

大約在 25 至 30 歲間，[8] 那些學齡前延宕時間長的人，描述自己更能追求及實現長期目標，比較不會嘗試危險藥物，教育程度較高，BMI 也顯著較低。[9] 在處理人際問題時，他們比較有彈性和適應能力，也較擅於維持親密關係（第 12 章會討論）。我們對參與者追蹤多年，賓恩研究所發現的結果逐漸變得全面而穩定，重要性日益增加，讓我們非常驚訝。如果這麼簡單的棉花糖測試就能從學齡前預測到那麼久以後的生活（在統計上呈現顯著水準），我們就必須考慮它在公共政策和教育上的意義。哪些重要技能會讓小孩運用自我控制？這些技能可以被教導傳授嗎？

不過，我們的發現也許只是僥倖，說不定只限於史丹佛大學。那是 1960 年代到 1970 年代早期的加州，反文化風潮正在興頭上。為了測試這一點，在史丹佛研究剛開始的數十年後，我又找學生挑選一些不同族群來做研究，包括紐約市南布朗克斯的公立學校，[10] 他們跟史丹佛那群幸福人很不一樣。結果發現，這些生活條件和環境完全不同的小孩，也表現出類似狀況，對此我將在第 12 章詳細說明。

中年期腦部掃描

現為華盛頓大學教授的莊田佑一（Yuichi Shoda），1982 年進入史丹佛的心理學研究所就讀時，就跟我一起工作。2009 年，賓恩幼稚園那些受測生都已經邁過四十大關了，莊田跟我再次從幾個不同機構找來認知神經科學家組成團隊，進行追蹤研究。這個團隊包括密西根大學的約翰·強尼德斯（John Jonides）、史丹佛大學的伊恩·高利伯（Ian Gotlib），和康乃爾大學威爾醫學院（Weill Cornell Medical College）的畢傑·凱賽（BJ Casey）。我這些同事都是社會神經科學（social neuroscience）的專家，這門學問專注於了解我們思考、感覺和行動時的大腦機制。他們利用一些像是功能性磁振造影（fMRI，functional magnetic resonance imaging）的方法來研究大腦機制，可以在個人執行各種心理任務時看到大腦的活動狀況。

我們想知道的是，那些參與者在棉花糖測試之後的人生軌跡，持續呈現出自我控制能力的強弱分別，到了中年時能否從腦部掃描中看出差異。我們邀請一群賓恩幼稚園的校友從全美各地回到史丹佛大學幾天，參觀一下他們的老學校，然後在同個校區的醫學院接受幾項認知測試和大腦內部及外部掃描。

這些校友的大腦圖像顯示，[11] 學齡前較能抵抗棉花糖誘惑且多年來自我控制較佳者，相較於較差者，他們的腦部額葉─紋狀體神經迴路（fronto-striatal brain circuitries）表現出顯著不同的活躍，而此一區域正是主導動機和控制程序。那些高延宕者的前額葉皮層（prefrontal cortex）也比較活躍，這是我們用來解決問題、創意思考和控制衝動行為的區域。相對地，低延宕者的腹側紋狀體（ventral striatum）則較為活躍，特別是在面對誘人的熱切刺激、企圖控制自己的反應時。這個區域位於大腦的更深層，屬於比較原始的構造，跟欲望、快感及成癮有關。

畢傑・凱賽跟媒體談到這些研究發現時曾說，低延宕者就好像是被一個更強的引擎所操控，而高延宕者則擁有較佳的心理煞車。這項研究揭開了一個關鍵點，那些在我們評量上自我控制能力較低的人，日常生活中控制自己的人腦大概都沒什麼困難，但他們在控制衝動行為上有明顯的問題；一旦面對強大誘惑時腦部活躍的情況也非常明顯。

NOTES

1. T. C. Schelling, *Choice and Consequence: Perspectives of an Errant Economist* (Cambridge, MA: Harvard University Press, 1984), 59.

2. L. J. Borstelmann, "Children before Psychology," in *Handbook of Child Psychology: Vol I: History, Theory, and Methods*, 4th ed., edited by P. H. Mussen and W. Kessen (New York: Wiley, 1983), 3–40.

3. W. Mischel, "Father Absence and Delay of Gratification: Cross-Cultural Comparisons," *Journal of Abnormal and Social Psychology* 63, no. 1 (1961): 116–124; W. Mischel and E. Staub, "Effects of Expectancy on Working and Waiting for Larger Rewards," *Journal of Personality and Social Psychology* 2, no. 5 (1965): 625–633; W. Mischel and J. Grusec, "Waiting for Rewards and Punishments: Effects of Time and Probability on Choice," *Journal of Personality and Social Psychology* 5, no. 1 (1967): 24–31.

4. W. Mischel, *Personality and Assessment* (New York: Wiley, 1968). M. Lewis, "Models of Development," in *Advances in Personality Science*, edited by D. Cervone and W. Mischel (New York: Guilford, 2002), 153–176.

5. W.Mischel, Y.Shoda, and P.K. Peake,"The Nature of AdolescentCompetencies Predicted by Preschool Delay of Gratification," *Journal of Personality and Social Psychology* 54, no. 4 (1988): 687–699; W. Mischel, Y. Shoda, and M. L. Rodriguez, "Delay of Gratification in Children," *Science* 244, no. 4907 (1989): 933–938; and Y. Shoda, W. Mischel, and P. K. Peake, "Predicting Adolescent Cognitive and Social Competence from Preschool Delay of Gratification: Identifying Diagnostic Conditions," *Developmental Psychology* 26, no. 6 (1990): 978–986.

6. Ibid. 有關自我控制與智力之間的關聯，見 A. L. Duckworth and M. E. Seligman, "Self-Discipline Outdoes IQ in Predicting Academic Performance of Adolescents," *Psychological Science* 16, no. 12 (2005): 939–944；以及 T. E. Moffitt and others, "A Gradient of Childhood Self-Control Predicts Health, Wealth, and Public Safety," *Proceedings of the National Academy of Sciences* 108, no. 7 (2011): 2693–2698。

7. Personal communication from Phil Peake, Smith College, April 9, 2012, and as reported in D. Goleman, *Emotional Intelligence: The 10th Anniversary Edition* (New York: Bantam Books, 2005), 82.

8. O. Ayduk and others, "Regulating the Interpersonal Self: Strategic Self-Regulation for Coping with Rejection Sensitivity," *Journal of Personality and Social Psychology* 79, no. 5 (2000): 776–792.

9. T. R. Schlam and others, "Preschoolers' Delay of Gratification Predicts Their Body Mass 30 Years Later," *Journal of Pediatrics* 162, no. 1 (2013): 90–93.

10. Ayduk, "Regulating the Interpersonal Self."

11. B. J. Casey and others, "Behavioral and Neural Correlates of Delay of Gratification 40 Years Later," *Proceedings of the National Academy of Sciences* 108, no. 36 (2011): 14998–15003.

CHAPTER 2
這是怎麼辦到的？

　　棉花糖測試和後續數十年的研究告訴我們，在生命早期展現出來的自我控制能力，對往後一生仍然非常重要；而這樣的能力在小孩身上，也至少有一種簡單的方式可以衡量出來。但我們所面對的挑戰，是要解開其中的心理和大腦機制，為什麼有些小孩可以熬過難以忍受的漫長時間，但有些小孩撐不到幾秒鐘就按鈴了。如果可以找出利於和不利於行使自我控制的條件，或許就可以善加利用，教導那些自我控制能力較差的人。

　　我之所以選擇學齡前兒童來做研究，是因為看到自家女兒的成長變化，發現那個年齡的孩子已開始了解事件的因果關係。他們已經可以開始了解，若選擇馬上吃到點心，那只能獲得一點點，無法期待之後可以獲得更多。而這種能力的差異，在她們那個年紀已清晰可見。

分心策略

我們人類從出生到爬行、學走路、學說話，一直到進入幼稚園，在這段期間的變化彷彿有許多奇蹟。但讓我覺得最大的變化是，原本只能哭叫要求協助的嬰兒，有一天竟然也學會了等待，他們可以自己一個人坐在椅子上，什麼事也不能做，為了兩塊餅乾熬過無聊又讓人沮喪的時間。這是怎麼辦到的？

一個世紀前的佛洛伊德，認為新生嬰兒是完全受衝動操控的動物，他推測人類希望立即獲得滿足的生物本能，因為媽媽挪開了乳房，才讓新生兒學到延宕滿足。佛洛伊德在1911 年指出，新生兒在最初幾年對於欲望對象 —— 即母親的乳房 —— 的此種變化，可能是他們專注於自己創造出來的心理「幻象」（hallucinatory image）。[1] 以佛洛伊德的說法，就是嬰兒的原慾（libido）—— 即性能量 —— 投注在那個幻象上。佛洛伊德的理論指出，這種視覺上的代理呈現會讓「時間緊縮」（time binding），因此嬰兒才能暫時壓抑衝動，延宕滿足。[2]

獎勵的心理呈現和喚起預期，會讓人能定下心來追求目標，這套說法雖然看來言之成理，但是在我們運用成像設備窺伺大腦活動情況之前，一直都不知道該如何對小孩進行檢測，看看那個說法是否正確。我們認為，要讓小孩在心理上感受到那個期待的獎勵，就是讓他們在等候時真的可以看到那個獎勵。在剛開始的幾個實驗中，等孩子們選好自己想要的獎勵之後，研究人員把它們放在孩子面前的盤子上，可以看得一清二楚。而在另一種設定，則是把獎勵蓋在不透明的盤子下。雖然看不到，但那個年齡的孩子也都曉得他們的獎勵確實就在盤子下。[3] 對學齡前兒童來說，各位覺得哪個最難以忍受？

你也許光靠直覺就猜對了：當獎勵暴露在眼前時，誘惑就變得超大的，這時叫小孩耗著等簡直就是地獄般的折磨；要是把獎勵蓋起來，就比較容易。獎勵暴露在眼前（不管是即時獎勵、延宕獎勵或是兩者）的學齡前兒童，平均只等待不到一分鐘。但要是把獎勵蓋起來，他們等待的時間幾乎延長為十倍。雖然事後來看這樣的結果似乎很明顯，但當時我們還是要讓他們接受這種考驗，才能確定我們的確找到了誘惑超大、令人為難的衝突情境。

我透過單向窗偷看孩子們在鼓勵暴露於眼前時的等待情況。有的用手摀著眼睛；有的用手撐著頭，眼睛看向別的地方；或者把頭轉開，完全避開獎勵放置的方向。他們大都拼命轉移視線看著別的地方，偶而偷看一下那些點心，確定它們還在，值得繼續耐心等待。有些人悄悄地自言自語，那些幾乎聽不見的聲音好像是在告訴自己，不要忘記自己的決定——「我繼續等著就可以得到兩塊餅乾」——或是大聲覆誦選擇說明：「如果我按鈴，只能得到一塊；要是繼續等著，就能得到兩塊。」也有些人乾脆把按鈴和盤子推到桌子的邊緣，離他們越遠越好。

那些成功抗拒誘惑的孩子，玩出各種花樣來分散自己的注意力，平撫他們感受到的衝突和緊張。他們發揮想像力，利用有趣的辦法來改變這些討厭的等待時間，以意志強力奮戰：他們自己編兒歌（「今天真是太美了～萬歲」；「這是紅木城，我家在這裡」）、扮鬼臉、挖鼻孔、拿手邊找得到的東西掏耳朵、比手畫腳玩遊戲、按著自己的腳趾頭好像在彈鋼琴。當所有把戲通通玩遍了，有些人就閉起眼睛假裝睡覺，有個小女孩兩手抱在胸前點頭夢周公，結果睡得頭垂下去，距離按鈴只有幾英吋。我們看到這些學齡前兒童的辦法雖然都感覺驚奇，但其實各位要是曾在無聊的演講會場中坐在前排位置，大概也會覺得很熟悉吧。

帶小朋友長途搭車時，爸媽常常製造一些樂趣，讓車上行程可以過得更快。我們在驚奇屋也這麼做：讓孩子們開始等待以前，我們會建議他們想些「有趣的事情」，[4] 示範一些例子來鼓勵他們，例如「媽媽推著我盪鞦韆，我盪上去、又盪下來，盪得好高～好高又下來」。即使是年紀最小的孩子也很有想像力，只要示範幾個例子來鼓勵，他們就會自己想出一些有趣的事情。要是研究人員在離開房間之前先讓孩子想些有趣的事情，那麼他們平均等候的時間可以超過 10 分鐘，就算獎勵的點心擺在面前也可以。他們自己想像出來的樂趣，可以抵消點心擺在眼前的強烈誘惑；如果點心是蓋著的，那他們就可以一直等下去。如果沒有這些分心的想像，他們會連 1 分鐘都撐不下去。相反地，如果故意提示他們去想像那些獎勵（例如說，「你在等待的時候，也可以想想那些棉花糖啊」），當你一離開房間，保證他們馬上就會按鈴。

從分心到抽象空想：「照片又不能吃！」

為了讓受測者更接近佛洛伊德所說的產生心理圖像，我們讓小朋友看那些點心的照片，而不擺出真正的點心。我跟當時在史丹佛的研究生伯特·摩爾（他現在是達拉斯德州大學行為與大腦科學學院的院長），先讓兒童選擇他們要的點心，再準備好非常逼真且實物大小的圖片給他們看。當時是在小孩坐著的桌子前，利用幻燈機投射幕來展示（已經是當時最好的設備囉）。比方說，要是小朋友選擇棉花糖，就讓他看棉花糖的幻燈片投影，再進行等待的考驗。[5]

結果讓我們大為驚訝，因為效果完全相反。如果是面對真正的點心，大多數小孩都很迫不及待；但是展示實物照片，反而讓他們比較能耐心等候。面對點心照片的小朋友願意等待的時間，幾乎是其他小朋友的兩倍；後者也許是看著其他不相干的圖片，或不看圖片，或面對真正的點心。重要的是，給他們看的圖片，必須就是他們選定的那種點心，其他不相干的圖片都不行。簡單來說就是，欲望對象的圖像而非誘惑物本身，會讓等待變得比較容易。為何如此？

我問「莉蒂亞」（Lydia），她是 4 歲的小女孩，臉頰紅噗噗，滿臉笑容，藍色眼睛非常明亮。我問她為什麼能在點心的照片前面耐心等候這麼久。「照片又不能吃！」她邊回答邊興奮地品嚐她的兩顆棉花糖。4 歲的小朋友要是看到她想要的棉花糖，精神會全部集中在熱切的誘惑上，很可能馬上就按鈴了。但當她只看到實物的照片時，反而會帶來平撫作用，提醒她只要繼續等待下去就可以獲得獎勵。就像莉蒂亞所說的，照片又不能吃。佛洛伊德的想法可能也是如此，欲望對象的幻象並不能讓你實際享用。

這些研究的一個設定狀況是，研究人員在離間房間之前，會對看到真正點心的小朋友說：「當你想吃的時候，你可以把它當作是假的，它只是一張照片。你可以在心裡幫它安上一副相框，假裝它是一張照片。」而對只看到點心圖片的孩子，則對他們說：「你可以在心裡面想像，那就是真的點心，讓你自己相信點心就擺在面前。」[6]

原本只面對點心照片的孩子們，平待可以等待 18 分鐘；但叫他們想像那不只是照片，而是真正的點心時，平均撐不過 6 分鐘。而面對真正點心的小朋友們，原本熬不過 1 分鐘；但當他們想像那只是圖片時，竟然可以等待 18 分鐘。在這些設定情境中，他們心中的想像，比擺在桌上的實物更具威力。

熱焦點與冷焦點

半個多世紀以前，加拿大認知心理學家丹尼爾·白靈（Daniel Berlyne）即指出任何刺激都有兩個面向。[7] 一個誘人的食欲刺激會具備強烈的挑動特質，讓你想吃掉那顆棉花糖，一旦吃了就會覺得很快樂。其次，它也具備一些與情緒無關的認知描述性質：這顆棉花糖是圓的、白色的、厚乎乎、軟綿綿，可食用。因此這個刺激對我們的效應，就看我們心裡面如何呈現。召喚式的心理呈現專注於刺激的熱切本質，例如棉花糖的口感、香甜，又如菸草上癮時吸進一口煙的感覺。這種熱焦點會自動引發吃棉花糖或抽菸的衝動反應。相對地，冷焦點則專注在比較抽象的認知層面，屬於訊息式的（它是圓的、白色的、軟綿綿的，小小一顆），讓你想到它像什麼，但不會讓它變得更誘人。這樣的心理呈像可以讓你「冷靜地思考」，而不是想要一把抓住，送進嘴裡。

為了驗證這個說法，[8] 我們也設定了一個實驗狀況，研究人員在離開房間之前，故意引導孩子去思考獎勵的誘人特質：棉花糖的香甜和口感。同時參照另一種「冷靜思考」的狀況，孩子們被引導去思考棉花糖是圓形的，而且像是軟綿綿的白雲。

當孩子們被引導去思考冷焦點時，他們等待的時間是熱焦點組的兩倍。重要的是，當孩子被引導去思考他想要的獎勵之熱焦點時，他很快就忍受不住；但要是被思考的熱焦點並不是他想要的獎勵，而只是類似的東西（例如他選了棉花糖，但引導他去思考小餅乾），也能提供極佳的分心效果，他們平均可以等待 17 分鐘。而被引導進行「熱」思考的孩子，無法靜心等待他們想要的獎勵；但要是被引導進行「冷」思考，就很容易完成。

學齡前兒童的情緒變化，也會影響按鈴的時間。如果我們在離開房間之前，引導他們想起一些傷心事（例如因為沒人幫他們所以哭了），這種情緒變化的效果，就像我們引導他們去思考獎勵本身一樣，他們很快就會按鈴。但如果是想到一些好玩的事情，[9] 等待的時間可以延長到大概三倍，平均接近 14 分鐘。給予 9 歲的孩子讚美（例如稱讚他們的圖畫），[10] 他們會比受到惡評時更常選擇延宕滿足，而非即時領受獎勵。這種情況不但孩童如此，連成年人也是這樣。[11] 總之，當我們覺得傷心或感覺不太好時，就比較不會延宕滿足。[12] 跟比較快樂的人相比，情緒長期不佳或沮喪者，也比較喜歡即時滿足，對更有價值的延宕獎勵較不感興趣。

想要的獎勵越是熱切而顯著，就越難平撫衝動反應。研究人員針對七千位以色列小學的四年級和六年級學生，提供不同的獎勵；其對照差異包括獎勵數量（一個或兩個）、延宕時間（馬上或一週後、一週後或一個月後）、誘發食欲與否（巧克力、金錢和蠟筆）。毫不意外的是，當獎勵是蠟筆時，最多人選擇延宕；[13] 巧克力則最少。想控制飲食的人都知道，當冰箱打開或服務生推薦甜點時，那個誘惑力之大呀！

誘惑不在於刺激本身，而在於我們心裡對它的想像。要是你改變對它的想法，那麼它對你感覺和行為的影響，也隨之改變。餐廳裡的巧克力慕斯很誘人，但要是你想像它在廚房裡也被蟑螂吃過，吸引力勢必大減。莎士比亞筆下的哈姆雷特雖是不當評估經驗的悲慘象徵，但這句話可是說得相當睿智：「事情本身無好壞，全看你怎麼想。」[14] 但正如哈姆雷特所展現的，要改變根深柢固的想法——即對於刺激和經驗的「心理呈現」──就好比你想當自己的腦外科醫生一樣徒勞無功。想要改變常年的性格傾向和習慣，以更輕鬆而有效地在認知上重新評估事件，這正是認知行為治療上最大的挑戰，也是我這本書想解答的基本問題。

棉花糖實驗讓我確信，要是我們可以改變刺激的心理呈現，就能行使自我控制，不致淪為熱切刺激所控制的犧牲品。熱切的誘人刺激是可以改變的，至少在某些條件下，有時候可藉由認知上的重新評估以冷卻它們的影響力。關鍵就在於找對條件。這不必像斯巴達那樣咬牙死撐、自苦自虐，而是要找到更強的動機與最大決心。

那個力量就在大腦的前額葉皮層，如果可以激發出來，讓刺激被重新評估，就能找到許多方法來冷卻激昂的誘惑。學齡前兒童的前額葉雖然還不夠成熟，但也有很大的想像能力可以做到。他們可以將眼前的誘惑轉變成「只是一張照片」，在心裡裝上相框；透過自編兒歌、玩指頭，以自我排解的方式來轉移注意力，遠離誘惑；在認知上集中於訊息性的冷特質，排除那些誘發衝動的熱特質。當孩子們將棉花糖當成空中的蓬鬆白雲，而非軟綿綿的可口點心時，他們就能在獎勵品和按鈴前面一直坐下去，直到我跟學生們都覺得不忍為止。

小孩知道什麼

　　我們現在知道，小孩子對於預期的獎勵採取什麼樣的心理呈現，會改變他們願意等候的時間。我們透過其他研究也得知，隨著年齡增加，孩童延宕滿足的能力會加強，所採用的延宕策略範圍也會跟著擴大。[15] 可是那些小朋友如何得知那些策略有沒有用，能否幫助他們等待更多的獎勵呢？孩童對於那些策略的了解，是如何隨著年紀而增加的呢？最重要的是，這樣的理解增加之後，是否也會強化延宕滿足的能力？

　　進行棉花糖實驗時，我跟同事們都曾詢問不同年紀的孩子們，哪些狀況、行為和想法，會讓他們更容易或更難以等待獎勵。[16] 這些小朋友過去都沒參加過這種測試，而且大家都以相同方式來進行。小朋友會坐在小桌子前面，他們選定的點心放在盤子上，告訴他們按鈴是做什麼的，也說明「現在就吃只有一個、待會兒再吃有兩個」的情況。但說明完畢之後，研究人員並不會離開房間，而是開始詢問他們，哪些情況對他們的等待有幫助。例如問他們說，棉花糖是放在盤子上可以看到，或者蓋在盤子下看不到，會讓他們比較容易等待？

　　3 歲的孩子大都聽不懂這個問題，因此也不知道該怎麼回答。4 歲的孩子聽得懂,但大都選擇最、最糟糕的策略:他們都希望在等候期間可以看到那份獎勵,準備想著它、看著它,專心感覺它有多好吃。被問到為何希望獎勵暴露在眼前時,他們回答說:「因為我覺得這樣很好。」或「我就想看著它。」或「它看起來很好吃啊。」他們顯然只專注於他們想要的東西(「我喜歡它」),但不了解也不在意這麼做會讓他們很難等待下去。他們希望自己想要的東西就擺在眼前。但正因為東西擺在眼前,就使得意志力棄械投降,甚至他們在發現自己按鈴、把點心抓在手裡時,都覺得驚訝不已。他們不僅無法正確預測自己的行為,甚至自討苦吃地創造出自己無法延宕滿足的狀況。這些發現可以讓當爸媽的人了解,他們的 4 歲小孩可能也會像這樣,根本管不住自己。

那年紀的孩子,只相差一歲,變化就很驚人。5-6 歲的孩子,大部分會覺得把獎勵蓋起來比較好,並且儘量不去想它,作為自我控制的策略;[17] 甚至也會利用一些方法來分散自己的注意力(「我會唱歌」、「我想我會去外太空」或者「我會想說,我要去洗澡」)。當他們年紀較長時,已經開始了解專注於這個因果性的價值(「如果繼續等待,就可以獲得兩顆;要是現在按鈴,只能得到一個。」),而且會不斷地提醒自己。他們會這麼說服自己:「我會告訴自己『不要按鈴』,要是我按了鈴,老師回來了,我就只能得到一個。」

「你要怎麼等待棉花糖會比較容易呢？」我問 9 歲男孩「西蒙」。他畫了張圖回答我，圖上有個人正在參加棉花糖測試，那個人的腦袋冒出一個泡泡框，說他會想「一些我喜歡的東西來轉移注意力」。他又另外寫了幾個字告訴我：「不要去看你正在等待的東西，也不要什麼都不想，那你就會想到那樣東西。利用你手上有的物品來娛樂自己。」進一步詢問後，西蒙說明他的做法：「我的腦袋裡至少有一千個想像的東西，例如我房間裡的小玩具。所以我在心裡面把它們拿出來，跟它們玩，我會編故事、跟它們一起去冒險。」其他同年紀的小朋友也跟西蒙一樣，都很有創意，會運用自己的想像力來娛樂自己，好讓延宕滿足的等待時間過得快一點。

大多數的小朋友要到 12 歲時，才會明白冷思考可以抑制熱思考的誘惑。在此之前，孩子們只知道熱思考會破壞延宕；而冷思考，例如把棉花糖想成蓬鬆的白雲，則會降低貪欲。有個男孩就這麼說：「蓬鬆的白雲又不能吃。」

這帶來的關鍵問題是：了解這些策略的效用以後，會讓孩子們——還有大人——更容易定心等待，抵抗誘惑和壓力嗎？許多年後，我們在一些有衝動行為問題的男孩身上找到答案，[18] 當時他們都住在一個夏令營的營區接受治療（第 15章詳論）。在棉花糖測試中，那些明白這些策略的人，比起不了解的人，可以等待更長時間；此差異即使排除了年齡和言語智商的影響，在統計上也足以確證。如果只是「了解這些策略」都會有用，對家長和老師來說，顯然是相當容易實現的目標。

注意事項

1980 年代中期，我在歐洲某個重要的行為科學研究所演講，針對我們在史丹佛的後續研究，報告幾個早期發現。我說我們發現，棉花糖測試的等待時間跟孩子青春期的發展，包括 SAT 學測分數都有些關聯。幾個月後，有位朋友「米拉」（Myra）跟我連絡，她是那個研究所的高級研究員，也聽了我的演講。她很緊張地跟我說，她最近很擔心她的兒子。她說她 4 歲的兒子一直不願意等待更多餅乾（他最愛吃餅乾），不管她怎麼努力都無法做到。這位優秀的科學家其實是誤解了我所說的關聯性。米拉認為，那些發現在統計上呈現顯著、於不同群體的孩童中也達於一致，因此至少對她兒子來說，如果他無法利用她的方法來達到延宕滿足，就代表他的未來一定非常不妙。

米拉要是定下心來思考，就會知道她的解讀錯誤：統計上顯著的關聯性，對概括性的一大群人來說，是有意義而一致的；但未必可以拿來預測單一個人。就以抽菸來說，很多人因為吸菸引發的疾病而死亡，但有些人並未因此而死，而且這樣的人還真是不少。要是強尼在學齡前可以等待棉花糖，那麼你知道至少在那個狀況下，他可以延宕滿足。但要是他無法做到，你其實並不能確定他到底是怎麼回事。有可能是他想等，但是辦不到；也有可能只因為接受測試之前他沒有先去上廁所。如果小孩本身很想等待，卻還是按了鈴，那就很值得去探究原因何在。

我們在往後幾章也會討論到，有些孩子在小時候沒什麼延宕能力，但隨著年紀增長也漸入佳境；而有些孩子一開始表現很好，但長大後的自我控制水準卻反而下降。賓恩幼稚園的實驗所展示的是，誘惑經過心理呈現的處理之後，其於行為的影響也可以改變甚至逆轉。原本連一分鐘都等不了的小朋友，在對誘惑的想法改變之後，也可以等待 20 分鐘。這個發現對我來說，比長期關聯性更重要，因為這表示利用一些策略可以加強自我控制的力量、減緩緊張和壓力。而過去數十年來，認知神經科學和大腦成像技術的進步，也為延宕滿足能力的大腦運作機制，打開探索和理解的窗口。我們現在可以來了解，當我們最需要控制衝動時，我們的思考如何冷卻和安撫大腦。

NOTES

1. S. Freud, "Formulations Regarding the Two Principles of Mental Functioning" in *Collected Papers*, vol. 4, translated by Joane Riviere (New York: Basic Books, 1959).

2. D. Rapaport, "Some Metapsychological Considerations Concerning Activity and Passivity," in *The Collected Papers of David Rapaport* (New York: Basic Books, 1967), 530–568.

3. W. Mischel and E. B. Ebbesen, "Attention in Delay of Gratification," *Journal of Personality and Social Psychology* 16, no. 2 (1970): 329.

4. W. Mischel, E. B. Ebbesen, and A. R. Zeiss, "Cognitive and Attentional Mechanisms in Delay of Gratification," *Journal of Personality and Social Psychology* 21, no. 2 (1972): 204–218.

5. W. Mischel and B. Moore, "Effects of Attention to Symbolically Presented Rewards on Self-Control," *Journal of Personality and Social Psychology* 28, no. 2 (1973): 172–179.

6. B. Moore, W. Mischel, and A. Zeiss, "Comparative Effects of the Reward Stimulus and Its Cognitive Representation in Voluntary Delay," *Journal of Personality and Social Psychology* 34, no. 3 (1976): 419–424.

7. D. Berlyne, Conflict, *Arousal and Curiosity* (New York: McGraw-Hill, 1980).

8. W. Mischel and N. Baker, "Cognitive Appraisals and Transformations in Delay Behavior," *Journal of Personality and Social Psychology* 31, no. 2 (1975): 254.

9. Mischel, Ebbesen, and Zeiss, "Cognitive and Attentional Mechanisms in Delay of Gratification."

10. G. Seeman and J. C. Schwarz, "Affective State and Preference for Immediate versus Delayed Reward," *Journal of Research in Personality* 7, no. 4 (1974): 384–394; see also B. S. Moore, A. Clyburn, and B. Underwood, "The Role of Affect in Delay of Gratification," *Child Development* 47, no. 1 (1976): 273–276.

11. J. R. Gray, "A Bias toward Short-Term Thinking in Threat-Related Negative Emotional States," *Personality and Social Psychology Bulletin* 25, no. 1 (1999): 65–75.

12. E. H. Wertheim and J. C. Schwarz, "Depression, Guilt, and Self-Management of Pleasant and Unpleasant Events," *Journal of Personality and Social Psychology* 45, no. 4 (1983): 884–889.

13. A. Koriat and M. Nisan. "Delay of Gratification as a Function of Exchange Values and Appetitive Values of the Rewards," *Motivation and Emotion* 2, no. 4 (1978): 375–390.

14. W. Shakespeare, *Hamlet: The New Variorum Edition*, edited by H. H. Furness (Toronto, Ontario: General Publishing Company, 2000), Act II, Scene 2, 245–246.

15. W. Mischel and R. Metzner, "Preference for Delayed Reward as a Function of Age, Intelligence, and Length of Delay Interval," *Journal of Abnormal and Social Psychology* 64, no. 6 (1962): 425–431.

16. B. T. Yates and W. Mischel, "Young Children's Preferred Attentional Strategies for Delaying Gratification," *Journal of Personality and Social Psychology* 37, no. 2 (1979): 286–300; H. N. Mischel and W. Mischel, "The Development of Children's Knowledge of Self-Control Strategies," *Child Development* 54, no. 3 (1983): 603–619.

17. Mischel and Mischel, "The Development of Children's Knowledge of Self-Control Strategies."

18. M. L. Rodriguez, W. Mischel, and Y. Shoda, "Cognitive Person Variables in the Delay of Gratification of Older Children at Risk," *Journal of Personality and Social Psychology* 57, no. 2 (1989): 358–367.

CHAPTER 3
熱思考與冷思考

很久很久以前，據說是在一百八十萬年前，我們人類的祖先是由河邊森林的大猿開始演化。後來他們成為直立人（Homo erectus），在草原地區依靠雙腳站立，東奔西跑，努力生存和繁殖。在史前時代的冒險中，人類得以倖存和繁衍都要歸功於大腦的邊緣系統，所謂的「熱情感系統」（hot emotional system）。[1]

熱情感系統

大腦邊緣系統位於腦皮層底下的腦幹上端，在大腦演化歷程上屬於早期發展的原始構造。這些組織控管基本動機和情感，對於面對恐懼、憤怒到飢餓和性需求等等，都是生存所必要的。這個系統也幫助我們的祖先應付鬣狗、獅子和其他猛獸，這些都是他們的食物來源，也是日常會碰到的致命危險。在邊緣系統內部有一顆小小的杏仁狀組織，稱為杏仁核（amygdala；這是「杏仁」的拉丁文），對於恐懼反應、性欲和食欲行為都很重要。杏仁核讓身體迅速採取行動，但不會停下來思考或反省，也不關心長期結果。

我們現代人跟演化的祖先一樣，還是擁有功能大致相同的邊緣系統。對於我們的情感而言，它仍然是躁進的發動機，尤其是面對挑動情感的強烈刺激時，迅速產生反應，自動觸發快感、痛苦和恐懼。這個系統的運作，在我們才剛出生時即已完備，因此嬰兒在飢餓或疼痛時才會大哭大叫。雖然現代人已經很少碰上憤怒的獅子，但若是在暗巷中遇上心懷不軌的陌生人或大馬路上突然打滑的車子，這個系統的迅速反應對於規避危險還是非常有用。這個熱系統讓我們的生活充滿熱情。它讓學齡前兒童想獲得兩顆棉花糖，但同時也讓他們對此坐立不安，難以等待。[2]

熱系統的活躍會在瞬間觸發行動，餓了就想找食物，碰上其他誘人的刺激就引發熱切的行動反應；遇到威脅和危險訊號，就引發恐懼、自動防禦和逃跑反應。熱系統有點像佛洛伊德說的本我（id），[3]是精神的無意識結構，富含性欲與侵略性質的生物性衝動，只追求即刻滿足、馬上減輕壓力，無視於因果。熱系統就像佛洛伊德說的本我，會自動運作，而且大都是在自己毫不知覺的情況下。但它的控管範圍可不止是佛洛伊德所說的性欲和侵略衝動而已。它會以單純的方式產生反射和情緒，迅速引發消耗行為，興奮而衝動。就是它讓學齡前兒童按鈴吃棉花糖，減肥的人大啖披薩，老菸槍吞雲吐霧，憤怒的家暴者痛毆伴侶，性欲失控的男性侵犯清潔女工。

　　一旦專注在誘惑的熱切特性上，就很容易觸發行動反應。在棉花糖實驗中，我曾看過一位小朋友突然伸手亂揮，結果很用力地按了鈴，連他都對自己的手所做的事情驚訝不已，臉上滿是苦惱的表情。對一個 4 歲的孩子來說，光是想到棉花糖的口感和香甜滋味，就可以觸發行動；對控制飲食的人、酗酒者、老菸槍等來說，那些各自不同的熱切特性都會有明確吸引力，讓它的受害者感到非常無助。光是看到或想到糖果、威士忌或香菸，都可能自動引發行動。而且這種狀況越常發生，其心理呈現就越難改變，自動啟動反應也越難防止。因此趁著年紀還小的時候，先學會和練習一些策略來加強自我控制，就容易得多；要是日後已建立熱切的自毀反應，再想尋求改變，那可就難囉。

　　高度壓力也會引發熱系統的反應。這個反應是在漫長的演化過程中形成，因為要是遇上獅子，就必須在非常短的時間內（千分之幾秒）自動做出防衛反應；現代人在碰上緊急狀況時也是靠它瞬間行動。但現在有許多狀況是必須冷靜思考才能成功，這種熱反應反而沒用，我們需要的是保持冷靜、預先規畫和理性解決問題。而在人類年幼的時候，最主要還是由熱系統控管，因此學齡前兒童要控制自己就顯得特別困難。

冷靜的認知系統

與大腦的熱系統緊密聯繫的，是位於前額葉皮層的冷系統，主控認知、複合、反思；相對於熱系統，其啟動較為緩慢。這個冷靜而自制的系統，對於棉花糖測試所需的注重後果的決策、自我控制都很重要。必須注意的是，高度壓力會減弱冷系統的功能，但熱系統會更為活躍。這兩個系統就是以無縫接軌的方式在互動，[4] 其中一個較為活躍時，另一個就比較不活躍。雖然我們現代人很少需要對付獅子，但每天還是要面對現代世界的無盡壓力，激起熱系統的活躍，而冷系統在此時相對低調，但這時卻是我們最需要它的時候。

前額葉皮層是人類大腦中最進化的一部分。[5] 它讓我們擁有最高階的認知能力，使我們成為獨一無二的人類。它控管我們的思想、行為和情感，是創造力和想像力的根源，對於抑制妨礙目標追求的不當行為非常重要。它讓我們能轉移注意力，當情況發生變化時，可以靈活地改變策略。而自我控制的能力，也根植於大腦前額葉皮層。

冷系統的發育比較遲緩，在學齡前到小學的最初幾年才會越來越活躍。但要到大概二十歲出頭才會完全成熟，因此小孩和青少年很容易受到熱系統的反覆管控。跟熱系統不一樣的是，冷系統主要針對刺激的訊息面，促成理性、反思和策略性的行為。

我在前面說過，那些順利通過棉花糖測試的小孩都會自己發明很多策略來分散注意力，避免把心思擺在誘人的點心和按鈴上。對於誘惑本身，他們的想像專注在冷靜、抽象和訊息性的特徵上（棉花糖像蓬鬆白雲、棉球），躲避那些讓人感到興奮的特徵；或者將之轉化為冷焦點（想成是一張照片，還帶著相框，相片又不能吃）。他們用來定下心神，安靜等待點心的多種認知技能，都是日後生活會派上用場的標準技能；比方說專心準備高中會考，而不是跟朋友出去看電影。在這一生中，還有說不完、數不盡的即刻誘惑，等著要考驗他們。

面對誘惑的考驗，年齡因素很重要。[6]在棉花糖測試中，小於 4 歲的孩子通常無法持續延宕滿足。面對誘惑時，他們大概撐不到 30 秒就按鈴或開始偷吃。這是因為他們的冷系統發育還很不足。相較之下，12 歲的小孩幾乎有 60% 可以等待甚至長達 25 分鐘。在別無長物的小房間裡獨自面對幾塊餅乾的誘惑，25 分鐘可是相當漫長。[7]

性別因素也很重要。男女發育在不同階段各有不同偏好，他們的等候意願也隨著獎勵品的差異而有不同表現；男生喜歡的東西，女生可能不感興趣，反之亦然（例如玩具消防車、洋娃娃、玩具刀劍、化妝箱）。但要是獎勵等值而動機一樣，女孩的等待時間通常比男孩長，而且他們的冷靜策略也不太相同。對此我是沒有實際的量化測量，但學齡前男孩似乎比較常用身體策略，例如在椅子上左搖右晃，或者把誘惑物推得遠遠的；而女孩們則是自己唱唱歌，或者只是故意不去理會那些東西。但這些都只是我的印象，算不上什麼發現。

女孩有意願且有能力等待更久，跟她們在學校的表現一致，不管是老師、家長或學生自己的評價，女孩都比男孩更為自律；至少在美國的情況是如此。[8]甚至是在 4 歲之前，女孩一般來說，就比男孩子要乖一點。[9]而 4 歲之後的童年，女孩在應付學校功課上平均而言，通常比男孩自律，成績也會比較好。但以上發現的評價者，包括孩子本身，也都對性別差異帶有文化成見。「好女孩」是要謹慎小心；而衝動、難以管束甚至有點粗暴，才是「真正的男孩」，成天都在練習擁抱技巧。口頭詢問是否接受延宕獎勵，例如「你會選擇現在的 55 美元，或者 61 天以後的 75 美元呢？」女孩比男孩更常選擇延宕。[10] 但要是拿出現金擺在眼前，兩性差異就不見了（例如發給他們裝著 1 美元的信封，要是一週後如數繳回可獲得 2 美元）。

　　總之，我們在棉花糖測試及其他有關自我控制的測量上，不斷地發現兩性之間存在著差異。此差異不見得一定都有，但整體而言，女孩在自我控制的認知技能和動機上都比較占上風，因此較能延宕滿足；至少就人口和年齡分類的研究都可確認。[11]

　　面對誘惑時，想像別人會怎麼做，也是暫時逃脫熱系統控制的手段。進行熱切選擇時，自己不容易冷靜下來；但如果當作是在為他人做決定，就比較容易冷靜思考。有位研究人員的名字我現在忘了，但他碰上的例子我還記得。他拿兩塊巧克力給學齡前孩童選擇（兩塊都擺在孩子面前），現在就拿只能選小塊的，等 10 分鐘可以獲得大的。他問一個小男孩說：「要選哪個才聰明呢？」孩子回答說，要等著拿大的。但研究人員問：「那你會選哪一個？」小孩回答：「我現在就要！」有一項針對 3 歲兒童的研究，也發現了這一點。他們在即刻的小獎勵和延宕大獎勵之間做選擇，問他們受測者應該選哪一個時，他們可以運用冷系統來思考，更常選擇延宕獎勵。但當他們為自己做選擇時，誘惑就變得熱切起來，大多數小朋友都選擇比較小的即刻獎勵。[12]

壓力效應：最想要的時候就會失去冷靜

　　短期壓力的經驗比較容易適應，也會敦促你採取行動。但壓力對人可能有害，[13] 如果壓力很大且持續存在，也會造成非常不利的影響。例如從塞車到結帳大排長龍，大小挫折不斷，會讓人感到憤怒；或者置身於危險、動亂或貧困環境，壓力極大而不堪忍受。長期壓力會減弱前額葉皮層的運作，這不只關係到能否等待棉花糖，對維持課業成績、保住工作、追求更高學位、安渡職場政治、避免抑鬱、維護親密關係等等都很重要；也比較不會單憑直覺就做出重要決定，事後仔細想想才知道蠢不可及。

　　檢視過壓力效應的研究後，耶魯大學神經科學專家艾咪‧艾斯登（Amy Arnsten）的結論是：「難以控制的急性緊張，就算相當輕微，也會造成前額葉認知能力迅速且劇烈的減損。」[14] 壓力持續越久，認知能力的減損就越大，而且也越容易造成永久傷害，同時導致心理及生理疾病。[15] 所以我們用來產生創意解決問題的那一部分腦子，其實是越需要的時候，就越是幫不上忙。各位還記得哈姆雷特吧，當壓力越來越大時，他身陷其中、飽受折磨，因為憤怒和情緒失控而麻木，無法思考、不能採取有效行動；導致處境更為惡劣，加速他的毀滅。[16]

　　在莎士比亞巨細靡遺地描寫哈姆雷特精神痛苦的四百多年後，我們已經能重建當時他的大腦變化。這不是什麼神奇玄妙的詩句，完全就是處於長期壓力下的大腦模型，因為長期壓力而使得腦結構被徹底改造。置身於那個處境之中，哈姆雷特完全沒有逃脫的可能。當他的壓力依然存在時，他的冷系統，特別是對解決問題很重要的前額葉皮層，和攸關記憶的海馬迴（hippocampus）都會開始萎縮。此時他的杏仁核──也就是熱系統的核心──則大幅膨脹。這一消一長的腦部變化，讓他再也無法控制自己、冷靜思考。待壓力長期持續，杏仁核又從膨脹變為萎縮，最後他連正常的情緒反應都受到阻礙。難怪哈姆雷特會是個悲劇。

NOTES

1. 關於熱系統與冷系統的運作，請參見：J. Metcalfe and W. Mischel, "A Hot/Cool System Analysis of Delay of Gratification: Dynamics of Willpower," *Psychological Review* 106, no. 1 (1999): 3–19。

2. J. A. Gray, *The Psychology of Fear and Stress*, 2nd ed. (New York: McGraw-Hill, 1987); J. LeDoux, *The Emotional Brain* (New York: Simon and Schuster, 1996); J. Metcalfe and W. J. Jacobs, "A 'Hot-System/Cool-System' View of Memory under Stress," *PTSD Research Quarterly* 7, no. 2 (1996): 1–3.

3. S. Freud, "Formulations Regarding the Two Principles of Mental Functioning" in *Collected Papers*, vol. 4, translated by Joane Riviere (New York: Basic Books, 1959).

4. 它們雖然被當作「兩個」系統，但其實在大腦中的位置緊密相連，兩區域的神經迴路一直在互動溝通，從不間斷。

5. A. F. Arnsten, "Stress Signaling Pathways That Impair Prefrontal Cortex Structure and Function," *Nature Reviews Neuroscience* 10, no. 6 (2009): 410–422.

6. H. N. Mischel and W. Mischel, "The Development of Children's Knowledge of Self-Control Strategies," *Child Development* 54, no. 3 (1983): 603–619. For recent work adapting the Marshmallow Test for use at younger ages see P. D. Zelazo and S. M. Carlson, "Hot and Cool Executive Function in Childhood and Adolescence: Development and Plasticity," *Child Development Perspectives* 6, no. 4 (2012): 354–360.

7. O. Ayduk and others, "Regulating the Interpersonal Self: Strategic Self-Regulation for Coping with Rejection Sensitivity," *Journal of Personality and Social Psychology* 79, no. 5 (2000): 776–792.

8. A. L. Duckworth and M. E. Seligman, "Self-Discipline Gives Girls the Edge: Gender in Self-Discipline, Grades, and Achievement Test Scores," *Journal of Educational Psychology* 98, no. 1 (2006): 198–208.

9. G. Kochanska, K. C. Coy, and K.T. Murray, "The Development of Self-Regulation in the First Four Years of Life," *Child Development* 72, no. 4 (2001): 1091–1111.

10. Duckworth and Seligman, "Self-Discipline Gives Girls the Edge."

11. I. W. Silverman, "Gender Differences in Delay of Gratification: A Meta-Analysis," *Sex Roles* 49, nos. 9/10 (2003): 451–463.

12. A. Prencipe and P. D. Zelazo, "Development of Affective Decision Making for Self and Other Evidence for the Integration of First-and Third-Person Perspectives," *Psychological Science* 16, no. 7 (2005): 501–505.

13. B. S. McEwen, "Protective and Damaging Effects of Stress Mediators: Central Role of the Brain,"*Dialogues in Clinical Neuroscience* 8, no. 4 (2006): 283–297.

14. "Stress Signaling Pathways," p. 410; R. M. Sapolsky, "Why Stress Is Bad for Your Brain," *Science* 273, no. 5276 (1996): 749–750.

15. B. S. McEwen and P. J. Gianaros, "Stressand Allostasis-Induced Brain Plasticity," *Annual Review of Medicine* 62 (2011): 431–445.

16. W. Shakespeare, *Hamlet: The New Variorum Edition*, edited by H. H. Furness (Toronto: General Publishing Company, 2000).

CHAPTER 4

自我控制的根源

　　各位在自己的孩子身上，在他幾歲的時候就能發現他擁有或欠缺延宕滿足的能力呢？碰上一些跟我一樣有養小孩經驗的朋友，我經常會跟他們討論這件事。大家都認為幾乎是孩子一出生之後，就會看到這種差異。他們都很肯定，小華有但小明沒有，小寶一定有但小莉一點也沒有。這個話題總會帶來許多生動的描述和熱烈交談，但問題還是沒解答，只好留待來日關注。

　　在 1983 年，也就是史丹佛大學的棉花糖研究大概十五年後，我又回到紐約市，在哥倫比亞大學任教。當時有許多因素吸引我回來，其中之一是年輕的同事羅倫斯・艾伯（Lawrence Aber），他在哥大對面的巴納德學院（Barnard College）擔任幼兒中心研究主任。我們很快就一起合作，後來持續了二十年。對於懸而未決的延宕能力如何發展的問題，現在正是深入研究的機會。

「陌生情境」

　　在賓恩幼稚園的驚奇屋等待棉花糖，對四、五歲的小孩來說已經是個折磨，那麼要 18 個月大的嬰兒等待媽媽回來更是困難。我們在巴納德幼兒中心進行研究，請媽媽離開，讓嬰兒自己留在房間跟一位陌生人（巴納德學院的義工）在一起，另外在地板上放了一些玩具。對年紀很小的幼兒來說，跟主要照顧者——通常是媽媽——短暫分離，都要忍受莫大的緊張，希望對方趕快回來。到了一歲半的時候，幼兒跟主要照顧者之間的關係就會開始出現不太相同的表現；有些顯得焦慮，有些較有安全感，也有些看來比較矛盾。而他們與照顧者分開和重聚時的行為，正好可以讓我們觀察親子關係的品質，以及嬰幼兒的適應能力。

　　瑪麗·安斯渥思（Mary Ainsworth）設計的「陌生情境」（Strange Situation）[1]，即用以觀察此種關係。安斯渥思是極具影響力的英國心理學家約翰·鮑比（John Bowlby）的學生，自 1930 年代就開始研究幼兒依戀經驗的影響，尤其是跟主要照顧者分離的影響（這在當時的戰爭期間是很常見的緊張經驗）。「陌生情境」是讓媽媽在受到控制的善意條件下消失又回來，要是嬰幼兒哭得太兇或拼命拍打門，媽媽可以馬上出來解救他的痛苦。此實驗設計成三階段來進行。

第一階段「自由玩耍」（Free Play），媽媽和孩子（在本例中為「班傑明」〔Benjamin〕）在房間裡相處 5 分鐘，「就像在自己家一樣」，而且房裡只有他們兩個人。

第二階段「分離」（Separation），學校指導員會把媽媽叫出房間，讓班傑明自己在房裡跟一位研究生義工在一起 2 分鐘。之前媽媽還在房裡時，班傑明曾見過這位義工，或與他互動過，共處時間大概 17 分鐘。在媽媽離開房間以後，義工不會跟幼兒說話，除非小朋友表現出痛苦的樣子。如果幼兒哭鬧，義工會簡單地安撫他「媽咪會回來」。

第三階段「重聚」（Reunion），離開 2 分鐘後，媽媽又回到房裡，並且抱起班傑明。義工悄悄退出，而媽媽跟小朋友玩 3 分鐘。

1998 年，我的學生安妮塔・塞西（Anita Sethi）想了解，從 18 個月大幼兒在分離階段的狀況，能否預測他在三年後等待兩顆棉花糖的表現。為了驗證這個想法，我們開始在巴納德幼兒中心進行陌生情境實驗，並錄下每個階段的完整過程。我們注意到，幼兒的行為大概會以 10 秒鐘為區段，例如他是在玩，或者離開媽媽一段距離在房裡探索，當媽媽不在時因觀看或玩玩具而分心，或者受到陌生人的吸引。我們也錄下幼兒的情緒表現和任何負面情感（哭叫、看起來悲傷）。媽媽的自發行為也詳細記錄下來，包括她怎麼跟孩子互動，干涉或指導他的玩耍，或她對孩子的漠視。「媽媽的控制」（maternal control）[2]── 過度干涉或對孩子的需求不夠敏感 ── 也加以評等，以媽媽的臉部表情、聲音表達、與幼兒的相對位置、與幼兒身體接觸的頻率、情感表達、話語互動（共享）為評等依據。

有些幼兒會自己玩玩具、探索室內或注意陌生人，讓自己不去注意媽媽不在，這些幼兒就不會像那些一刻也離不開媽媽的孩子那麼傷心痛苦；後者一直巴在門邊，很快就哭了。在媽媽離開的 2 分鐘裡，這些學步幼兒的緊張隨著秒數增加而持續升級。到了最後 30 秒，一定讓他們感覺彷彿看不到盡頭，而最後這幾秒內幼兒的行為，對於他們日後在學齡前進行棉花糖測試的表現頗有吻合；雖然距離完美還很遙遠，但已經可說是不只巧合。具體地說，那些在陌生情境分離階段的最後 30 秒會轉移自己注意力的幼兒，日後在 5 歲參加棉花糖測試時，也會等候得更久，並且更有效地轉移自己的注意力。相對的，那些無法啟動分散注意力策略的幼兒，在三年後也無法靜候自己的點心，會比較快按鈴。這些結果突顯出，控制自我和冷卻緊張的機制，從我們年紀很小的時候就開始了。[3]

脆弱的根基

　　嬰兒剛出生時，幾乎都有各自的身心狀況，同時也都仰賴照顧者來控制。嬰兒剛離開子宮後的幾個月內，都是由照顧者襁抱提攜、安撫餵食，不分晝夜。[4]嬰幼兒是受到愛護關心，或者殘酷虐待、冷漠對待，這些經驗都會銘刻在他們的大腦上，影響到日後的表現。[5]重要的是，不要讓嬰兒時常感到緊張，讓他擁有親密、溫馨的戀慕，嬰兒就會有安全感。[6]

　　大腦的可塑性，特別是在生命開始的第一年，讓嬰兒的神經系統特別容易受到傷害，要是遭受非常惡劣的經驗，例如嚴重虐待或漠不關心的對待，都會造成創傷。讓人意外的是，就算是溫和的環境壓力，例如父母親長年衝突，即使不涉及肢體暴力，也會對嬰兒的成長造成嚴重後果。有一項研究針對 6 至 12 個月大的嬰幼兒，趁他們在睡覺時進行功能性磁振造影掃描。那些家中父母經常衝突的嬰兒，跟家庭和樂者比起來，即使是在睡覺時聽到生氣的話語聲，其大腦中主控情感和壓力的部位也會比較活躍。[7]像這樣的研究結果表明，那些來自社會環境的壓力，就算本身並不尖銳，只要是在嬰兒的重要發育期間出現，也會在大腦中的熱系統留下痕跡。

顯然在嬰兒發育期間，早年的情感體驗也會嵌進大腦構造，這對他們的日後生活必定造成重大影響。[8]幸運的是，在嬰兒出生後最容易受到傷害的頭幾年，也會有一些干預措施，來強化他們調節及發展自身的情緒和認知技能。在出生後幾個月，照顧者可以開始讓嬰兒的注意力從痛苦感受轉移到他們感興趣的活動，而這會讓嬰兒學會轉移自己的注意力，以平撫情緒。在神經中樞方面，嬰兒大腦的前額葉中段開始發育，這裡正是冷卻情緒、平撫負面情感的關注—控制系統。[9]要是發展順利，他們就會變得較多反思而少反射、較為冷靜而少躁進，能以適當的方式來表達自己的目標、感受和意圖。

自律發展領域的研究先驅麥可·波斯納（Michael Posner）和瑪麗·羅絲巴特（Mary Rothbart）在討論此過程時曾說：「4個月大的嬰兒，面對眼前的刺激都會注意看。但等他們一歲半又回到實驗室時，都會有自己想做的事，很難讓他們專注於我們展示的東西上，因為他們會以自己的計畫為優先。費了九牛二虎之力以後，我們也只能搖頭，嘟囔著**他們大概都有自己的想法吧**。」[10]（粗黑體字的部分是我加上的。）

為人父母者都知道，2 歲生日大概就是幼兒宣布獨立的時候，只是沒寫篇獨立宣言罷了。在更早之前的革命階段，因為正在爭取獨立，照顧者的生活可是充滿了挑戰（我這麼說算是客氣了）。到了兩、三歲的時候，孩子們開始能控制自己的思考、情感和行為，而這些技能到了四、五歲時會更加明顯。要通過棉花糖測試，這些技能就很重要，對未來上學及往後的人生也一樣。

　　到了 3 歲時，孩子們通常會開始做些具有針對性的選擇，更靈活地控管自己的注意力、抑制那些會讓自己對目標分心的衝動。例如明尼蘇達大學的史蒂芬妮·卡爾森（Stephanie Carlson）及其同事的研究顯示，3 歲幼兒可以同時遵守兩條規則，例如「藍色的放這邊、紅色的放那邊」，這個過程也可以維持到自己達成目標為止，而且經常會自言自語地指導自己，幫助自己搞清楚該做什麼。[11] 雖然他們做得相當不錯，但這些技能在 3 歲孩童的身上還是相當有限；往後兩年他們會有更大的進步。到了 5 歲生日時，他們在思考上已經變得非常複雜。當然，若以個別幼兒來比較，相互之間還是存有極大的差異；但很多 5 歲小孩都能明白且遵守一些複雜的規則，例如：「如果是玩顏色遊戲，紅色正方形要擺在這裡；但要是玩形狀遊戲，紅色方塊要擺在那邊。」對學齡前兒童來說，這些技能仍處於早期階段；等他們 7 歲時，小孩的注意力控制技能和發揮機制的神經迴路，即跟成年人有著驚人的相似。[12] 小孩在 6 歲前的經驗，會成為日後諸多能力的基礎，包括控制衝動、自我克制、控制情緒表達、發展同情心、正念（mindfulness）和良心等。[13]

如果你媽像波特諾伊的媽媽呢？

媽媽的教養方式，對小孩的自我控制策略和戀慕關係會有什麼影響？我們之前說過，在安妮塔・塞西的學步兒研究中，我們也詳細測量媽媽的行為，針對她的關愛程度、「媽媽控制」以及對孩子需求之敏感程度加以評等。比方說，有些媽媽可能過度控制小孩，什麼事都要管；而有些媽媽則比較注意自己的需求，對小孩比較漠視。這些狀況在作家菲利普・羅斯（Philip Roth）的小說《波特諾伊的怨訴》（*Portnoy's Complaint*）中，有極為精到的描寫。主角波特諾伊回顧他在紐澤西的童年，媽媽的用心良苦卻令人窒息的過度控制，仍歷歷在目：她監視、評價、糾正小孩的一切，從他的算術怎麼做，到襪子怎麼穿、指甲怎麼剪、脖子洗了嗎，他身體的每一個縫隙都不放過。[14] 當年輕的波特諾伊被媽媽的愛心美食撐得飽飽，不願再多吃燉肉時，她手上握著長長的麵包刀，堅持要兒子再多吃一點，嘴上直嚷著：難道他想變成瘦巴巴的弱者，想被尊重或被嘲笑，「想成為一個男人，還是一隻老鼠？」[15]

波特諾伊的媽媽雖然是虛構的創作，但我有幾個朋友堅持他們的媽媽就是那個樣子。媽媽像波特諾伊太太的學步嬰兒，其學習自我控制技能的方式，很可能跟媽媽控制欲較低的孩子很不一樣；事實上，或許是正好相反。而這點正是安妮塔觀察學步兒與媽媽在房間內的自發互動時所發現的。

　　那些到學齡前自我控制能力發展較佳的小孩，在學步兒階段對媽媽高度控制的召喚，通常的反應不是更靠近媽媽，而是會轉移注意力，跟媽媽保持一段距離（超過 3 英尺），繼續在房間探索或玩玩具。那些媽媽一叫反而遠離媽媽控制的幼兒，在 5 歲時參與棉花糖測試也能等待更久。他們已經會運用關注－控制策略，以平撫自己的挫折，轉移自己對獎勵和按鈴的注意力；就好像在學步兒階段時，轉移自己對媽媽控制的注意力。相對地，媽媽控制程度相同，但媽媽一叫就黏著媽媽的幼兒，日後在接受棉花糖測試時也會把注意力擺在誘惑上，很快就按鈴。

　　至於媽媽不太控制的學步兒，情況就很不一樣。聽到媽媽召喚，會跟媽媽靠近的幼兒，在 5 歲時的棉花糖測試中會表現出更有效的自我控制和冷卻策略。跟那些媽媽不太控制、但仍跟她保持一段距離的孩子相比，他們會利用策略來轉移自己的注意力，比較少注意那個誘惑，願意為了獲得更多獎勵而等待更長時間。[16]

這是什麼意思呢？那些媽媽不過度控制但也注意到孩子需求的學步兒，他們沒有理由要疏遠自己的媽媽，所以在陌生情境實驗中，孩子會靠近媽媽以紓解自己的緊張。但要是媽媽對自身需求很敏感，卻不知道孩子最想要什麼，而且又控制著孩子的一舉一動、讓他感到苦惱呢？安妮塔的發現又引發一些必須考慮的問題。對學步兒來說，他可能覺得離開媽媽一段距離，自己玩玩具或探索房間是個不錯的主意。這甚至可以幫助他發展出自我控制的冷靜技能，讓他在 5 歲時獲得兩顆棉花糖。

為了檢驗這些說法，蒙特婁大學的安妮・伯尼爾（Annie Bernier）在 2010 年率領團隊研究媽媽與 12 至 15 個月大幼兒的互動，觀察互動模式是否影響幼兒自我控制能力的發展。[17] 研究人員仔細觀察媽媽跟幼兒一起解決難題和認知任務的情況。然後一樣的孩子到了 16 至 26 個月大時，又測試了一次。伯尼爾發現，那些在前一次研究中受到媽媽支持其選擇和判斷、鼓勵他自主的幼兒，後來都培養出最強的認知和關注－控制技能，這都是日後通過棉花糖考驗的關鍵能力。即使排除了媽媽的認知能力和教育程度差異之影響，這個驗證也照樣成立。這之中傳達的訊息是，過度控制小孩的父母，會破壞孩子發展自我控制能力；[18] 而受到支持與鼓勵，學習自立自主解決問題的孩子，日後就比較可能通過棉花糖的考驗，從幼稚園回家時興奮地說他獲得兩顆棉花糖。

NOTES

1. M. D. S. Ainsworth and others, *Patterns of Attachment: A Psychological Study of the Strange Situation* (Hillsdale, NJ: Erlbaum, 1978).

2. A. Sethi and others, "The Role of Strategic Attention Deployment in Development of Self-Regulation: Predicting Preschoolers' Delay of Gratification from Mother-Toddler Interactions," *Developmental Psychology* 36, no. 6 (2000): 767.

3. G. Kochanska, K. T. Murray, and E. T. Harlan, "Effortful Control in Early Childhood: Continuity and Change, Antecedents, and Implications for Social Development," *Developmental Psychology* 36, no. 2 (2000): 220–232; N. Eisenberg and others, "Contemporaneous and Longitudinal Prediction of Children's Social Functioning from Regulation and Emotionality," *Child Development* 68, no. 4 (1997): 642–664.

4. 此時人類的表現，跟鼠媽媽舔毛和梳毛（lick and groom；LG）幼鼠一樣。那些母鼠經常舔舐清理的幼鼠，對認知任務的表現較佳，受到強烈刺激時的生理激動反應也比較少。請參見：M. J. Meaney, "Maternal Care, Gene Expression, and the Transmission of Individual Differences in Stress Reactivity across Generations," *Annual Review of Neuroscience* 24 (2001): 1161–1192。

5. C. Harman, M. K. Rothbart, and M. I. Posner, "Distress and Attention Interactions in Early Infancy," *Motivation and Emotion* 21, no. 1 (1997): 27–44; M. I. Posner and M. K. Rothbart, *Educating the Human Brain*, Human Brain Development Series (Washington, DC: APA Books, 2007).

6. L. A. Sroufe, "Attachment and Development: A Prospective, Longitudinal Study from Birth to Adulthood," *Attachment and Human Development* 7, no. 4 (2005): 349–367; M. Mikulincer and P. R. Shaver, *Attachment Patterns in Adulthood: Structure, Dynamics, and Change* (New York: Guilford Press, 2007).

7. A. M. Graham, P. A. Fisher, and J. H. Pfeifer, "What Sleeping Babies Hear: A Functional MRI Study of Interparental Conflict and Infants' Emotion Processing," *Psychological Science* 24, no. 5 (2013): 782–789.

8. Center on the Developing Child at Harvard University, Building the Brains "Air Traffic Control" System: How Early Experiences Shape the Development of Executive Function: Working Paper No. 11 (2011).

9. Posner and Rothbart, *Educating the Human Brain*.

10. Ibid., 79.

11. P. D. Zelazo, "The Dimensional Change Card Sort (DCCS): A Method of Assessing Executive Function in Children," *Nature: Protocols* 1, no. 1 (2006): 297–301.

12. Center on the Developing Child, Building the Brain's "Air Traffic Control" System.

13. P. D. Zelazo and S. M. Carlson, "Hot and Cool Executive Function in Childhood and Adolescence: Development and Plasticity," *Child Development Perspectives* 6, no. 4 (2012): 354–360.

14. P. Roth, *Portnoy's Complaint* (New York: Random House, 1967).

15. Ibid., 16.

16. M. L. Rodriguez and others, "A Contextual Approach to the Development of Self-Regulatory Competencies: The Role of Maternal Unresponsivity and Toddlers' Negative Affect in Stressful Situations," *Social Development* 14, no. 1 (2005): 136–157.

17. A. Bernier, S. M. Carlson, and N. Whipple, "From External Regulation to Self-Regulation: Early Parenting Precursors of Young Children's Executive Functioning," *Child Development* 81, no. 1 (2010): 326–339.

18. "Attachment and Development"; and A. A. Hane and N. A. Fox, "Ordinary Variations in Maternal Caregiving Influence Human Infants' Stress Reactivity," *Psychological Science* 17, no. 6 (2006): 550–556.

CHAPTER 5
完美的計畫

　　荷馬的古希臘傳說《奧德賽》描述奧德修斯（羅馬稱為「尤利西斯」）的冒險，他是希臘西岸邊崎嶇小島伊薩卡（Ithaca）的國王。這個國王揮別了新婚妻子佩妮洛普和幼小的兒子，遠赴特洛伊作戰。沒想到這場戰爭打了好幾年，戰爭結束後奧德修斯踏上歸途，又流浪了好幾年才到家；一路上都是奇幻的冒險，曾譜出狂蕩的戀曲，也遇上許多可怕的怪物和悲慘的戰鬥。在他和剩餘船員歷經千辛萬苦的歸程中，又遇上奇妙的賽倫海妖，她們有甜美的歌聲，讓水手難以抗拒，情不自禁地把船開向礁岩而撞毀沉沒。

　　奧德修斯也非常想聽賽倫唱歌，但他知道這麼做很危險。於是出現了西方史上最早抵抗誘惑的記事之一，他命令水手把他綁在主桅桿上，還對他們說：「要是我哀求或命令你們放我下來，就再綑牢一點。」[1] 為了保護水手，確定自己會被綁得緊緊的，他也命令水手用蜂蠟把耳朵摀住。

小丑盒

　　1970 年代初期，正當棉花糖實驗順利進行之時，我開始想起荷馬說的故事，又想到，亞當和夏娃當初要是有套計畫，可以幫助他們抵抗蛇和蘋果的誘惑，是不是可以在伊甸園待得久一點。於是我開始想像，賓恩幼稚園的小朋友面對強大誘惑時該怎麼做，才不會付出重大代價呢？預先規畫能幫助他們抵抗誘惑嗎？當時我在史丹佛的研究生夏洛特·帕特森（Charlotte Patterson），開始跟我一起探索這個問題（夏洛特現在是維吉尼亞大學的教授）。首先，我們要在驚奇屋裡設計一個很吸引小朋友的東西，就像賽倫海妖一樣。這東西要滿足兩個條件 —— 這件誘惑物必須很吸引人，又能被家長們接受。我找來賓恩幼稚園的主任、研究員，還有我的三個小女兒當我的顧問，最後得到的結果是小丑盒（如下頁圖）。[2]

　　小丑盒是畫上鮮豔小丑的大木箱，他的笑臉以閃耀燈光環繞，張開的兩手各撐著一個玻璃視窗，裡頭亮燈時就會看到誘人的小玩具和點心在裡面慢慢轉動。小丑先生很愛講話，也很有吸引力。它的頭部位置裝了一個喇叭，連接到一

台錄放音機和觀察室的麥克風。

　　我們想要模擬的是一種大家在生活中經常碰到的狀況：為了更重要的延宕結果，必須抵抗眼前的強大誘惑。比方說，青少年正想完成拖延已久的功課，好朋友卻邀他一起去看電影；原本婚姻幸福家庭美滿的經理，在外地開完一整天的銷售會議後，年輕貌美的女祕書邀他去喝一杯。而小丑盒要扮演的角色，就是小朋友的莫大誘惑。

　　進行研究時，夏洛特會先在驚奇屋裡跟小朋友玩一下——在此例中登場的是 4 歲的「索爾」（Sol）——旁邊放著一些有趣但壞掉的玩具。然後她讓索爾坐在小丑盒對面的小桌子旁。她告訴索爾，她必須離開房間一會兒，但要請索爾做點「工作」。她會要求索爾在那段時間做點事，不能中斷，不過那是一件特別無聊的事情。例如索爾可能要從工作表上畫有圈、又標示的方格，覆寫抄到另一些方格裡；或是把一大堆小釘子插回盒子裡。要是他乖乖做好、不中斷，等到夏洛特回來，他就可以玩很有趣的玩具和小丑盒；否則他就只能玩壞掉的玩具了。夏洛特強調，在她離開房間這段時間，小朋友要把所有時間都用來工作，才能完成任務。而索爾也很認真地回答說他會。夏洛特也預先警告索爾，小丑先生可能很想跟他一起玩，但如果盯著小丑盒、跟它說話或跟它玩，那工作就會做不完了。

然後夏洛特讓索爾跟小丑盒見面，小丑盒會開始閃燈，照亮窗子裡的玩具，以洪亮而愉快的聲音說：「嗨！我是小丑先生，我有一對大耳朵，當小朋友把他們想要和感受到的東西塞進裡頭，不管是什麼我都愛！」（他顯然在心理治療方面受過一些訓練）不管索爾說什麼，小丑先生都會用誇張的聲音回應。跟索爾簡短地愉快交談後，他會邀請索爾跟他一起玩。他會先發出一聲「巴茲」的聲音，表示要展現一些有趣的東西給索爾看，窗口亮一下燈，讓索爾一睹窗裡有一些誘人的玩具和點心在轉動。

夏洛特離開房間 1 分鐘以後，小丑盒又亮了起來，笑著說：「呵呵呵呵！我最喜歡有小朋友陪我玩了。你要陪我玩嗎？快過來按我鼻子嘛，看看會發生什麼事。喔，拜託，你不來按我的鼻子嗎？」

接下來的 10 分鐘裡，小丑先生會使出各種手段，毫不憐憫地誘惑小朋友。臉上和窗口燈光亮閃閃，領結也跟著閃光，大概每一分半鐘就會說些甜言蜜語：

> 喔，現在真是個好時機啊！只要你放下鉛筆，我們會更好玩。快放下鉛筆，我們一起玩個痛快。快放下鉛筆，我們一起玩。……快過來按我鼻子，我會變戲法給你看。你不想看我帶來什麼驚奇嗎？快過來看看我的窗子。

夏洛特離開 11 分鐘以後，小丑盒自動關閉，然後她才又回到驚喜屋。

抵抗誘惑的「如果─那麼」計畫

對學齡前兒童來說，小丑盒很可能就像奧德修斯碰上賽倫一樣難以抗拒。但不像這位希臘英雄可以綁在桅桿上，小朋友可不能綁在椅子上，而且也不能像那些水手一樣用蜂蠟摀著耳朵。那麼我們要問的是：面對小丑盒那些誘人的技巧，有什麼辦法可以幫助索爾這種學齡前兒童抵抗誘惑呢？

根據棉花糖實驗的發現，我們認為要想有效地抵抗熱切的誘惑（現在就吃棉花糖，或屈服於其他任何誘惑），就要仰賴具有抑制作用的「不行！」反應，來取代熱切的「啟動！」反應；而且這個置換要迅速且自動，最好像是反射動作一樣。以好萊塢的電影術語來說，就是要有個很棒的關聯，可以在「不行！」和熱烈刺激（通常就會引發「啟動！」）之間，創造出一個自動的連結。比方說，一套誘惑抑制計畫可能會這麼告誡小朋友：

> 我們先來想一些辦法，讓你可以繼續工作，不會被小丑先生拖住。我們來想一下……你可以這麼做：小丑先生要是發出巴滋巴滋的聲音，叫你看看他、跟他一起玩，你千萬不要看他，只要看著你的工作，然後說：「不行，我不要；我要工作。」你這麼說了之後，就這麼做。他要是說「你看」，你就說「不行，我不要；我正在工作。」

　　這樣的「如果─那麼」計畫（IF-THEN plan），明確地把誘人的熱切刺激（如果小丑先生叫你快看他、跟他一起玩），和抗拒誘惑的反應（那你就不要看他，並且說「我不看小丑先生」）連結在一起。學齡前兒童有了這套計畫之後，就能減少分心時間、繼續工作，獲得最佳結果。即使小丑盒的誘惑的確讓他們停下手，但干擾歷時平均不超過 5 秒鐘，孩子們平均能將 138 根釘子插回釘板上。相對的，那些沒有計畫幫助的孩子平均中斷了 24 秒，插回的釘數也只有 97 根。[3] 以學齡前兒童來說，這樣的差異非常巨大。我們也看到，接受計畫指令的孩子們會創造出一些新版本（「別再說了！」「快停止！」「笨蛋！」），讓他們可以更迅速地插回釘子，最後就可以快樂地跟小丑盒玩一些沒壞掉的玩具。

　　我們和小丑盒的研究只是踏出了第一步，很多年後，紐約大學的彼得・高維哲（Peter Gollwitzer）和加布列・歐廷根（Gabriele Oettingen）及其團隊，也獨立進行了重要的研究計畫。他們從 1990 年代開始，找到許多簡單但威力非常強大的「如果—那麼」計畫，可以更有效地幫助許多自我控制有問題的人，讓他們即使在非常艱難的情緒衝動下，也能繼續追求很難達成的目標。[4] 如今稱為「如果—那麼」實施計畫（IF-THEN implementation plans），已幫助許多學生專心學習，抗拒誘惑的入侵和干擾，幫助減肥者控制飲食、拒絕甜食，並且讓注意力缺損的兒童得以扼制不適當的衝動反應。

讓自我控制不再費力

　　在實際運作上，實施計畫所需的行動，會在相關情境出現時自動啟動：五點一到，我就會開始讀教科書；聖誕假期結束後，我就會開始寫論文；甜點菜單送上來時，我不會點巧克力蛋糕；每當誘惑出現時，我視而不見。[5] 能喚起實施計畫運作的不只是外在情境（當我進入酒吧、當警報響起時），我們的內在心境也能讓它啟動（當我很想吃什麼東西、當我覺得無聊、焦慮或生氣的時候）。這聽起來好簡單。的確是很簡單。藉由擬定及實踐的實施計畫，可以讓熱系統反射自發啟動需要的行動。日積月累，就可以形成新模式或習慣，例如上床睡覺前一定會去刷牙。

這種「如果—那麼」計畫一旦可以自動自發，自動控制無須多費力氣，就能瞞騙熱系統反射而不自覺地做出對你有利的行為，讓熱系統在冷系統休息的時候，自動演出你預先安排好的劇本。[6] 但除非你先把抗拒計畫加入熱系統之中，否則在你需要的時候，它可能無法即時啟動。這是因為，我們在面對熱切誘惑時，情緒激動和壓力上升，會加速熱系統引發「啟動」機制；而在此同時，也使得冷系統的控制力量減弱。當熱切誘惑到來時——不論是驚奇屋的小丑盒閃閃發亮、甜食菜單中的巧克力派，或者商場聚會時酒吧中甜美誘人的同事——要是不預先建立「如果—那麼」的抵抗計畫，一旦熱血上腦，很可能衝動就贏了。但要是先設定好「如果—那麼」計畫，對許多不一樣的人、不同年齡層，碰上許多不同的狀況都能順利運作，幫助他們有效達成困難目標，扭轉過去心有餘而力不足的劣勢。

其中一個很棒的例子，是用來幫助注意力不足過動症（attention deficit / hyperactivity disorder；ADHD）的孩子。注意力不足過動症如今已越來越常見，病童在課業和人際關係方面都會碰到許多煩惱。他們很容易受到干擾而分心，很難控制自己的注意力，因此很難定下心來做好一些事情。這些認知限制，為病童在課業和人際關係的情境中帶來許多破壞，導致他們受到羞辱，還有過度用藥的危險。如今「如果—那麼」實施計畫，已經可以幫助這些兒童，讓他們可以更迅速地解答數學問題，大幅改善工作記憶（working memory），完成任務；並且在非常艱難的實驗情境中堅定意志、抵抗誘惑。[7]這些應用說明了實施計畫的威力和價值，對於人類自發性改變的潛力描繪出樂觀景象。而未來持續不斷的挑戰，則是將短期實驗的程序轉化為長期的輔助計畫，讓我們在日常生活中也可以創造出持久的改變。

NOTES

1. S. H. Butcher and A. Lang, *Homer's Odyssey* (London: Macmillan, 1928), 197.

2. W. Mischel, "Processes in Delay of Gratification," in *Advances in Experimental Social Psychology*, edited by L. Berkowitz, vol. 7 (New York: Academic Press, 1974), 249–292.

3. W. Mischel and C. J. Patterson, "Substantive and Structural Elements of Effective Plans for Self-Control," *Journal of Personality and Social Psychology* 34, no. 5 (1976): 942–950; C. J. Patterson and W. Mischel, "Effects of Temptation-Inhibiting and Task-Facilitating Plans on Self-Control," *Journal of Personality and Social Psychology* 33, no. 2 (1976): 209–217.

4. 「如果—那麼」實施計畫的例子，請參見：P. M. Gollwitzer, "Implementation Intentions: Strong Effects of Simple Plans," *American Psychologist* 54, no. 7 (1999): 493–503; P. M. Gollwitzer, C. Gawrilow, and G. Oettingen, "The Power of Planning: Self-Control by Effective Goal-Striving," in *Self Control in Society, Mind, and Brain*, edited by R. R. Hassin and others (New York: Oxford University Press, 2010), 279–296; G. Stadler, G. Oettingen, and P. Gollwitzer, "Intervention Effects of Information and Self-Regulation on Eating Fruits and Vegetables Over Two Years," *Health Psychology* 29, no. 3 (2010): 274-283。

5. P. M. Gollwitzer, "Goal Achievement: The Role of Intentions," *European Review of Social Psychology* 4, no. 1 (1993): 141–185; P. M. Gollwitzer and V. Brandstätter, "Implementation Intentions and Effective Goal Pursuit," *Journal of Personality and Social Psychology* 73, no. 1 (1997): 186–199.

6. For the concept of two systems, one that "thinks fast" and another that "thinks slow" and is effortful and "lazy," see D. Kahneman, *Thinking, Fast and Slow* (New York: Farrar, Straus and Giroux, 2011).

7. C. Gawrilow, P. M. Gollwitzer, and G. Oettingen, "If Then Plans Benefit Executive Functions in Children with ADHD," *Journal of Social and Clinical Psychology* 30, no. 6 (2011): 616–646; and C. Gawrilow and P. M. Gollwitzer, "Implementation Intentions Facilitate Response Inhibition in Children with ADHD," *Cognitive Therapy and Research* 32, no. 2 (2008): 261–280.

CHAPTER 6
懶惰的蚱蜢和勤勞的螞蟻

　　棉花糖實驗讓我們看到孩子們如何延宕滿足，以抵抗誘惑，並且這種能力差距又會在未來的一生中扮演何種角色。但是，就**選擇**本身來說又是如何呢？

　　我在俄亥俄州立大學讀研究所時，就開始想這個問題了；那時距離我到史丹佛任教還很久。當時有一年夏天，我住在千里達南端的小村落，那裡的居民都是非洲裔或東印度血統，他們的祖先當年來到此地，都是奴隸或受召募而來的僕人傭婦。兩個族群在此和平共處，隔著漫長的泥土路散居兩旁。

　　後來我漸漸熟識一些村民之後，覺得他們的生活狀況非常有意思。我發現他們經常數落另一個種族的不是。東印度人認為非洲裔鄰居脾氣衝動，只活在當下，又喜歡享樂，成天只想過好日子，卻從不計畫、思考未來。而非洲裔居民則認為東印度鄰居永遠都在工作，好像是未來的奴隸一樣，賺了錢就往床底下塞，完全不懂得享受人生。他們的描述讓我想起伊索寓言裡的蚱蜢和螞蟻。懶惰又喜歡享樂的蚱蜢四處蹦蹦跳跳，在夏日陽光下快樂地唱歌，到處找樂子；而螞蟻則四處奔走，尋找食物，貯存起來好過冬。蚱蜢就像是沉迷於熱系統的歡樂，而螞蟻則是為了日後生存而延宕滿足。

這條分隔村中兩大族群的道路，是否也把自我放縱的蚱蜢和辛勤工作、照顧未來的螞蟻分隔開了呢？為了檢驗這個族群差異的觀感是否真確，我走過長長的泥土路，來到當地的學校，那裡的學生包含了兩大族群。這所學校還是以英國殖民政府的教育制度在運作，孩子們都穿著白襯衫或短洋裝。一切看起來都顯得整潔、正確而有秩序，孩子們雙手合握，靜靜等待老師來上課。

老師把我迎進教室，我會在這裡測試一些 11 歲至 14 歲的男孩和女孩。我詢問那些住在家裡的孩子，衡量他們對於「信守承諾」的看法，評估他們的成就動機、社會責任和智商。在每個會談的最後，我會提供小點心讓他們做選擇：可以現在領走一小塊巧克力；或者願意等到下週，會有更大塊的巧克力。而在會談時，他們也可以選擇現在就拿 10 塊錢，或者一個月後可以拿 30 塊錢，還有「以後的一件大禮物，或者現在的一份小禮物」。

　　最常選擇較小獎勵的千里達青少年，相對於選擇較大者，通常都是那些最愛惹麻煩的孩子，以當時的說法可稱之為「少年犯」。他們一向被視為對社會缺乏責任感，跟當局和警方時有嚴重齟齬。在成就動機的標準測驗中，他們的得分也很低，對自己未來的目標往往沒什麼企圖心。

信任

　　跟我聽到的類型看法一致，非洲裔的千里達孩子通常喜愛即刻獎勵，而東印度家庭的孩子更常選擇延宕獎勵。[1]但這裡頭肯定還有更多玄機。千里達的非洲裔家庭，父親經常是缺席的那一位；但這種狀況在東印度家庭則極少。也許，這些來自沒有父親的家庭的孩子們，對於「信守承諾」這件事比較沒有經驗。若是如此，他們也許是因為不信任我這個陌生人，不相信我以後還會再回來發放延宕的獎勵。如果不相信「後來」的承諾會兌現，實在也沒什麼理由要他們放棄「現在」的獎勵。果然在我比較兩個族群中都有父親的家庭時，這種差異就消失了。

　　有許多人從小就生活在缺乏信任與信賴的環境，延宕獎勵這種事只是嘴巴說說而已，認真你就輸了。如果情況是這樣的話，等待變得毫無意義，還是馬上抓住眼前的利益比較重要。要是學齡前兒童曾受過言而無信的欺騙，那麼他們寧可選擇現在的一顆棉花、不願等待以後的兩顆，也就不會讓人太意外了。[2] 這些符合常識的預期早就被實驗所證實，要是我們不相信延宕獎勵會實現，那麼選擇不等待正是合理的行為。

我離開千里達幾年後、還沒開始棉花糖實驗之前，先在哈佛大學任教，繼續在劍橋和波士頓研究兒童和青少年的這種選擇。對於正在哈佛大學的社會關係系研究延宕滿足和自我控制來說，1960 年真是非常奇特的一年。很多事情都出現了變化。當時在校任教的蒂莫西・利里（Timothy Leary），去了墨西哥旅行發現「神奇蘑菇」（magic mushrooms），就拿它來製造幻覺和心境改造的經驗；而且對象不只是他自己，還包括學校的學生。有一天早上，幾個研究生的課桌椅突然都換成了床墊，還有一家瑞士化工廠寄來幾大箱的東西。在迷幻藥「LSD」的幫助下，「激發熱情、內向探索、脫離體制」（Turn on, tune in, drop out）的時代也開始了。利里帶頭反文化（counterculture），很多研究生也隨之在後搖旗吶喊。[3]

正當這個世界似乎失去自我控制的時候，似乎也正好是研究自我控制的好時機。卡羅・吉利根（Carol Gilligan）當時正在攻讀博士學位，我跟她一起進行一項新研究，測試波士頓地區兩所公立學校的六年級男生。[4] 我們想知道那些選擇延宕滿足而抗拒即刻獎勵的孩子，是不是比亞當和夏娃更有能耐，能抵抗強烈誘惑。不過對 12 歲的波士頓小男孩來說，必須找到比蘋果更誘人的東西才能進行測試。

在他們教室的第一階段，男孩要完成多項任務，然後我們提供一些獎勵作為答謝；他們要選擇現在的小禮物或以後的大禮物，跟在千里達做的差不多。我們想知道，他們在強大誘惑的新環境下，是不是還會選擇未來的大禮而捨棄現拿小禮物。那些在第一階段中傾向延宕滿足的孩子，是否在不同環境中也比較不會屈服於強烈誘惑——那個誘惑，就是只有作弊才會贏的狀況。

為了解答這個問題，我們在那個學期又開始另一項看似跟前述測試無關的實驗，這次是找孩子來測試遊戲技能，一次測試一位。表面上來看，這個遊戲的目的是要看每個男孩多快就學會用「雷射槍」摧毀一架火箭，它在對抗前蘇聯的太空競賽中故障了（在當時是件大新聞）。我們在木板上安裝一把漆成銀色、很大的玩具雷射槍，瞄準那架高速「火箭」目標。目標上有五顆亮燈，作為每次射擊的評分。根據射擊成績，我們會頒授三種金光閃閃的徽章（射擊手、狙擊手和神槍手）作為獎賞。這些 1960 年代的雷射槍玩具，現在的孩子大概會說是博物館級的老古董吧；不過對當時的 12 歲男孩來說，可是難以抗拒的誘惑。

「假裝那架火箭已經壞了，必須摧毀。」卡羅說：「各位要是打得準，我會頒給你射擊手的徽章；如果成績比射擊手還好，就頒給狙擊手徽章；要是比射擊手、狙擊手都還要好，最厲害的人就頒給神槍手徽章。」

這些男孩不知道計分只是隨機亮燈，分數根本與他們的射擊技能無關；並且按照實驗設定，他們的分數都不可能獲得獎章——除非他們作弊，謊報分數。如果想得到更高級的獎章，就只能謊報更高的分數。孩子們是在房間裡自己玩射擊、自己計分，包括他們作弊的時間和數量也都被記錄下來。結果我們在千里達看到的「少年犯」選擇即刻小獎勵的模式，也在波士頓出現了。那些在之前的測試中持續選擇延宕大獎勵的孩子，作弊情況比那些選擇即刻小獎勵的孩子要少得多。[5] 並且那些選擇延宕獎勵的孩子，如果也作弊謊報分數，其發生的時間點會更為延後。

熱切的現在與冷靜的未來：大腦觀點

到了 2004 年，此時距離我在千里達聽鄰居互相批評，說得像是伊索寓言的快樂蚱蜢和勤勞螞蟻，已經隔了半世紀，我在《科學》月刊上讀到塞繆爾‧麥克盧爾（Samuel McClure）及其團隊的研究，感到很振奮。他們更進一步分析我們是怎麼做決策的，利用功能性磁振造影探索大腦在即刻小獎勵和未來大獎勵之間做選擇時的情況。

心理學家和經濟學家常常注意到，我們人類往往很沒耐心，一旦面對即刻獎勵，經常是由熱系統操控。但是我們在面對幾個延宕獎勵之間做選擇時，又能表現出耐心、理性和冷靜。這種矛盾現象早就被辨識出來，但背後的大腦機制還是個謎。為了解決這個問題，麥克盧爾及其團隊開始做出一些與大腦冷、熱系統作用相關的假設。[6] 其推論認為，大腦中的情感熱系統（邊緣）是我們對短期目標欠缺耐性的主因，這個部位在面對即刻獎勵時會自動活躍起來，觸發啟動反應：「我現在就要！」它對於延宕獎勵的價值或任何未來的事情都不感興趣。相對地，在幾種延宕獎勵之間 —— 例如退休金計畫 —— 做出理性選擇需要持久的耐心，這就要靠冷系統運作，位於大腦前額葉皮層及鄰近組織，都是人類演化過程中較晚近才發展出來的部位。

麥克盧爾的團隊讓成年人做現在與未來的金錢選擇（例如現在給 10 美元、明天給 11 美元）；還有一些都屬於未來的選擇，像是一年後的 10 美元與一年後又隔一天的 11 美元。研究人員利用功能性磁振造影，監測每個人做選擇時的冷、熱系統神經區域之活動狀況。研究人員發現，當受測者做決定時，從各個神經區域的活躍程度，即可預測他們會選擇即刻獎勵或延宕獎勵。當受測者在兩個比較近期的獎勵之間做選擇時（例如今天與明天），熱系統神經較為活躍；如果是在兩個未來事件之間做選擇（一年後與一年後又隔一天），則是冷系統在運作。麥克盧爾及其同事因此證實，我們的大腦事實上是由兩套神經系統 —— 熱系統及冷系統 —— 分別來評估即刻獎勵和延宕獎勵。這個大腦活動的研究結果，和我們對驚奇屋學齡前兒童行為的推斷頗為一致，讓我很感欣慰。2010 年，哥倫比亞大學的艾爾克・韋伯（Elke Weber）和貝納・芬格（Bernd Figner）也率領研究團隊進行實驗，更精確地找到讓我們選擇延宕獎勵的大腦區域：它是在前額葉皮層的左側，而非右側。[7]

　　即刻獎勵會讓熱切、自動、反射、潛意識的大腦邊緣系統活躍，這個系統對於延宕結果沒什麼興趣。它只想要馬上得到，並急劇降低或「貶低」延宕獎勵的價值。[8] 它會由欲望對象的視覺、聽覺、嗅覺、味覺和觸覺等感知所驅動，也許那是讓幼兒按鈴的棉花糖、難以抗拒的巧克力蛋糕，或是神話故事中讓水手淹死的賽倫歌聲。這就是為什麼一些在大眾眼中的聰明人，比方說總統、參議員、州長或金融鉅子大富豪，在誘惑當前時竟做出愚蠢決定，完全沒考慮到日後會有什麼後果。

相對地，延宕獎勵會讓冷系統活躍，這個位於大腦前額葉皮層的系統，反應較慢，但會以深思、理性來解決問題，讓我們更像個人類，會去考慮長遠的後果。正如我們在前面幾章所看到的，延宕能力讓我們放慢腳步，「冷靜下來」，冷系統才有足夠時間去監視和調節熱系統的作為。必須重申的是，這兩個系統——熱系統處理即刻獎勵和威脅，冷系統處理延宕後果——是一起活動的，其中一個活躍時，另一個就相對平靜。現在我們面臨的挑戰是，必須知道冷、熱系統何時主導，會比較好。

麥克盧爾及其團隊最後也引用伊索寓言來做結論：

操控人的行為，經常是以下兩者的競爭：屬於低層次的自動程序，反映特定環境的演化適應；以及晚近演化出來，具備抽象、廣泛理性、未來規畫的人類獨特能力。……人類偏好的特質似乎反映出，在我們每個人的內在之中，好像都有一隻狂暴魯莽的邊緣性蚱蜢，和深謀遠慮的前額葉螞蟻在互相競爭。[9]

或許，我們都既是蚱蜢也是螞蟻。但不論我們體內的前額葉螞蟻或邊緣性蚱蜢在任何時候冒出頭來，都取決於特定情境下的誘惑，以及我們如何評估和思考。[10] 就如王爾德的名言所說：「我可以抗拒一切事物——除了誘惑。」[11]

NOTES

1. W. Mischel, "Father Absence and Delay of Gratification: Gross-Cultural Comparisons," *Journal of Abnormal and Social Psychology* 63, no. 1(1961): 116-124.

2. 幼兒在棉花糖實驗中的決策，受到環境信賴感的影響。請參見：Ibid.; W. Mischel and E. Staub, "Effects of Expectancy on Working and Waiting for Larger Rewards," *Journal of Personality and Social Psychology* 2, no. 5 (1965): 625–633; W. Mischel and J. C. Masters, "Effects of Probability of Reward Attainment on Responses to Frustration," *Journal of Personality and Social Psychology* 3, no. 4 (1966): 390–396; W. Mischel and J. Grusec, "Waiting for Rewards and Punishments: Effects of Time and Probability on Choice," *Journal of Personality and Social Psychology* 5, no. 1 (1967): 24–31; C. Kidd, H. Palmieri, and R. N. Aslin, "Rational Snacking: Young Children's Decision-Making on the Marshmallow Task Is Moderated by Beliefs about Environmental Reliability," *Cognition* 126, no. 1 (2012): 109–114。

3. D. Lattin, *The Harvard Psychedelic Club: How Timothy Leary, Ram Dass, Huston Smith, and Andrew Weil Killed the Fifties and Ushered In a New Age for America* (New York: HarperCollins, 2011).

4. W. Mischel and C. Gilligan, "Delay of Gratification, Motivation for the Prohibited Gratification, and Resistance to Temptation," *Journal of Abnormal and Social Psychology* 69, no. 4 (1964): 411–417.

5. 這些選擇偏好可作為重要行為的早期預測，例如體重增加、過度冒險使用藥物等等。現在的研究人員在無法進行棉花糖測試時，經常用這種選擇來替代。

6. S. M. McClure and others, "Separate Neural Systems Value Immediate and Delayed Monetary Rewards," *Science* 306, no. 5695 (2004): 503–507.

7. B. Figner and others, "Lateral Prefrontal Cortex and Self-Control in Intertemporal Choice," *Nature Neuroscience* 13, no. 5 (2010): 538–539.

8. For an alternative interpretation of these results see J. W. Kable and P. W. Glimcher, "An 'As Soon as Possible' Effect in Human Intertemporal Decision Making: Behavioral Evidence and Neural Mechanisms," *Journal of Neurophysiology* 103, no. 5 (2010): 2513–2531.

9. McClure, "Separate Neural Systems," 506.

10. E. Tsukayama and A. L. Duckworth, "Domain-Specific Temporal Discounting and Temptation," *Judgment and Decision Making* 5, no. 2 (2010): 72–82.

11. O. Wilde, *Lady Windermere's Fan: A Play about a Good Woman*, Act I (1892). For research on the same point, see E. Tsukayama, A. L. Duckworth, and B. Kim, "Resisting Everything Except Temptation: Evidence and an Explanation for Domain-Specific Impulsivity," *European Journal of Personality* 26, no. 3 (2011): 318–334.

CHAPTER 7
是天生的嗎？新遺傳學

　　1928 年，詹姆斯在芝加哥出生，他從小就很擔心來自母親那一邊的愛爾蘭血統。他希望自己是全班最聰明的小孩，可是在當年的芝加哥，大家經常嘲笑愛爾蘭人是笨蛋。他記得小時候聽過一些事，說有哪家商店要找人，但標示「愛爾蘭人不得申請」。詹姆斯認為，自己雖然也有明顯的愛爾蘭血統，但沒證據可以說他是個笨蛋。幸運的是，他自己對此做出結論：「愛爾蘭人的智力和大家所知的缺點，是在愛爾蘭那個地方形成的，並不是因為基因。問題在於後天的教養，而非先天遺傳。」[1] 這位詹姆斯・華生（James Watson）後來和法蘭西斯・克里克（Francis Crick）一起發現了 DNA 結構，在 1962 年獲得諾貝爾獎。這個發現打開了一個窗口，讓我們了解自己是誰、又可以變成什麼。自詹姆斯・華生和瑞典國王握手後的半個世紀，令人驚訝的答案也不斷湧現。

1955 年，大約就在華生和克里克正在研究 DNA 結構的同時，「艾伯・布朗先生」（Mr. Abe Brown）帶著他的 10 歲兒子「喬」（Joe）來到俄亥俄大學心理系的診所，當時我正在那裡進行博士生實習。布朗先生似乎很急，毫不浪費時間跟任何人打招呼，一開口就問說：「我只是想知道，他到底是笨呢，或者只是懶惰？」他說的是坐在身邊的兒子喬。

　　布朗先生的直率發問，跟我每次演講棉花糖測試之後聽到許多焦慮家長的關切都一樣（只是大家會說得比較委婉）。這也是讓年輕的詹姆斯・華生折磨自己的問題，只是他夠聰明，自己找出了答案。而我在談到人類行為的起因時，經常碰到的問題也是這個：是先天的，還是後天的？我跟布朗先生談了幾分鐘之後，他對先天和後天的想法就漸漸清晰起來。如果喬就是笨，布朗先生覺得那就沒什麼好做的啦，他會試著去接受事實，不再逼兒子。可是喬如果「只是懶惰」，那麼布朗先生就很想找個什麼方法加強紀律，來幫助他、「塑造他」。

　　關於遺傳與環境對大腦和行為的影響，環繞著人類每一種重要特徵的爭論，數個世紀以來一直非常熱烈。這些主題包括：智力、天資、能力的起源；侵略性格、利他、良心、犯罪、意志和政治信仰；精神分裂、憂鬱症和壽命等等。這些爭論也不只限於學術界，連社會政策、政治、經濟、教育和子女養育等想法都會受到影響。比方說，我們對於經濟、成就不平等的原因，係來自遺傳或環境因素的看法，會影響到我們對於政策議題的投票。如果差異是來自先天，社會可能同情那些在基因輪盤上的不幸者，但不會覺得自己有什麼好愧疚的。但如果我們是誰、會成為什麼樣的人，大都是因為環境因素所造成的，那我們不是就該做出改變，減少那些不公正和不平等嗎？遺傳因素又在意志、個性和人格上扮演何等角色，對此的看法不僅影響到你怎麼看待人類天性和責任，你跟孩子的可能與不可能之期待或遺憾，也都會包含在內。

對於大家所接受的後天與先天的科學觀點，我這輩子先後看到截然相反的結論。1950 年代行為理論正主導美國心理學界時，史金納（B. F. Skinner）等科學家認為新生兒進入世界就像是一張白紙，等著環境因素在他們身上烙下印記，透過獎勵和強化塑造且決定他們會變成什麼。[2] 從 1960 年代開始，這種極端的環境因素看法已然退潮。到了 1970 年代，對這個議題的思考發生變化，諾姆·杭士基（Noam Chomsky）和許多語言學家及認知科學家都有許多發現，證實人類在許多方面是先天就決定好的。一開始的爭論是關於嬰兒如何學習語言。勝利的一方指出，**寶寶根據學習和社會環境**，不管他最後說的是高地德語或中文國語，那個讓語言之所以為語言的潛在語法，終究是天生賦予的。新生兒不但不是白紙一張，事實上更像是經過嚴密編碼而成。[3]

　　對於嬰兒到底從子宮帶出多少東西，我們每年都有讓人驚訝的發現，這份清單也越來越長。哈佛大學的伊麗莎白‧史貝克（Elizabeth Spelke）是探索嬰兒心靈與頭腦的學界領袖之一，她利用嬰兒的注視作為工具，來判斷他瞭不瞭解。例如，她說嬰兒是天生的會計師，與生俱來就了解數字；嬰兒也具備整套的幾何認知，至少他知道怎麼在三度空間裡找到隱藏的寶貝。[4] 嬰兒出生時可能配備許多理解能力，反倒是我們成年人能力有限而無法明白。

性格

　　當爸媽的人很早就知道，孩子都各有脾性，在出生後很快就展現情緒反應的不同。古代的希臘、羅馬認為，人的情感性格主要受四種重要體液所決定，大概可說是古代版本的DNA學說。根據這套說法，一個人如果受到血液支配，那麼他有副好氣色，個性善良、歡樂；黑膽汁支配會出現憂鬱小生，時顯焦慮，喜怒無常；黃膽汁的人暴躁易怒，隨時都愛生氣；黏液支配者為人冷漠，或者顯得隨和，對人對事都很慢熱。

嬰兒進入這個世界時，在情緒反應、活動程度和操控注意力的能力方面，就帶有生理上的差異。[5] 這些差異在出生時雖然都是與生俱來的，但他們在母親的子宮裡也早就被雕塑了好幾個月。這些差異對他們的感覺、思考、行為，對於他們會成為什麼樣的人，都有顯著的影響；其中包括他們能否容易地控制自我、延宕滿足。新手父母常熱烈討論寶寶的脾氣怎麼改變了他們的生活，[6] 而大多數嬰兒彷彿都是許多不同情緒的混合體，這其實也不是新聞。有些寶寶一出生就非常活躍，很開心、很喜歡笑，從小就表現得很快樂、很滿足；也有些孩子非常情緒化，很容易激動，而且常表現出負面情緒；也有一些寶寶常常顯得苦惱、煩躁、生氣，特別是在沮喪、挫折的時候（這種情況似乎很常見）。嬰兒的社交性格也頗有差異。有些碰上陌生人會害怕，甚至連新的玩具也怕；有些則似乎很喜歡跟人、跟物互動。有些則是平常不顯得容易害怕，可是一旦感到恐懼，就很難安撫；有些則是膽子不大，但很少真正感到恐懼。

　　嬰兒反應的活躍程度和強度都不太一樣，他們活動的節奏和速度也頗有不同。有的嬰兒睡眠時間很長（讓別人也能睡得比較久）；有的則是不管白天、黑夜都在活動，或者渴望與人互動。這些個性上的差異不只是從嬰兒的活躍、輕鬆、快樂、痛苦，或很高興地活著可以看得出來；也會表現在他們多常微笑、大笑、玩耍，家長可以睡多久，他們感受到多少喜悅，而不是因此覺得疲憊和絕望。兒童的情緒行為也會不斷地影響照顧者的情緒行為，反之亦然；有些人因此感到更多樂趣，也有些人覺得更痛苦。

情緒性格也會影響孩子在什麼條件下能調節自己的注意力、延宕滿足，能多快反應、做到什麼程度，以及隨著時間的發育後能否發揮自我控制。這些情緒性格，有多少是來自遺傳呢？問這個問題的人，經過思考後，大都會認為答案應該是來自先天遺傳和後天環境的結合。學界針對雙胞胎研究多年——尤其是那些同卵雙胞胎，在剛出生時幾乎就像是同一個人——比較那些在同一個家庭長大、和不同家庭長大的雙胞胎。這些比較是用以判斷先天與後天因素對人類行為個性與心理特徵的影響。這些研究一直存有很多爭議，但從雙胞胎的研究中合理推估，個性與心理特徵的發展，大約有三分之一至一半是歸因於遺傳差異。[7] 即以智商而言，同卵雙胞胎的相似程度據估甚至更高。但值得注意的是，就算是一起長大的同卵雙胞胎，也有可能其中一位罹患精神分裂、嚴重憂鬱或其他心理、生理疾病，但另一位卻非常健康；也有可能其中一位的自我控制堪稱典範，但另一位卻是個暴衝小子。

研究人員也利用雙胞胎的研究，來分析後天因素與先天因素的影響百分比——如果其中質性是明確可分的。[8] 我們應該要感謝這些開創性的研究，讓我們終於明白，人類其實在許多方面是天生設定，且先天遺傳跟後天培育一樣重要。但針對遺傳深入研究後，我們會發現先天因素和後天因素其實不易區隔。[9]人類的脾性和行為模式，包括性格和個性、態度和政治信仰，雖反映出基因的複雜影響（通常牽涉到多組基因）；但它們的表現，卻又受到我們一生中的環境因素所形塑。我們是什麼樣子、又會變成什麼，是遺傳和環境因素以極其複雜的方式交互作用而成。所以我們不應該再問「比例有多少？」這種問題，因為這無法簡單地回答。正如加拿大心理學家唐納德·赫布（Donald Hebb）很久以前就說過的，那個問題就像是問長方形的哪一邊比較重要，是長還是寬？

解開 DNA 的奧祕

結論顯然就是：我們都是基因和環境緊密共舞的產物，無法簡單地切分開來。不過要是能解開 DNA 的奧秘，釐清人類基因圖譜的排序，描繪出它的許多控制元件，就可以作為探索「先天」與「後天」互動的分子基礎，更清楚了解我們人類到底是什麼。

DNA 是提供指示的生物密碼，讓細胞去做所有維持生命所需的動作。人體身上的一兆個細胞，其細胞核裡都有一份完整且排序相同的 DNA，承載著大約 1.5 GB 的遺傳資訊，可以裝滿兩張唯讀記憶光碟（CD-ROM）；而整個 DNA 序列，大概只有削得很尖的鉛筆尖那麼大而已。[10]

　　各位如果覺得這些聽起來很複雜，其實這還只是皮毛而已；因為真正複雜的是 DNA 如何組織又如何運作，其靈巧玄妙令人讚嘆。DNA 的代碼「字母」是 A、C、G、T，以之編寫出很多各不相同的「字」。更厲害的是，隨著組織發育日漸複雜，那些字都知道要怎麼組合在一起，在哪裡組合、又是在何處組合；這許許多多不同的組合字，就讓我們每一個人都成為獨特的個體。這一切到底是怎麼辦到的？

　　各位可以把人體當作一間圖書館，裡頭藏有成千上萬的書冊，我們的身體裡就裝有大概兩萬個基因。在這個 DNA 圖書館中的每一本書，都包含著編採成句子的文字。這種 DNA 句子就是我們所說的基因。那些句子又更進一步組織成段落和章節，高度組織化的基因模組一起運作，形成一本本的書冊，再相互配合組織成圖書館的一部分（人體組織和器官等）。這裡要特別注意的是，我們探訪這樣一座圖書館，所獲得的整體「經驗」，並不是館內所有書籍的總和。我們的體驗是取決於幾個條件：我們跟誰一起來逛圖書館，又逛了哪些部分；在那個當下，圖書館的哪些部分是開放的，又有哪些部分是關閉的；還有，我們從書架上抽了哪些書來看。簡單來說，就算是被讀取，那些基因也會因為複雜的生物及環境因素交互作用，而可能產生或不產生動作，其中所蘊含的可能性有無限多種。但可以確定的是，環境因素非常重要。我們的基因組成（也就是我們這座圖書館），是一個對應環境變化而反應的系統，靈巧度非常驚人。

但要搞清楚 DNA 回應環境的物質特性卻是個難題。我們現在知道，DNA 編碼將文字組成句子（也就是基因組），其實只占 DNA 的一小部分。在這些編碼而成的句子之間，有一大部分到底有什麼作用，完全是個謎，長期以來也一直被視為「垃圾」。但最近的研究已開始發現，那些一長串的未編碼 DNA，非但不是垃圾，且正好相反，它們在決定 DNA 如何表達時非常重要。那些垃圾裡充滿了控制開關，決定基因在面對環境線索時的反應，句子該怎麼組，在何時、何處組成。根據這些新發現，專研環境影響基因表達的專家法蘭西斯・香賓（Frances Champagne）認為，現在該是放棄先天後天孰重孰輕之爭論的時候，而是要問基因實際上是怎麼運作的？而環境又是如何影響基因運作的變化？[11]

任何生物過程畢竟都會受到環境影響，包括社會心理環境。所謂的環境因素包羅萬象，從媽媽哺乳、吃了花椰菜或培根、吃了什麼藥、吸收到什麼毒素，一直到社交互動、壓力、失敗、勝利、得意或沮喪，一生中的經歷和體驗都可以包含在內。而環境因素的威力，在生命早期更是巨大。例如媽媽在懷孕期間若遭遇親密伴侶的暴力對待，她所感受到的壓力經驗也會傳送給後代，讓小孩在日後歲月中更容易出現嚴重的行為問題。[12] 童年期間遭受壓力，會影響許多孩子的基因表達，經常可能引發防禦機制，過度刺激免疫系統活躍和緊張反應；[13] 但也不是所有的孩子都會受到同等的影響。這些結果表明，嬰兒大腦發育深受母體環境的影響。

值得注意的是，環境因素甚至在媽媽懷孕之前就會開始作用。跟我們過去對遺傳的觀點相反，最近的證據表明，人體細胞某些非基因組的特徵也是繼承而來的。[14] 法蘭西斯・香賓指出，就分子層次而言，表示這些特徵是由社會和物質環境所誘發，可以改變那些最後要創造個體後代的細胞特性。至於這其中到底如何運作，如今才剛開始要揭開而已。但我們必須特別留意的訊息是，跟社會環境互動所產生的危險和應變，也都可以跨越世代傳承給子嗣。這表示，我們在青少年和成年人階段所過的生活，包括我們的吃、喝、抽菸、玩樂和社交互動造成的緊張和壓力，也都可能在後代的基因組得到傳承；只是有些可能被表達出來，有些也許不會被解讀。

在生命初發的第一年，前額葉皮層開始發育的方式，對於自我控制和自發改變非常重要。以冷、熱系統的比喻來說，發育時間較遲緩的冷系統負責運作自我控制。在幼兒 3 歲到 7 歲之間，這個發展會讓孩子更能轉移和集中自己的注意力，控制情緒和情感以適應環境，為了更有效達成目標而抑止不想要的反應。

這些變化讓孩子在年齡逐漸變大時，開始控制自己的情緒和反應，修正先天設定的應對方式，而不會成為它的犧牲者。哈佛大學研究害羞、膽怯的專家傑若米·卡根（Jerome Kagan）曾說過一則軼事，剛好可作為自我控制能力可以改變天生傾向的實例。他的孫女在幼稚園時想克服羞怯，就叫卡根假裝不認識她，讓她做練習；結果最後竟然有用。卡根過去的研究顯示，像羞怯這種性格傾向有其遺傳根源，但也一樣可以改變。良好的學前教育經驗和不會過度保護孩子的照顧者，可幫助害羞的小朋友不那麼膽怯。卡根的孫女讓這位優秀的研究專家看見，小孩在其發展中本身就具備行為能力，會利用許多不同的策略來改變天生的設定。[15]

老鼠的表現

家家都不歡迎、一看到就趕盡殺絕的老鼠，一向是研究先天與後天因素最喜愛的實驗對象，因為老鼠的基因組跟人類非常接近。觀察老鼠等齧齒動物的狀況，可以解答一些無法以人類進行測試的行為問題。2003 年，埃默里大學（Emory University）的湯馬斯·因賽爾（Thomas Insel）和達琳·法蘭西斯（Darlene Francis），帶領研究團隊針對兩種老鼠（BALB 和 B6）進行探索；這兩種鼠輩在追求新奇（novelty seeking）和害怕的表現上非常不同。BALB 老鼠的基因被設定為非常膽怯，讓他們在行為上表現出害怕，經常躲在籠子的角落。它們跟另一種老鼠 B6 非常不同，後者的基因設定是很喜愛尋求新奇，因此顯得大膽。研究人員要測試的是，把具有大膽、嚐鮮遺傳的幼鼠，由害羞、膽怯的母鼠孕育出來，看會出現什麼變化。結果那些基因遺傳上本來大膽的幼鼠，會跟那些由膽怯母鼠帶大的膽怯幼鼠越來越像。[16] 此研究有兩個明確的結論：首先，基因遺傳是行為的重要決定因素；但同樣重要的是生命早期的母體環境，它對基因運作有重大影響。

《加拿大心理學雜誌》（*Canadian Journal of Psychology*）在 1958 年曾發表一篇研究報告，是利用很多世代的遺傳培育出很會走迷宮以及很不會走迷宮的老鼠來做研究。[17] 科學家將這些年輕的老鼠，有些放在充滿感官刺激的活躍環境，有些則置於毫無感官刺激的沉悶環境。結果原本不太會走迷宮的老鼠，如果被放在刺激豐富的環境中，也會變得聰明；而原本聰明的老鼠，置於貧乏的環境中卻變得愚笨，跑迷宮的成績大幅下滑。既使是經過好幾個世代培育的老鼠，環境因素都能大幅改變它們認知能力的表現。這項研究是學者第一次證明，基因運作會受到所處環境的影響。

　　媽媽和其他看護者在照顧兒童的狀況也有許多差異，但這也沒辦法進行操縱或控制實驗。這時候又要派老鼠上場囉。這次要研究的是，母鼠對剛出生的幼鼠提供刺激，是否會讓幼鼠出現變化。母鼠在照顧幼鼠時，會幫它們舔毛和梳毛（LG），但舔梳的頻率在母鼠間有穩定的大幅差異。有些母鼠很常對幼鼠舔梳，就像有些媽媽更常給予孩子刺激和表現親暱。這個研究顯示，那些受到較多舔梳的幼鼠受益極大，它們在認知任務的表現會更好，對劇烈壓力的生理激動反應會比較低。[18]

　　紐西蘭心理學家詹姆斯・佛林（James R. Flynn）發現，工業化國家如英、美等國，整體智商有上升趨勢。代代之間的智力分數顯著增加。[19] 在不仰賴語言知識和符號下，解決問題的智力測驗每一代平均以 15 分的幅度逐漸上升。這六十年來的研究發現，有件事是肯定的：這些變化並不是因為演化，不能歸因於人類遺傳基因的變化。這正是一個令人鼓舞的證據，顯示出環境因素威力強大，足以影響性格特徵，如智商等。即使像智力這種大都來自遺傳的特性，後天還是有很高的可塑性。詹姆斯・華生總結說：「性格傾向並不是天生就註定好的。」[20]

關於人類基因與環境因素的交互作用，紐西蘭研究找到令人信服的實例，這項研究是連續追蹤 1972 年出生的一千多名孩子三十多年。[21] 研究人員搜羅二十年的壓力事件，看看它是否會影響憂鬱的長期風險。同時，他們也評估基因差異對大腦內血清素的改變狀況。結果還是發現，人會從失意陷入憂鬱或者可以恢復正常，主要還是看遺傳與環境因素的互動。憂鬱是有其遺傳基因上的根源，但也是因為暴露在較多壓力經驗下所引發。

超越「先天與後天」的爭議

基因會影響我們如何對應環境，但環境又會反過來影響 DNA 特徵的表現或不表現。我們控制自己的注意力，為了達成目標，可以控制到什麼程度；而這些作為又會成為自我環境的一部分，然後它又會反過來影響我們。此種相互影響塑造出我們，從身體和心理的健康到壽命、生活品質，都包括在內。

我要再說一遍，人的性格和行為模式，包括性格、個性、態度甚至政治信仰，都是遺傳基因與生活中諸多環境因素相互影響的結果。[22] 性格傾向正是遺傳和環境因素交互作用所產生的複雜舞作，所以現在已經到了跨越先天、後天爭議的時候了。正如丹妮拉・考菲爾（Daniela Kaufer）和達琳・法蘭西斯（在柏克萊加州大學）於 2011 年的結論指出，針對先天與後天關係的最新研究發現，「基因與環境相互影響……過去以為基因才是決定因素，但環境因素也是……過去以為只有環境才能塑造，但現在發現基因組也可以。」[23]

那麼在半個世紀之後，我們已經可以回答布朗先生的問題。性格傾向在某個程度上大多數是天生的，但它們還是很靈活，具備重塑和改變的潛能。但要找到促成改變的條件和機制並不容易。我猜，布朗先生不會喜歡這個答案。他的熱系統只想要趕快獲得簡單的答案：是笨還是懶惰。但我們越是了解先天和後天的關係，就越是明白兩者密不可分地塑造彼此。

NOTES

1. J. D. Watson with A. Berry, *DNA: The Secret of Life* (New York: Knopf Doubleday Publishing Group, 2003), 361.

2. B. F. Skinner, *Science and Human Behavior* (New York: Macmillan, 1953).

3. S. Pinker, *The Blank Slate: The Modern Denial of Human Nature* (New York: Penguin, 2003).

4. N. Angier, "Insights from the Youngest Minds," *New York Times*, May 3, 2012; F. Xu, E. S. Spelke, and S. Goddard, "Number Sense in Human Infants," *Developmental Science* 8, no. 1 (2005): 88–101.

5. M. K. Rothbart, L. K. Ellis, and M. I. Posner, "Temperament and Self-Regulation," in *Handbook of Self-Regulation: Research, Theory, and Applications*, edited by K. D. Vohs and R. F. Baumeister (New York: Guilford, 2011), 441–460.

6. A. H. Buss and R. Plomin, *Temperament: Early Developing Personality Traits* (Hillsdale, NJ: Erlbaum, 1984); D. Watson and L. A. Clark, "The PANAS-X: Manual for the Positive and Negative Affect Schedule—Expanded Form," University of Iowa, *Iowa Research Online* (1999); and M. K. Rothbart and S. A. Ahadi, "Temperament and the Development of Personality," *Journal of Abnormal Psychology* 103, no. 1 (1994): 55–66.

7. S. H. Losoya and others, "Origins of Familial Similarity in Parenting: A Study of Twins and Adoptive Siblings," *Developmental Psychology* 33, no. 6 (1997): 1012; R. Plomin, "The Role of Inheritance in Behavior," *Science* 248, no. 4952 (1990): 183–188.

8. W. Mischel, Y. Shoda, and O. Ayduk, *Introduction to Personality: Toward an Integrative Science of the Person*, 8th ed. (New York: Wiley, 2008).

9. D. Kaufer and D. Francis, "Nurture, Nature, and the Stress That Is Life," in *Future Science: Cutting-Edge Essays from the New Generation of Scientists*, edited by M. Brockman (New York: Oxford University Press, 2011), 56–71.

10. Shoda, and Ayduk, *Introduction to Personality*.

11. F. A. Champagne and R. Mashoodh, "Genes in Context: Gene-Environment Interplay and the Origins of Individual Differences in Behavior," *Current Directions in Psychological Science* 18, no. 3 (2009): 127–131.

12. K. M. Radtke and others, "Transgenerational Impact of Intimate Partner Violence on Methylation in the Promoter of the Glucocorticoid Receptor," *Translational Psychiatry* 1, no. 7 (2011): e21.

13. D. D. Francis and others, "Maternal Care, Gene Expression, and the Development of Individual Differences in Stress Reactivity," *Annals of the New York Academy of Sciences* 896, no. 1 (1999): 66–84.

14. Ibid.; I. C. Weaver and others, "Epigenetic Programming by Maternal Behavior," *Nature Neuroscience* 7, no. 8 (2004): 847–854.

15. L. A. Schmidt and N. A. Fox, "Individual Differences in Childhood Shyness: Origins, Malleability, and Developmental Course," in *Advances in Personality Science*, edited by D. Cervone and W. Mischel (New York: Guilford, 2002), 83–105.

16. D. D. Francis and others, "Epigenetic Sources of Behavioral Differences in Mice," *Nature Neuroscience* 6, no. 5 (2003): 445–446.

17. R. M. Cooper and J. P. Zubek, "Effects of Enriched and Restricted Early Environments on the Learning Ability of Bright and Dull Rats," *Canadian Journal of Psychology / Revue Canadienne de Psychologie* 12, no. 3 (1958): 159–164.

18. M. J. Meaney, "Maternal Care, Gene Expression, and the Transmission of Individual Differences in Stress Reactivity across Generations," *Annual Review of Neuroscience* 24, no. 1 (2001): 1161–1192.

19. J. R. Flynn, "The Mean IQ of Americans: Massive Gains 1932 to 1978," *Psychological Bulletin* 95, no. 1 (1984): 29–51; J. R. Flynn, "Massive IQ Gains in 14 Nations: What IQ Tests Really Measure," *Psychological Bulletin* 101, no. 2 (1987): 171–191.

20. Watson and Berry, *DNA: The Secret of Life*, 391.

21. A. Caspi and others, "Influence of Life Stress on Depression: Moderation by a Polymorphism in the 5 HTT Gene," *Science* 301, no. 5631 (2003): 386–389.

22. Mischel, Shoda, and Ayduk, *Introduction to Personality*.

23. Kaufer and Francis, "Nurture, Nature, and the Stress That Is Life," 63.

從學齡前棉花糖到401(k)退休金

我們在 PART 1 看到學齡前兒童努力做到延宕滿足，而那些促成自我控制的技能，也是可以提升和培養的。雖然有些人比較能控制自我，很多是因為天生的；但其中仍有一大部分是可以學習的。讓學齡前兒童願意等待更大獎勵的認知和情感技能，對他們未來發展心理資源、思維方式和社會關係都很有幫助，建立他們渴望的充實而成功人生的機會也將因此提高。在 PART 2，我將探討這方面的運作狀況，以及延宕滿足的能力如何保護自我，幫助我們更有效地控制個人弱點，冷卻火爆衝動的反應，並且在行動前充分考慮後果。我的考察範圍會從學齡前擴大到我們的一生，分析學齡前小孩等待棉花糖的秒數，跟他們的中年生活有什麼基本關係。要是可以找到這些關聯性，我們就能加以培養和學習，不但幫助孩子們也幫助自己。

首先，我們要感謝熱系統，從那裡也能學到一些東西。熱系統帶來生活必要的情感與熱情，它的自動判斷和決策有時候也運作得非常好。但光靠熱系統要付出代價。它雖然毫不費力地快速做出判斷，直覺上以為正確，但很多時候其實是大錯特錯。它讓你及時踩下煞車避免車禍，讓你聽到槍響立即趴下，它可以救你一命，卻也能讓你陷入困境。它可能讓警察在暗巷中衝動開槍而誤傷無辜；[1] 讓恩愛夫妻因嫉妒和懷疑而分手；讓一些志得意滿的成功人士因為貪婪或恐懼，衝動地毀掉自己的生活。熱系統發揮過度，誘惑就大到讓人難以抗拒，自己想像出來的恐怖栩栩如生，從很少的資訊就引發刻板反應，迫使我們太快做出結論和決策，凡此都有礙於我們的健康、財富和幸福。PART 2 會探討一些這方面的風險，以及可能的控制方法，說不定也能從中學到些什麼。

在艱難的達爾文世界中，自然的選擇創造出熱系統，讓我們得以生存下來，繁衍散播 DNA；但在後來的演化，又創造出冷系統。冷系統讓人類有聰明的行為，具備想像力、同情心和遠見，有時甚至是智慧。它讓我們得以重新評估和研判事件、狀況、人和生活的意義，以創造和彈性思考的能力，改變刺激和生活事件對於吾人所感、所思、所為的衝擊，這些我們在 PART 1 的學齡前兒童身上都看到了。我們擁有朝目標前進的行動能力，控制自我、改造未來生活的潛能。

讓我們在誘惑之前得以控制自我的心理機制，對於平撫痛苦情緒，如失戀、人際上遭到否定等，也扮演著非常重要的角色。這些機制都由心埋免疫系統來運作，巧妙地保護自我、減輕壓力，讓我們大多數時候感覺還不錯，至少不壞。它通常會讓我們戴著玫瑰色的眼鏡來看待自己，避免憂鬱沾惹上身。拔掉這副眼鏡，陷入憂鬱的風險就會升高。可是一直戴著這副眼鏡，也將導致虛幻的樂觀和過度冒險。要是我們善用冷系統來監視、修正玫瑰色眼鏡造成的扭曲，也許就能避免傲慢和過於自信的危險。心理免疫功能讓我們不會感覺很糟，覺得自己在生活中具備行為能力、派得上用場，抱持樂觀的預期從而減輕壓力，維持心理和身體的健康。我會探討這些過程是怎麼運作的，又要怎麼利用冷系統來駕御它們，讓我們的生活更美好。

西方人對於人性與個性的看法，長久以來都認為，自我控制、延宕滿足的能力在我們身上一向很一致，在不同環境和條件下的行為都會反映出來。這就是為什麼一些名人、領袖、社會賢達的私生活曝光，讓大家發現他們的判斷和自我控制非常失敗時，新聞媒體會感到非常驚訝。這些人在許多情況下都能夠等待棉花糖、延宕滿足，否則他們不會在某些方面取得成功。那麼，這些聰明人為什麼有時候那麼笨，讓自己精心建造的人生一夕崩潰呢？到底是什麼原因讓他們一失足成千古恨？為了找出原因，我仔細觀察他們在許多狀況下的所作所為，不只是聽其言，還要觀其行，而且是長期的觀察。我發現某些個性的表現具備一致性，例如認真負責、誠實、侵略性和社交性格。但這個一致性，又經常只在特定環境中表現出來：亨利在工作時勤懇、認真又謹慎，但在家裡可不是這樣；麗茲對很熟的朋友熱情友善，但在大型社交場合則不然；州長處理預算問題很值得信賴，但身邊要是有年輕貌美的女祕書就另當別論了。因此，我們如果想要了解及預測他們在未來可能會怎麼做，就要看特定情況下他們是否一樣認真勤懇或熱情友善。

過去數十年來的研究，尤其是在社會認知神經、遺傳和發展科學（developmental science）方面的發現，為人類心智與大腦運作的探索打開了新窗口；同時也讓自我控制、認知重新評估和情感控制等議題，成為探索人之所以為人的核心。甚至讓一些年輕的哲學家親自做實驗，在現實世界中測試人性的新想法，不只是要認識自我，更想探索改變自我的潛力。讓我們擁有行為能力、促成自我控制的條件和技能，絕非漫無邊際。我們生活在一個是好、是壞甚難預測的世界裡，這會帶來許多難以跨越的限制；況且我們過往的社會和生物史背景、現今的環境和關係，也都會對我們帶來影響，大幅限制我們的選項。然而，我們要是能靈活地運用冷系統，分辨輕重緩急，拒絕刻板反應或讓熱系統的快感和急躁牽著鼻子走，我們就能依靠自我控制的技能，做出很不一樣的成果來。

　　我在 PART 1 曾談過，冷系統是由前額葉皮層主導，它讓我們擁有關注控制、想像和規畫能力，能靜心思考來解決問題，為了達成長期目標而約束和控制自我，這也正是小朋友可以耐心等候獎勵的原因。同樣的，這些策略在日後的生活裡也一樣有用，只是我們面對的誘惑不同。這些策略要如何運作、為什麼會有效、如何為我們帶來不一樣的生活，就是 PART 2 要討論的內容。

NOTES

1. B. K. Payne, "Weapon Bias: Split-Second Decisions and Unintended Stereotyping," *Current Directions in Psychological Science* 15, no. 6 (2006): 287– 291.

CHAPTER 8
成功的動力——「我覺得我可以！」

　　PART 1 的討論還有一個重要問題尚未解答 —— 學齡前兒童等待獎勵的秒數，跟他們日後生活的關聯性，應該如何理解？本章要解答這些關聯性，讓各位看到小孩在年幼時願意在熱切目標之前行使自我控制，可以讓他們在日後的人生更成功，也更能將潛力發揮到最大。自我控制的能力雖是構建美好生活的重要部分，但也不能獨立運作，成功的生活還是需要其他資源提供動力，防止壓力帶來惡劣影響，並提供後天培植與教養的基礎。我會在這一章探討這些資源以及它們如何運作。我們就以年輕的喬治為例，來說明這個研究。

被拯救的人生——喬治

喬治・拉米雷斯（George Ramirez；他同意揭示真名）

在南布朗克斯長大，這是紐約最窮困的地區之一，跟史丹佛大學賓恩幼稚園驚奇屋的幸福世界相差甚遠。[1]喬治於 1993年出生於厄瓜多爾，爸爸在銀行工作，媽媽是圖書館員。5歲時家道「惡化」，他跟姊姊和爸媽，全家移民來美，棲身於南布朗克斯，家裡變得很窮。一家人擠在一個小房間，而喬治則在四個街區外的 156 號公立學校就讀。我見到他時，他已經 19 歲了。談到初到美國的經驗，他說：

> 當時我還不會說英語，他們把我編入雙語班。我的老師很好，但班上亂糟糟，學生四處跑、驚聲尖叫，大人也在吼叫，一團亂。大家你推我擠、都很害怕，也沒人發號施令……我跟人打了幾次架，身邊的大人經常直接告訴我，或者間接對同學說，我這輩子是完蛋了。「我幹嘛在這裡白費力氣？」我記得二年級的老師曾經對那個鬧騰騰的班級這麼大喊：「你們根本一點都不自愛。」……就這樣子過了四年。

喬治 9 歲時，他抽籤抽中了「知識即力量計畫」（Knowledge Is Power Program；KIPP），這是美國公辦民營的特許學校制度，我會在 PART 3 深入介紹。喬治說，這次轉學「拯救了我的人生」。

我在 2013 年見到喬治，當時他以校友身分回 KIPP 當志工，幫助年輕學生把握自己的機會。談到他讀過的公立學校，就在同幢建築的底下三層樓，他說：「我敢肯定他們還是努力嘗試，但感覺仍然一樣。」從 KIPP 的走廊，偶爾可以聽到底下公立學校傳來的噪音。我沒去那些樓層看過，但喬治的描述，跟我幾年前帶學生到南布朗克斯附近的公立中學做研究時，所得到的印象差不多。

我問喬治，KIPP 是怎麼「拯救」他的：

我進了 KIPP 學校，是第一次有人信任我。我的父母當然會鼓勵我，但他們是爸媽，而且沒有知識。KIPP 鼓勵我，並且傳授知識，告訴我：「我們相信你，所以我們一起努力！這裡有資源。」長時間學習、樂團、品德教育、大學預備課程、「艱難的愛」（tough love）和積極期待。「你們都能上大學！」用最誠實的態度表達自己關心的事情。要是你犯了錯，或者做出一些顯得不太聰明的事情，他們會告訴你應該怎麼辦，而且你知道他們是出於關心。

喬治認為，KIPP 帶給他最大的改變，是讓他明白自己的行為會造成什麼後果：

我這輩子第一次知道，做什麼事情會有什麼結果。過去從來沒人對我有所期待，心平氣和地告訴我，希望我做到什麼。但現在他們想要的，是為我自己好，也為了大家好。而且把事情做好，我做好的任何事情，都會帶來很多、很多正面效應。你把事情做對，對的事情就會發生；你要是做壞事、做錯事，那麼壞的事情就會發生。

喬治很快就學會凡事要考慮後果：「我在一年之內就把這一套應用到學校之外的生活。要是我對別人客氣有禮，他們也會對我客氣有禮。雖然不一定都是如此，但通常會是這樣。所以你很快就知道，『我的行動會帶來後果』可以適用於任何地方。」

喬治在 2003 年進入 KIPP 學校時，並不是什麼壞學生，只是脾氣很暴躁又粗魯，但又太安靜。「一旦沒得到自己想要的東西，我就生氣了。也不會自我控制，分不清場合，看見什麼都想笑。在不該笑的人面前也笑。」他在 KIPP 上學的第一天就惹了麻煩，因為對數學老師翻白眼，被罰站在教室後頭。更讓他驚訝的是，放學竟然還要回家寫功課，而且隔天會被嚴格檢查。他說這是他在公立學校從來沒有過的經驗。

喬治說他在學校表現良好，是因為努力用功。他每天都在 KIPP 待很久，早上 7 點 45 分到校，下午 5 點才回家，有時候還會留到晚上 10 點。回家後還要做幾個小時的功課。他星期六也會去學校，每年暑假也會去學校好幾個禮拜。這種小孩，我奶奶一定會喜歡。她經常說，人要成功，就要有坐冷板凳的硬功夫。定心久坐努力用功，才會成功。搖滾樂手、詞曲作家兼演藝大明星布魯斯・史普林斯汀（Bruce Springsteen）正好呼應我祖母的說法，在其充滿活力而充實的成功生涯中體現這些特質。1949 年出生的史普林斯汀，如今已六十多歲仍繼續精彩的表演事業，讓他的粉絲如痴如醉。其個人生涯曾經是美國憲法中心（National Constitution Center）和搖滾樂名人堂（Rock and Roll Hall of Fame Museum）的展覽主題。在某次演出前他接受訪問，提到他認為哪些內在品德，讓他可以成為藝術家和表演者。他說：「我大概比我所知的任何人都要努力認真。」[2]

在我寫這本書的時候，喬治的求學生涯也是一帆風順，已經獲得耶魯大學的全額獎學金，正在大學部讀書。我問他，要是當年沒抽中 KIPP，他現在會在哪裡？「要是沒進 KIPP，我肯定是浪蕩街頭，還在找工作吧。」他回答。那麼，讓他從 9 歲時的渾渾噩噩，變成現在的耶魯大學生，最基本的原因是什麼？他說：「學會自我控制、做人誠實、待人友善有禮、絕對不要自滿、要懂得去問一些重要的問題，就是這些讓我在 KIPP 和生活中取得成功。」

有人問我說：「孩子的一生不是早就註定好的嗎，而且我們都看到了，這不就是棉花糖研究告訴我們的嗎？」喬治的人生就是我的答案。他一定也有很多優秀的天生特質和潛力，可是他強調，當年要是沒有 KIPP 的「拯救」，他往後的人生就肯定不是如此。不管他的基因有多好，也上不了耶魯大學。正是在 KIPP 的經驗，以及學校提供的支持、知識、資源和機會，讓原本毫無目標的喬治邁向充實人生。

如果喬治不是從 9 歲就開始認真努力，也不會從這套教育計畫受益多多。這其中牽涉的不只是喬治而已，還包括 KIPP 在這個過程中提供的導師、典範、資源和機會，既有先天也有後天因素，兩者絕非對立的，而是相互影響、交叉作用，其間的界限模糊難辨。而人的一生，就是在他和機會與限制的互動下，逐步開展。認真想來，喬治的機會就是從抽籤抽中 KIPP 開始的。

當喬治 5 歲來到南布朗克斯時，儘管面對異鄉和新語言，或許他當時已經有「我相信我可以」的念頭，可以作為他往後人生的引導。他第一次去上的公立學校，本來是要幫助他辨識、培養和教育自己的才能，讓他準備好能繼續深入學習。沒想到那裡，依照喬治的說法，只是個混亂的「叢林」。幸運的是，他認為自己在當時糊里糊塗、渾渾噩噩，是因為那個學校、那個環境，而不是因為他自己。即使歷經四年的混亂，他還是覺得「我不是一個壞學生」。他承認自己脾氣不好，也很粗魯，但並沒有懷疑自己的學習能力。

執行功能：掌握自我的技能

喬治‧拉米雷斯雖然沒在 4 歲時玩過棉花糖測試，但從他在南布朗克斯到耶魯大學的歷程來看，他正是擁有棉花糖測試所強調的認知技能。他的冷系統運作良好，讓他可以控制衝動的傾向和那些受到誘惑和挑動的熱切反應。他能夠這麼做，是利用冷系統負責自我控制的重要部分，我們稱為「執行功能」（executive function；EF），[3] 也就是能讓我們行使思考，有意識地控制衝動、行為和情緒的認知技能。執行功能給我們自由以抑制和冷卻衝動欲望，讓我們可以思考並利用靈活的辦法轉移注意力，以追求和實現我們的目標。這套技能和神經機制，正是創造成功人生的關鍵所在。

學齡前兒童和幼稚園生等待他們的棉花糖或餅乾，就展現出執行功能的運作狀況，讓我們看到他們如何約束自己不要受到誘惑而按鈴或偷吃。回想一下前面提過的「伊妮茲」小朋友，她會偷看餅乾，會提醒自己的目標，很快地做些事來移轉注意力，以降低誘惑的力量。她會開始創造一些娛樂自己的遊戲，假裝自己要按鈴，又很小心地不要按到；她用手指壓住嘴唇，好像在告訴自己「不可以、不可以」，她對自己的表現感到快樂和慶幸，就這麼撐過考驗，達到她的目標。

每一位成功等到獎勵的孩子，都有一套自己的辦法來控制自己。然而，方法儘管不同，一樣都有三個執行功能的特徵：[4]首先，他們都要先記住自己的選擇，並且明白其中的因果關係（「要是我現在吃掉這一個，以後就不能獲得兩個。」）；其次，在朝向目標的過程中，他們必須嚴密監控自己，透過轉移注意力和一些靈活的認知技能來修正自己，強化目標導向的思考，同時降低誘惑的壓力；第三，他們一定要能夠抑制衝動反應，例如老是在想那些點心有多好吃或想伸手去拿，要是抑制失敗就無法達成目標。認知科學家現在利用功能性磁振造影，已經可以看到人在抵抗誘惑時，大腦前額葉皮層的關注控制網路之運作狀況。[5]

執行功能讓我們可以規畫、解決問題，賦予心靈彈性，對於語言推理、在校求學，也都是成功與否的關鍵。[6]執行功能發展良好的孩子，就能抑制衝動反應、牢記指令，並且控制注意力來追求自己的目標。而在學齡前的數學、語言和讀寫測驗中，執行功能較好的孩子會優於執行功能較差者，也就沒什麼好驚訝的。[7]

當執行功能逐漸發展時，賦予這些功能的大腦區域也正在發育，而此區域大部分位於前額葉皮層。正如麥可・波斯納和瑪麗・羅絲巴特在 2006 年指出，與執行功能相關的大腦迴路會跟較原始的大腦組織緊密互動，那些組織是熱系統中管理壓力和威脅反應的。正因為神經互動如此緊密，所以長期暴露在壓力和威脅的環境中，會對執行功能的發育造成莫大傷害。[8] 大腦一旦被熱系統接管，冷系統就會受到傷害，整個孩子也會受到傷害。相反地，要是執行功能可以正常發育，幫助控制負面情緒，就能減輕壓力。

要是執行功能嚴重受損，人的發展性就很有限。缺少執行功能，人就無法適當地控制情緒，抑制衝動反應。除了棉花糖之外，小朋友要抵抗其他的誘惑，也都要仰賴執行功能。例如同伴不小心把果汁灑在他的新鞋上，也不能因此就打同伴；而這就要靠執行功能的運作。欠缺執行功能的孩子比較不能接受指導，對成人和同伴都具有侵略性格，讓他們在學校很容易招惹麻煩。[9] 要是他們能移轉自己的注意力來冷卻情緒，就算是天生具侵略性格的孩子，也比較不會逞兇鬥狠（詳情參見第 15 章）。這些技能不但能幫助孩子們延宕滿足，也可以幫助他們控制自己的憤怒和不良衝動。[10]

學齡前兒童面對棉花糖測試的熱切誘惑，或者是在媽媽離開房間時，就需要執行功能的運作。不過，要是碰上一些表面上的冷靜任務，可能也一樣需要執行功能。比方說，像是學習數學課程這種表面看來很冷靜的活動，也可能因為害怕失敗、擔心成績而刺激熱系統，使得冷系統相對消歇，造成壓力不斷升級而搞砸了學習活動。並且不同的孩子可能有不同的反應，對甲而言是熱切的活動，也許對乙來說是冷靜任務。我們對於某項挑戰的因應，也許會有很好的執行功能運作；但對於其他挑戰，說不定就難以應付得一樣好。比方說，有些孩子在課堂上表現優秀，但在人際交往時卻容易脾氣失控，導致熱系統占了上風。但另一些人也許情況剛好相反，他們對人際交往比較冷靜，但在需要集中注意力和專注努力的求學過程中，顯得緊張和欠缺認知控制。[11]

執行功能發展良好的學齡前兒童，才能較好地處理內心熱切欲望引發的壓力和衝突。而他們在學習閱讀、寫字和做算術時，也經常需要相同的技能。相對地，執行功能發展不佳的學齡前兒童可不算少，他們日後成為過動兒的風險比較高，而且在求學階段也可能碰上許多學習和情緒問題。

執行功能、想像力和同情心——理解他人的窗口

因為執行功能要求我們運用認知來控制想法和情感，很

容易被當作是創造力和想像力的對立過程。但事實上，執行功能也是想像力和創造活動發展時的重要成分。例如我們小時候都愛玩的假扮遊戲，執行功能讓我們得以超越此時此地的限制，超越固有框架來思考甚至幻想，想像一些現實上不可能的事情。通過促進想像力，執行功能可以反過來增強自我控制能力的靈活與適切。[12] 同樣的，執行功能也跟理解他人想法與感受的能力密切相關，幫助孩子發展出一套「心智理論」（theory of mind），讓他們在與人互動時可以推斷對方的意圖，預期他人的反應。[13] 執行功能讓我們能理解並考慮到他人的感情、動機和行動，明白他人的看法和反應可能與自己完全不同。它可以幫助我們把握他人的想法與企圖，對他人的經歷感同身受。

我們的心智理論可以說是「鏡像神經元」（mirror neurons），這是賈科莫·里佐拉蒂（Giacomo Rizzolatti）研究猴子的發現。我們雖然跟猴子一樣都有這些神經元，但人類的同情共感能力比猴子強得多，這也是人之所以為人的重要差異。人類鏡像神經元的功能為何，目前仍有爭議；但它們似乎就是讓我們得以大致體會他人想法和感覺的神經結構之一部分。我們心裡的這些鏡像，讓我們在看到他人友善微笑時，會報以微笑；也讓我們能體會他人的恐懼而恐懼、體會他人的痛苦或快樂，而隨之感到痛苦或快樂。即如里佐拉蒂所言，這些鏡像讓我們「經由直接模擬，把握住他人的心靈;而非透過概念上的推理。是透過感覺,而非思考。」
[14] 這是我們作為相互依存的社會動物,維持運作與生存之基
礎。

令人羨慕的信念

　　如果年紀小的時候,執行功能就能良好發展,孩子們就
更有機會創造自己想要的生活,擁有對自我建立相互聯繫信
念的基礎,這是一種對自身的控制或把握的感覺,表現在外
即是「我認為我可以」的心態,對於未來的樂觀預期;我們
都會希望自己所愛之人擁有這樣的感覺。不過我們也要理
解,這些讓人羨慕的「資源」,是對於自身的個人信念,而
不是來自外部的評價,或者對個人成就、能力的客觀測試。
正如壓力的不利影響,取決於個人對壓力的感知程度;誘惑
的影響,取決於它們是如何被評價和心理呈現;我們的能力、
成就和發展前景能帶來多大的好處,也取決於我們如何解讀
和評價。[15] 各位可以想想自己認識的一些人,有些人明明能
力很好,卻因為自我貶低、自我懷疑而舉步維艱。對於自我
的信念,和你的能力與支配力之客觀評量有關,但絕非完全
一致。

　　這些信念與成功人生相對應,對此我們已經看到越來越

多令人印象深刻的證據，包括心理和生理兩方面都有。洛杉磯加州大學的雪莉‧泰勒（Shelley Taylor），是健康心理學（health psychology）領域的開創者，其研究團隊已揭示支配感和樂觀預期心態可以緩和壓力的有害影響；並且在神經心理學和心理健康方面，預測到許多令人滿意的結果。泰勒及其團隊在 2011 年的《美國國家科學院論文集》（*Proceedings of the National Academy of Sciences*）發表報告指出，每個信念都有確實的基因要素，但同時也會受到環境因素的修正與影響。[16] 因為這些信念對於我們一生的長短和品質都很重要，因此以下逐一討論。

支配：知道事情在掌控之內

　　「支配」（mastery）信念是知道自己能積極作為來決定自己的行為，能夠做出改變、成長、學習和掌握新挑戰。[17] 這就是喬治‧拉米雷斯說 KIPP 教他的，讓他可以改變生活的信心：「我認為我可以！」我第一次看到「支配」的重要性，是我在俄亥俄州立大學臨床心理學博士班的實習課程上。我的導師喬治‧凱利（George A. Kelly）幫助一個非常痛苦的年輕女性。當時那位「泰瑞莎」（Theresa）越來越不安和焦慮，覺得自己再也無法管理自己的生活。在第三次療程上，她的不安似乎到達頂點，驚惶痛哭說她很害怕，害怕自己再也無法掌握生活，哀求凱利博士回答她的問題：「我是不是崩潰了？」

凱利慢慢摘下眼鏡，把臉湊過去直盯著她的眼睛，問說：「你自己想要崩潰嗎？」

泰瑞莎嚇呆了，但因此鬆了好大一口氣，彷彿從肩膀上卸下了什麼沉重的負擔。她過去從沒想過，這種感受也在她的掌控之內，是可以改變的。突然之間，「崩潰」不再是無可避免的命運，而只是一種選擇。她不再是自己人生的被動犧牲者，眼睜睜地看著自己四分五裂。這就是她「靈光一閃」的一刻。從那一刻開始，她可以開始探索其他方向，以更有建設性的方式來思考自己的處境，開創新的路途。這些她過去從沒想過，因為她一直以為那是不可能的。

卡蘿‧德維克（Carol Dweck）是我在哥倫比亞大學的多年同事（她現在在史丹佛大學），如今已是心理學界在感知控制（perceived control）和支配信念的權威專家。她的研究總結於其 2006 年的著作《心態致勝》（*Mindset*），展示人類對自身所能把握的控制、改變和學習之個人認知，即「個人理論」（personal theories），對於自身的作為、經驗和自我塑造能做出多大的改善，這都會影響到他們的成就、讓他們成為什麼樣的人。[18] 德維克及其團隊證明，這些個人理論對於個人特性——不管是在自我控制和意志力、智力、精神狀態或個性與性格方面——的適應或僵化攸關重大。這些個人理論會改變我們對自我表現的評價，改變我們對自己與他人的判斷，以及社交世界對我們的回應。

對於自己的智力、控制周遭世界的能力、社交能力和其他特性，有些孩子從小就不把它們視為僵化、固定的東西，不是被動地接受或者一出生就被賦予，而像是肌肉或認知技能，是一種靈活而有彈性的東西，可以建立和發展；德維克稱這種孩子為「漸進成長派」。而其他孩子則是「本質不變派」，認為自己的能力從出生後就固定在某個水準，不管是愚笨還是聰明、好或壞、有力或無能，都無法改變。令人高興的是，德維克的研究不只強調思維方式的重要性，也顯示思維方式是可以改變的，並展示了許多重新思考和修正的方法。

德維克指出，認為自己的能力不會改變的孩子，在學校課業越來越艱深時感覺特別困難。特別是在小學過渡到中學階段後，很多學校的學生都很競爭，這種現象就變得特別明顯。孩子從小學進入中學以後，會發現原本簡單而有趣的學校經驗突然變得艱深，壓力很大；必須長時間努力用功，才能跟同學競爭。德維克發現，那些認為能力無法改變的「本質不變派」，在新學校環境的高度壓力和害怕失敗的威脅下，成績會很快地下降，並且在中學的往後兩年變得更糟。相對之下，具備成長心態的學生表現會比較好，之後的兩年又會越來越好。這兩種學生剛進入中學時，他們在小學時的成績大概都差不多；但到了中學的最後階段，卻出現明顯差距。

思維固定的學生會貶低自己的能力，來合理化新學校的艱難要求。他們會說「我的數學爛透了」，或「我就很笨嘛」，或者是責怪老師：「那個老師太爛了！」[19] 而成長心態的學生雖然有時候也被那些課業要求壓得快喘不過氣來，但他們會更認真回應，找出關鍵來掌握新環境，埋頭苦幹不放棄。

在學齡前階段，童話故事《小火車志氣高》（*The Little Engine That Could*）就是幼年版的「我認為我可以！」[20] 這故事是說，有一輛小火車滿載著玩具和點心，要送去鄰村給小男孩和小女孩，但卻在最後一道陡峭的山坡上卡住了。過程中，有全新的客運列車、強大的貨運列車和疲憊的老火車經過，都不願意幫助它。但小火車努力掙扎又奮鬥，一次又一次地發動挑戰，高唱成長心態：「我認為我可以！我認為我可以！我認為我可以！」終於戰勝山坡，開到山的另一邊，把禮物送到孩子手上。

1974 年，我在史丹佛大學帶著學生開發出一種評量表，用來評估學齡前兒童對自身行為的知曉程度：他們是否認為，有些好事情之所以發生，是因為他們自己做出來的，或者以為是外部因素造成？而這種對原因看法的差異，和他們的自我控制能力發展有無關係？為了評量他們對「行為控制的內部或外部因素」之知曉程度，我們會問他們這樣的問題：[21]

- 你畫完一整張圖，都沒折斷任何一枝蠟筆，是因為你很小心呢，還是因為這種蠟筆很好？
- 有人送你禮物，是因為你很乖呢，還是因為他們就是很喜歡送人禮物？

然後，我們利用一些必須要自我控制的設定情境，觀察孩子的答案跟他們的行為有什麼關係。這些研究最主要是想展示，這些在行為上顯示相信自己可以控制的學齡前兒童，跟他們自我控制的表現，包括認真程度、持續時間以及能夠做到多好，都有深切的關係。他們越是認為美好成果的原由是出於自己而非外在，他們在棉花糖測試中就越能延宕滿足、控制自己的衝動傾向，在許多不同情境下都能堅定自己的行為，達成他們想要的結果。因為他們相信自己可以做到，所以他們真的做到了。

自我控制技能可以幫助孩子增進自我認知，讓他們知道自己可以努力、可以堅持，可以依靠自己的力量帶來良好結果，因此可以幫助他們成功。[22] 我們在史丹佛大學的驚奇屋看到有些孩子的表現，真是令人感到驕傲。他們耐心地等候棉花糖，成功獲得獎勵之後，並不是急著把它們吃掉，而是要帶回家讓爸媽看看他們獲得的獎品。那些更有耐心等候更大獎勵的小朋友，他們的認知和情感控制技能較好，才能獲得如此的勝利；而他們對於自己的信念：「我認為我可以！」也會讓他們更能迎接更新和更大的挑戰。隨著年紀增長，他們掌握到的更多經驗和新技能——例如學習小提琴、搭建樂高（Lego）帝國或創造新的電腦應用程式——也會變成獎勵，活動本身就能帶給他們滿足。孩子對於自身能力與能耐的認識，將是未來成功經驗的基礎，並且帶來務實的樂觀預期和抱負，每一個成功都會增加下一個成功的機會。[23]

樂觀：成功的期望

樂觀是一種對結果做最佳預期的傾向；而心理學家的定義，則是個人對於未來的有利預期到達什麼樣的程度。但這不光是指「希望如何」，而是一種信心，樂觀的人真的以為事情會那麼發展，這種傾向與「我相信我可以」的心態有很密切的關係。樂觀傾向的正面效應可說是讓人非常驚訝，如果不是有那麼多的研究證實，真是讓人難以相信。比方說，雪莉‧泰勒及其團隊就發現，樂觀的人能更有效地應付壓力，減輕壓力的不利影響。[24] 他們會更努力維護自己的健康和未來幸福，身體狀況通常會比較好，也比較不會陷入沮喪憂鬱。心理學家查爾斯·卡佛（Charles Carver）及其團隊發現，同樣是做冠狀動脈繞道手術，樂觀者的復元速度會比悲觀者快很多。[25] 樂觀的好處簡直說不完。總之，能對事情保持樂觀心態的確是一種福氣，只要它能顧及現實，而非凌虛蹈空。

想知道樂觀的好處、看看它為樂觀者帶來什麼效果，不妨先看看它的反面，悲觀又是怎麼回事。悲觀的一種常常只看到不好的一面，認為最糟糕的狀況會發生，做出最不幸解讀的傾向。沮喪的悲觀者對於「真討厭」之後該接上什麼話，心中第一個想到的可能是：「我」、「我這個樣子」、「我說的話」。[26] 非常非常悲觀的人，會對凡事感到無奈，感覺沮喪，覺得無能掌控自己的生活。他們認為事情出錯總是因為自己，因為自己某些地方不好才會出錯，而不會去探究其他環境因素，或者不要那麼自責。[27] 一旦考試成績不好，他們會認為「是我資質太差」，儘管那個考試可能測不出什麼重要的東西。不管考試考砸的原因為何（也許是老師教得不好、考題選項含糊不清，或時間壓力太大），也許是個人問題（例如剛好胃痛），悲觀的人都不會輕易饒過自己，做出對自己寬容的解讀，即使那些原因可能是真的。

如果從小就讓悲觀解讀走極端，未來必定是一片愁雲慘霧，甚至可能惡化成嚴重的憂鬱。[28]賓州大學的克里斯多福·彼得森（Christopher Peterson）和馬丁·賽利曼（Martin Seligman），曾以健康的 25 歲大學畢業生為對象，要求他們描述一些感到困難的個人經歷，再檢視他們做出什麼樣的解釋。悲觀的人會以為那些慘事壞事都是不會改善的（「這件事對我是不會過去的」），而這種心態會波及一切，對生活上大大小小的事情，都只會得出不如意的結論，都以為是自己的錯。之後研究人員繼續對這些受訪者做健康狀況調查，在畢業後的二十年內，這些人的健康狀況不會呈現太大差異；但等受訪者到了 45 歲至 60 歲之間，那些在 25 歲時比較悲觀的人更容易生病。研究人員也利用 20 世紀上半的新聞報導，檢視棒球名人堂的優秀球員的採訪紀錄。那些採訪都會引述球員的許多說明，關於他們贏球或輸球的原因。這些人當然都是非常優秀的球員，才會入選棒球名人堂；但那些把錯誤歸咎於自己、成功歸因於短暫外部因素（例如「那天下午的風向正好」）的人，通常壽命會比較短，而那些以自己為成功關鍵的人則較為長壽。[29]

賽利曼曾做過許多樂觀與悲觀解讀的實驗。他說樂觀派看待和解釋自己的成功或失敗，跟悲觀派很不一樣。樂觀的人遭到挫敗時，會認為自己如果改變行為或者適當地調整狀況，下一次就會成功。他們會以失敗經驗作為教訓，看看哪些地方需要改進，才能提升機會，爭取下一次的成功。然後他們會精心設定替代計畫，找出其他辦法來達成重要目標，或者尋求必要的建議以找到更好的策略。樂觀者以建設性的態度來看待失敗，而悲觀者卻以相同的經驗來坐實自己的悲觀預期，他們會儘量逃避，認為自己沒什麼可做的。[30] 賽利曼指出：「大學入學考試可以衡量才智，而解讀方式可以告訴你誰容易放棄。具備聰明才智，也要有面對失敗繼續前進的能耐，才會成功……你必須要了解的是，那個人在遭遇挫折時，還會不會繼續奮鬥下去。」[31]

這拿來描述棉花糖測試中，耐心等候獎勵的學齡前兒童也很貼切。等待的秒數不但可以衡量他們延宕滿足的能力，同時也能告訴我們，他們在挫折面前擁有多少勇氣和毅力，才會願意努力下去，抑制壓力不持續升高。因為樂觀者對於成功的預期整體上較高，因此就算很難達成願望，還是比較願意延宕滿足。除非孩子認為會成功，等研究人員回來後可以得到那些棉花糖，不然他們沒有理由繼續等待或聽從研究人員的指示。那些認為自己可以忍受等待、獲得自己想要的獎勵的人，才會繼續等下去，聽從研究人員的指示；而無法忍耐（或者不相信研究人員）的人會馬上按鈴，拿眼前的小獎勵。

歐文・史道普（Ervin Staub）年輕時從共黨統治的匈牙利逃出來，是我在 1960 年代最早招收的史丹佛研究生之一，後來我們更成了終身的朋友。我們在史丹佛一起做實驗，觀察樂觀預期對於自我控制、任務意願和等待延宕獎勵有什麼影響。我們發現，那些成功預期通常較高的八年級 14 歲男孩，在實際看到認知任務之前，就已經決定要爭取較大的延宕獎勵，而此獎勵是要達成任務才能到手，不是坐著等就可以得到。他們不接受眼前的小獎勵，而成功預期高的男孩做出這項選擇的比例，幾乎是成功預期低者的兩倍。成功預期高的男孩在進行新任務時會比較有信心，彷彿他們之前已經完成過。他們願意「努力爭取」、願意嘗試失敗，因為他們根本不認為自己會失敗。他們的預期可不是幻想，而是來自過去的成功經驗。過去的成功產生樂觀預期，鼓勵了一些行為和思維方式，又提高了未來成功的機會。這樣子的良性循環，讓樂觀者更有信心。

研究也發現那些成功預期低的人，在任務還沒開始之前彷彿就已經失敗了。然而，這些孩子要是嚐到成功的滋味，也會有正面回應，新到來的成功經驗會顯著提升他們對未來成功的預期。整體而言，我們對於成功或失敗的預期，對進行新任務的表現會有重大影響；但是當我們看到某些事情一定可以做得到時，這個特定情境的預期也會跟著改變。這裡傳達出的明確訊息是：就一般狀況下，樂觀者的表現會比悲觀者好；但要是特定情境下能讓人覺得自己會成功，那麼即使是悲觀者也會提高預期。

良性循環與惡性循環

　　總之，小時候就擁有成功和支配的經驗，對於孩子們未來追求目標很有幫助；同時提升了意願和能力，讓他們更有毅力，對成功有樂觀的預期，更能應對挫折、失敗和誘惑，這都是長大後不可避免的。學齡前兒童等待棉花糖的秒數與日後生活的多種正面結果，控制、行為能力與樂觀預期的發展就是關鍵。他們必須學會抑制衝動，避免人際關係的建立遭到破壞，才能跟彼此尊重、珍視的人建立相互支持的緊密友誼。

　　本章描述孩子成長過程中的良性循環，而這些期待都可以靠培養來達成。與之相較的是惡性循環下的孩子，持續缺乏基本的自我控制能力。感覺無法控制自己，對於自我能力的悲觀，也難以維持自我價值感。欠缺足夠的自我控制能力、樂觀預期、成功經驗和他人的幫助與支持，孩子很可能被熱系統所主導，無法儘早領會自我支配，從而發展出無助且無奈的思維模式；那麼他們未來的選擇也將因此減少。

NOTES

1. Source for material in this section: personal interview with George Ramirez, March 14, 2013, at KIPP Academy Middle School, South Bronx; G. Ramirez, unpublished autobiography, March 2013; and G. Ramirez, "Changed by the Bell," *Yale Herald*, February 17, 2012.

2. D. Remnick, "New Yorker Profiles: 'We Are Alive'— Bruce Springsteen at Sixty-Two," *The New Yorker*, July 30, 2012, 56.

3. 執行功能有時候也稱為「執行控制」（executive control；EC）。

4. E. T. Berkman, E. B. Falk, and M. D. Lieberman, "Interactive Effects of Three Core Goal Pursuit Processes on Brain Control Systems: Goal Maintenance, Performance Monitoring, and Response Inhibition,"*PLoS ONE* 7, no. 6 (2012): e40334.

5. P. D. Zelazo and S. M. Carlson, "Hot and Cool Executive Function in Childhood and Adolescence: Development and Plasticity,"*Child Development Perspectives* 6, no. 4 (2012): 354–360; B. J. Casey and others, "Behavioral and Neural Correlates of Delay of Gratification 40 Years Later," *Proceedings of the National Academy of Sciences* 108, no. 36 (2011): 14998–15003; and M. I. Posner and M. K. Rothbart, *Educating the Human Brain*, Human Brain Development Series (Washington, DC: APA Books, 2007).

6. C. Blair, "School Readiness: Integrating Cognition and Emotion in a Neurobiological Conceptualization of Children's Functioning at School Entry," *American Psychologist* 57, no. 2 (2002): 111–127; and R. A. Barkley, "The Executive Functions and Self-Regulation: An Evolutionary Neuropsychological Perspective," *Neuropsychology Review* 11, no. 1 (2001): 1–29.

7. K. L. Bierman and others, "Executive Functions and School Readiness Intervention: Impact, Moderation, and Mediation in the Head Start REDI Program," *Development and Psychopathology* 20, no. 3 (2008): 821–843; and M. M. McClelland and others, "Links between Behavioral Regulation and Preschoolers' Literacy, Vocabulary, and Math Skills," *Developmental Psychology* 43, no. 3 (2007): 947–959.

8. Posner and Rothbart, *Educating the Human Brain*.

9. N. Eisenberg and others, "The Relations of Emotionality and Regulation to Children's Anger-Related Reactions," *Child Development* 65, no. 1 (1994): 109–128; A. L. Hill and others, "Profiles of Externalizing Behavior Problems for Boys and Girls across Preschool: The Roles of Emotion Regulation and

Inattention," *Developmental Psychology* 42, no. 5 (2006): 913–928; and G. Kochanska, K. Murray, and K. C. Coy, "Inhibitory Control as a Contributor to Conscience in Childhood: From Toddler to Early School Age," *Child Development* 68, no. 2 (1997): 263–277.

10. M. L. Rodriguez, W. Mischel, and Y. Shoda, "Cognitive Person Variables in the Delay of Gratification of Older Children at Risk," *Journal of Personality and Social Psychology* 57, no. 2 (1989): 358–367; and O. Ayduk, W. Mischel, and G. Downey, "Attentional Mechanisms Linking Rejection to Hostile Reactivity: The Role of 'Hot' versus 'Cool' Focus," *Psychological Science* 13, no. 5 (2002): 443–448.

11. E. Tsukayama, A. L. Duckworth, and B. E. Kim, "Domain-Specific Impulsivity in School-Age Children," *Developmental Science* 16, no. 6 (2013): 879–893.

12. S. M. Carlson and R. F. White, "Executive Function, Pretend Play, and Imagination," in *The Oxford Handbook of the Development of Imagination*, edited by M. Taylor (New York: Oxford University Press, 2013).

13. S. M. Carlson and L. J. Moses, "Individual Differences in Inhibitory Control and Children's Theory of Mind," *Child Development* 72, no. 4 (2001): 1032–1053.

14. Giacomo Rizzolatti quoted in S. Blakeslee, "Cells That Read Minds," *New York Times*, January 10, 2006.

15. S. E. Taylor and A. L. Stanton, "Coping Resources, Coping Processes, and Mental Health," *Annual Review of Clinical Psychology* 3 (2007): 377–401.

16. S. Saphire-Bernstein and others, "Oxytocin Receptor Gene (OXTR) Is Related to Psychological Resources," *Proceedings of the National Academy of Sciences* 108, no. 37 (2011): 15118; and B. S. McEwen, "Protective and Damaging Effects of Stress Mediators: Central Role of the Brain," *Dialogues in Clinical Neuroscience* 8, no. 4 (2006): 283–297.

17. A. Bandura, *Self-Efficacy: The Exercise of Control* (New York: Freeman, 1997); and A. Bandura, "Toward a Psychology of Human Agency," *Perspectives on Psychological Science* 1, no. 2 (2006): 164–180.

18. C. Dweck, *Mindset: The New Psychology of Success* (New York: Random House, 2006).

19. Ibid., 57.

20. W. Piper, *The Little Engine That Could* (New York: Penguin, 1930).

21. W. Mischel, R. Zeiss, and A. Zeiss, "Internal-External Control and Persistence: Validation and Implications of the Stanford Preschool Internal-External Scale," *Journal of Personality and Social Psychology* 29, no. 2 (1974): 265–278.

22. Bandura, "Toward a Psychology of Human Agency."

23. M. R. Lepper, D. Greene, and R. E. Nisbett, "Undermining Children's Intrinsic Interest with Extrinsic Reward: A Test of the 'Overjustification' Hypothesis," *Journal of Personality and Social Psychology* 28, no. 1 (1973): 129–137; and E. L. Deci, R. Koestner, and R. M. Ryan, "A Meta-Analytic Review of Experiments Examining the Effects of Extrinsic Rewards on Intrinsic Motivation," *Psychological Bulletin* 125, no. 6 (1999): 627–668.

24. S. E. Taylor and D. A. Armor, "Positive Illusions and Coping with Adversity," *Journal of Personality* 64, no. 4 (1996): 873–898; and Saphire-Bernstein and others, "Oxytocin Receptor Gene (OXTR) Is Related to Psychological Resources." See also C. S. Carver, M. F. Scheier, and S. C. Segerstrom, "Optimism," *Clinical Psychology Review* 30, no. 7 (2010): 879–889.

25. M. E. Scheier, J. K. Weintraub, and C. S. Carver, "Coping with Stress: Divergent Strategies of Optimists and Pessimists," *Journal of Personality and Social Psychology* 51, no. 6 (1986): 1257–1264.

26. W. T. Cox and others, "Stereotypes, Prejudice, and Depression: The Integrated Perspective," *Perspectives on Psychological Science* 7, no. 5 (2012): 427–449.

27. L. Y. Abramson, M. E. Seligman, and J. D. Teasdale, "Learned Helplessness in Humans: Critique and Reformulation," *Journal of Abnormal Psychology* 87, no. 1 (1978): 49–74.

28. C. Peterson, M. E. Seligman, and G. E. Valliant, "Pessimistic Explanatory Style Is a Risk Factor for Physical Illness: A Thirty-Five-Year Longitudinal Study," *Journal of Personality and Social Psychology* 55, no. 1 (1988): 23–27.

29. C. Peterson and M. E. Seligman "Explanatory Style and Illness," *Journal of Personality* 55, no. 2 (1987): 237–265.

30. Interview with Seligman reported in D. Goleman, "Research Affirms Power of Positive Thinking," *New York Times*, February 3, 1987. See also M. E. Scheier and C. S. Carver, "Dispositional Optimism and Physical Well-Being: The Influence of Generalized Outcome Expectancies on Health," *Journal of Personality* 55, no. 2 (1987): 169–210; and Carver, Scheier, and Segerstrom, "Optimism."

31. Quoted in D. Goleman, *Emotional Intelligence*, 10th Anniversary Edition (New York: Bantam Books, 2005), 88–89.

CHAPTER 9
未來的自我

　　伊索寓言裡的螞蟻，憑藉本能知道它應該做些什麼，為未來做準備；當夏天來臨時，它努力囤積食物準備過冬。不過我們沒有螞蟻的本能，而且我們的大腦演化到現在，也沒能學會具體地去處理遙遠未來的事情。我們對於近在眼前的壞事很容易擔心害怕，但對於未來則難以生動地想像，也缺乏熱切感受。那些玫瑰色眼鏡和自我感覺良好的心理免疫系統，讓我們大多數人不會陷於那樣的焦慮。所以我們不會太過擔心未來會有什麼悲慘狀況，例如有一天會不會罹患癌症，晚年會不會淪於貧困孤獨，以後會不會滿身是病；這些焦慮一旦活躍起來，大多數人都會自動轉移注意力。

　　如此一來，我們才不會像佛洛伊德的病人那麼焦慮，就像畫家愛德華・孟克（Edvard Munch）的名畫《吶喊》（*The Scream*）那個樣子。那張畫可作為現代人焦慮的代表，一個滿臉驚恐的人站在一條不祥的橋上，雙手捂著耳朵，兩眼睜大，瞪著我們。我們的防禦系統會保護我們，不要太過耽溺於這種影像；但它也讓我們不會是未雨綢繆的螞蟻，而是自我放縱的蚱蜢。所以人會不斷地嘗試各種危險，像是暴飲暴食、抽菸喝酒，而忽略這麼做會有什麼後果；那些影響都在遙遠的未來，因此在我們心裡都打了好大折扣。有很多美國人到了退休年紀，卻欠缺足夠資金來養老，完全負擔不起原本習慣的生活方式。這個問題就在於我們會不會去考慮未來的自己，以及這個未來自我在我們的大腦裡會如何呈現。

多重自我

莎士比亞的「人生七階段」很巧妙地說出人生歷程中的多重自我：

這世界是座舞台，[1]
男男女女都只是演員，
時間到了，一個個上場下場；
輪到他的時候可要扮演好多角色，
他的演出可以分為七個時期。

莎士比亞先說到嬰兒，「在褓姆懷裡又哭又吐」，接著又說到青年和中年時期，最後來到老年：

> 到了第六個時期
> 又變成乾瘪的邋遢小老頭，
> 鼻樑架著眼鏡，腰上掛著錢包，
> 年輕時的褲子，費心保存，現在包著瘦腿
> 一整個太寬；原先那男子漢的聲音，
> 又變成小孩般的尖細，像風笛
> 又像吹哨。最後一幕，
> 擾攘的奇妙一生就要結束，
> 再次回到嬰兒期，只是一切都要遺忘，
> 沒牙、沒眼、沒滋沒味，什麼也留不住。

當我們一天一天變老，身體狀況也會完全改變；但我們原本體驗到的「自我」也會跟著改變嗎？各位在想像中穿越時空，想想未來的自己，又會想到什麼呢？[2] 請仔細看下頁圖的幾組圓圈，從完全分離到大致吻合，其間也有各種不同的重疊程度。各位可以想想十年後和現在的自己，挑出最符合你想像的那張圖，標記起來。

現在假設各位同意用功能性磁振造影偵測你大腦的活動。你的頭在那具機器裡，聽到喇叭傳來指令：「請想一想你自己。」當你想著自己時，大腦皮層的中前方會有明顯活

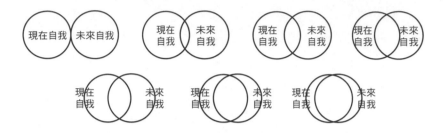

動，這種活動跡象稱為「自我模式」。接著，指令叫你想一位陌生人，大腦皮層的同一個部位會有明顯不同的活動，這是「陌生人模式」。[3] 最後的指令是：「請想想十年後的自己。」

　　如今在紐約大學任教的哈爾‧賀斯菲爾德（Hal Hershfield），2009 年在史丹佛大學讀大學時，曾跟他的同學做過這項研究。[4] 他們發現，當我們想到未來的自己時，不但感覺不一樣，連大腦活動的情況也不同；其不同的程度取決於現在與未來的自我認知有多大的差異。有許多人在思考未來自我時，大腦活動狀況會比較像是在思考陌生人的模式，而非自我模式。但這之中也存在著個人差異，有些人在想像未來自我時，情感反應較大，表示現在和未來的自我比較貼合；而有些人則是把未來的自己當作是陌生人。

　　各位剛剛選擇的圓圈，重疊程度有多大？你在未來和現在之間，如果能看到更多的連續性，跟那些把未來自我看成陌生客的人相比，你可能比較重視延宕獎勵，不會只著眼於眼前誘惑，也比較不會欠缺耐心。研究人員也指出，要是我們覺得現在的自己跟未來很有關係，那麼就會更願意犧牲眼前的快樂，為了未來的自我費心打算。

同樣的團隊還研究了舊金山灣區男性（平均 54 歲）的財務決策。[5]那些認為現在與未來自我重疊較大的受測者，不但比較重視延宕的大獎勵，不受眼前小獎勵誘惑；且長期來看，也的確累積了較多資產（多種來源的淨值）。我讀到賀斯菲爾德的研究後，馬上提醒自己要重新檢查退休金計畫的狀況。

現在的金錢與未來的退休金計畫

要是亞當和夏娃懂得抑制眼前的熱切誘惑，他們大概還能在伊甸園待得更久一些吧。如果他們想要為未來做準備，就必須能夠設想自己在未來的狀況；但他們恐怕是沒想到。驚奇屋的小朋友必須讓自己冷靜下來，才能抵抗伸手拿那顆棉花糖的誘惑。數十年後，當他們要做出退休金計畫的選擇時，也必須努力設想自己老年時的情況；這不能只是泛泛地空想，而是要十分具體地想像，貼近實際置身於其中的感受。

當他們年輕的時候就必須想得夠遠，才能在啟動退休金計畫的 401(k) 表格上進行勾選。

　　正如學齡前兒童等待兩顆棉花糖的意願和能耐，是取決於他們在心理上如何呈現那些點心；年輕的成年人在設想自己的未來時，也要看他們在心理上是如何呈現那個遙遠的自我。為了探討這一點，賀斯菲爾德及其團隊開始針對大學生進行研究，看他們在做財務決策時，對於未來退休時的自我如何呈現。[6] 首先，研究人員會要求每個參與者提供一張自己現在的照片，然後根據相片創造出一個分身影像（即數位影像）。有些受測者選用的分身影像就是目前的年紀；另一些人則選用年紀老一點的樣子，大概是 68 歲。然後大家使用一個刻度表來表示自己願意從薪水裡提撥多少比例投入退

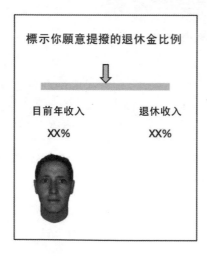
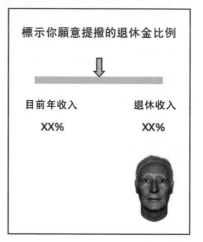

休金帳戶。刻度表的箭頭向左移動，表示薪水中保留較高比例給現在，向右移動則是增加退休金提撥比例。

受測者在決定刻度表時，會看到自己現在或年老的樣子（顯示於刻度表的左側）。那些看到自己老年模樣的人，會做出不同的提撥比例嗎？沒錯。相對於那些只看到自己現在模樣的人，那些看到自己老年模樣的受測者，會多存 30％的錢。

這個研究的想法是，如果你在情感上與未來自我更貼近，就越能為未來做考慮和盤算，願意從現在收入提撥更多錢給未來。賀斯菲爾德及其團隊現在也正在研究，如果不是在假設狀況的實驗室裡，而是在現實生活中，這種未來自我的呈現是否也會影響我們的存錢意願，特別是提撥給退休金帳戶。[7]

為未來的自我負責

要是你覺得自己跟未來的自我更貼近，是否就會更加考慮到目前的所做所為會影響到未來的感受，而不只是考慮到金錢、退休金計畫時才會這麼想？具體來說，一個人要是覺得未來跟現在的自己嚴密相關，是不是就比較不會做出日常生活中常見的不負責任的決定呢？這可是一個很趕得上時代的問題。根據美國聯邦調查局收集的資料顯示，白領犯罪率從 1940 年代開始收集這項數據到 2009 年，已爆增為三倍。2008 年金融危機時，美國更爆出許多金融醜聞，包括十分駭人的伯納德‧馬多夫（Bernard Madoff）的龐氏大騙局。2012 年，賀斯菲爾德及其團隊針利用網路問卷進行五項研究調查，對象包括 18 歲至 72 歲的男女成年人。研究人員詢問的題目是：他們是否願意認可不道德但有利可圖的商業決策，以及在商場上對於說謊和賄賂的道德判斷。[8] 比方說，你會不會販售有礙人體健康的熱門食品，或者因為可以獲得很多紅利而支持一家獲利豐厚、但違害環保的礦採事業？在五次調查研究中，那些覺得跟未來自我比較無關的人 —— 即現在自我與未來自我重疊度較低者 —— 更容易容忍不道德的商業決策。

研究人員也讓一部分受測者去思考未來的自己，另一部分則只是思考未來的世界，以資作為比較。結果發現，會把自己投射於未來的受測者，比較不能容忍不道德的行為。這些覺得未來與自己關係密切的受測者，比較會考慮到自身行動長期的延宕後果，而這層對於未來結果的顧慮，使得他們比較不願意做出貪婪、自私的決定。這個發現顯示，忽略未來結果、對道德盲目的熱系統在面對難以抗拒而不道德的誘惑之前，我們還是有能力挽回。

NOTES

1. J. P. Kimble, ed., *Shakespeare's As You Like It: A Comedy* (London: S. Gosnell, Printer, 1810), Act II, Scene 7, 139–166.

2. H. Ersner-Hershfield and others, "Don't Stop Thinking about Tomorrow: Individual Differences in Future Self-Continuity Account for Saving," *Judgment and Decision Making* 4, no. 4 (2009): 280–286.

3. His discussion draws extensively on "The Face Tool" section in S. Benartzi with R. Lewin, *Save More Tomorrow: Practical Behavioral Finance Solutions to Improve 401(k) Plans* (New York: Penguin Press, 2012).

4. H. Ersner-Hershfield, G. E. Wimmer, and B. Knutson, "Saving for the Future Self: Neural Measures of Future Self-Continuity Predict Temporal Discounting," *Social Cognitive and Affective Neuroscience* 4, no. 1 (2009): 85–92.

5. Ersner-Hershfield and others, "Don't Stop Thinking about Tomorrow."

6. H. E. Hershfield and others, "Increasing Saving Behavior through Age-Progressed Renderings of the Future Self," *Journal of Marketing Research: Special Issue* 48, SPL (2011): 23–37.

7. Benartzi, *Save More Tomorrow*, 142–158; Hershfield and others, "Increasing Saving Behavior"; S. M. McClure and others, "Separate Neural Systems Value Immediate and Delayed Monetary Rewards," *Science* 306, no. 5695 (2004): 503–507.

8. H. E. Hershfield, T. R. Cohen, and L. Thompson, "Short Horizons and Tempting Situations: Lack of Continuity to Our Future Selves Leads to Unethical Decision Making and Behavior," *Organizational Behavior and Human Decision Processes* 117, no. 2 (2012): 298-310.

CHAPTER 10
超越此時此地

　　每年的科學會議期間，我都會跟一些同事談到我們「如何思考未來」的話題，這些對話有些還真是值得記上一筆。不過這些對話都不是出自會議或研究報告等正式場合，而是夜深人靜大家聊聊私事的時候。我們這群人都曾經提前兩、三年就接獲邀請，到一些陌生但聽來很有趣的地方舉辦講座。有位同事說，她在 2008 年時接獲邀請，預定在 2011 年前往某個千里之遙的陌生小國舉辦一場很特別的演講。收到邀請的當時，她問自己：「幹嘛要去那裡呢？」然後就想到很多好理由：那個研究機構在其研究領域方面，有許多令人尊重的學者；這個陌生環境會帶來許多全新體驗（報紙的旅遊版說它「遙遠而美麗」）；她喜歡去一些希奇古怪的地方旅遊；她的行程安排，2011 年還有許多空檔；主辦單位似乎很有誠意邀請她去。

過了兩年後，那趟旅行的時間逐漸逼近，她又開始想，自己為什麼一定要去、應該怎麼去；也就是說，要先準備什麼呢？她發現某些自己沒搭過的航空公司不但安全上有疑慮，而且常常誤點甚至取消航班，所以她好幾次更改班機預訂。她也要更新護照和打預防針，而且需要緊急處理的突發狀況、大事小事似乎沒完沒了。當出發日期逐漸逼近的時候，她發現自己對這趟行程的想法，已經跟三年前接受邀請時的興奮和愉快完全不同了。這讓她非常驚訝，因為當未來慢慢變成現在的時候，她巴不得取消這趟行程。

心理距離

心理學家雅各布・特羅普（Yaacov Trope）和妮拉・利伯曼（Nira Liberman）曾說過，當我們想像未來或回憶過去時，是跨越了一段「心理距離」（psychological distance）。[1] 這個距離可以是時間（相對於現在的未來或過去）或空間（鄰近或遙遠），或者帶有社會性質（自我相對於陌生人）或確定性質（明確或假設）上的差異。心理距離越大，就越需要抽象和高層次的資訊處理，也更需要由冷靜的認知系統來控制。以剛剛那位同事旅行的例子來說，她之前就已經抽象地思考過這趟行程，但因為時間還很遙遠，所以不曾想過細節和一些相關的事情，因為她的冷系統覺得這趟行程看起來很適當、很合理,所以當時她就說要去。之後這個心理距離越來越小,更具體明確而生動的細節一一出現,熱系統承擔更多情緒上和各種大小相關事項的處理,也就讓她越來越後悔之前的決定。

從抽象地思考未來,到明確而生動地思考現在,這種資訊處理層次上的變化,會影響我們的感受、規畫、評估和決策。藉此我們比較可以理解,為什麼有些人對於未來事情的決定或承諾,最後經常會感到後悔;等未來逼近眼前時,他們才發現自己要去不想參加的旅程,開不想開的會,寫不想寫的論文,或是逼著自己去見不想見的親人。[2]好消息是,等到事過境遷你再回想一下,事情似乎也沒那麼糟。因為當你在回顧過去時,心理的免疫系統也很努力在運作,因此你會覺得那趟旅行終究是值得的,那場會議頗有收穫,那篇論文寫得不錯,那場家庭聚會其實也是難得的家族歡聚。[3]

我同事眼看著旅行從假設變成真實,想到要打包行李、趕車去機場就頭疼。要避免這種遺憾,如果她事先可以先想像事情會怎麼發生、會怎麼經過,想得越逼真越好,情況也許就會好一些。各位如果想確定某些事情未來會怎麼想(例如新工作、一趟異國之旅等等),可以先試著想像如果現在就做,會是什麼樣子。[4]這個狀況模擬要越生動、越詳細越好,就好像事先做過一樣。我那些研究生畢業時,有些收到不只一個工作的邀請，讓他們非常苦惱；那時候我就建議他們去想像，自己正在做每個新工作──而且是非常詳細的一整天──會是什麼狀況。

　　特羅普及其團隊針對心理距離影響的研究，同時也可以說明冷靜的抽象、客觀式思考，像是能拉開時間或空間距離，就比較可以抗拒眼前的誘惑。這種高層次的抽象思考，[5] 可以刺激冷系統活躍，從而減緩熱系統的運作，降低即時獎勵自動激發的偏好，[6] 讓我們更加注意未來的結果、加強自我控制的意圖，進而幫助冷卻熱切誘惑。各位可以回想一下，那些小朋友把點心推得遠遠的，轉頭避免看到它們；或者以抽象而冷靜的方式來評價這些誘人的點心（把棉花糖想成一張照片，在心裡用相框框起來），他們就更能控制自己，等待更長的時間。要是他們專注於棉花糖是什麼滋味、想像它們有多好吃，在嘴巴裡的感覺如何（又香又甜又有嚼勁），那麼要做到延宕滿足就會更加困難，他們會更快按鈴。[7]

拉開心理距離來控制貪欲：靠近與遠離

　　陷於危險耽溺的人，不管是抽菸、酗酒、吸毒或熱衷高脂肪零嘴，是否能透過拉開心理距離讓自己冷靜下來呢？哥倫比亞大學的凱文・奧克斯納（Kevin Ochsner）及其團隊曾經跟我針對這個問題做了幾次實驗，我們想幫助大家在年紀小的時候就能控制自己的欲望。[8] 針對這個目標，我們邀請6歲到18歲的小朋友和年輕人來進行一些任務，同時以功能性磁振造影來掃描他們大腦的活動狀況，觀察他們的認知如何管理食欲衝動。[9] 受測者躺在掃描機器裡，會看到幾個不同形式的美食照片。在「熱切／靠近」組的實驗中，我們請他們想像那些食物都很接近，就好像擺在他們面前，他們要專注在那些熱切而容易挑起食欲的特點，例如食物的滋味、香味。在「冷靜／遠離」組，我們試著刺激他們的冷系統，請他們想像這些食物是在一個很遙遠的地方，並且專注在一些冷靜、抽象和視覺特徵上（例如顏色和形狀）。受測者後來說，在「冷靜／遠離」組的實驗中，他們比較不會覺得想吃；而他們的大腦掃描圖像顯示，降低誘惑時，大腦中食欲相關區域的活動也會變少。

那次研究的小朋友也參加了棉花糖測試，我們發現小孩控制食欲的能力與棉花糖實驗的延宕能力有關。那些無法長久等待棉花糖的小朋友，在「冷靜／遠離」和「熱切／靠近」組的實驗中都顯得更愛吃。當他們想降低對食物的渴望時，大腦掃描顯示其前額葉皮層的活動較少，而跟食欲有關的回饋區則較為活躍。

跟奧克斯納曾一起合作的海蒂・柯伯（Hedy Kober）也

曾做過一個類似的實驗，是利用香菸的照片來喚起老菸槍的菸癮。每次試驗的受測者都會同時進行大腦掃描，而且他們看到香菸照片時，有一些人要想像「現在」的即時、短期效應（例如「這香菸抽起來一定很讚」），另一些人則是想像「未來」的長期後果（例如「抽菸會得肺癌」）。大腦掃描顯示，那些老菸槍專注於抽菸的長期後果時，欲望活躍程度也會大幅降低。

綜合以上，我們發現人可以利用簡單的認知策略，把時間觀點從「現在」調到「未來」，就能管理自己的欲望。此種策略可轉化成第 5 章說過的「如果—那麼」實施計畫，讓想要抽菸的欲望自動喚醒你注意延宕的負面後果；只要這個警示足夠生動、猛烈，就可以壓制菸癮。[10]

讓老菸槍自己戒菸

哥倫比亞大學的研究告訴我們，控制欲望的機制似乎可以應用在現實生活中。但如果真的這麼簡單，世界上為什麼有這麼多嚴重上癮的問題，而且花了很多錢還解決不了呢？在調查研究中，受測者都是自願參加的，並且願意遵守指示來控制自己的想法；至少在實驗室的當時是那樣。但是到了現實世界裡，狀況當然就變得更複雜了。每一個上癮的人不管要戒斷的是什麼癮，大概也都知道吧。

　　據說卡爾・榮格（Carl Jung）曾指出，我們對於自己做不好的事情，就特別想去研究。我好像經常就是如此。我從來不是自我控制的典範，而且是相差甚遠，不過我戒菸倒是成功了。我要在這裡說出自己戒菸的事情，是想告訴各位，就算是自我控制技能不太好的人（我常因為沒耐心而跟學生和家人起衝突），也一樣辦得到。

　　我從青少年時期開始會抽點菸，但過沒多久就上癮了，而且菸癮還很大。1960 年代初期，美國衛生總署針對菸草的危險發布報告，我的冷系統也曾短暫地注意到吸菸可能造成嚴重的長期傷害，但我的熱系統對此視而不見。冷系統是理性的，但它也會跟熱系統的防衛功能密切合作，不管我們做了什麼都可以聰明地合理化。以我的例子來說，冷系統真是表現精彩，讓我覺得吸菸是我學術生活的一部分，而不是要人命的上癮症頭。我在學校當個教授，吸菸可以緩和焦慮，讓我的講學更加充滿思辨。而且大家也都在抽菸嘛。所以我的冷系統一旦在休息，我就一根接著一根抽個不停，這時我的熱系統可享受了（咳）。

　　有一天早上，我正在浴室沖澡時才發現自己還叼著點燃的煙斗。到了這個地步已經不能再否認了，我渴望煙草，我是一個上癮者。當時我一天要吸三包紙菸，同時還要抽煙斗。但這些認知並沒有帶來行為上的改變，只是讓我覺得更緊張，而我的冷系統則忙著處理其他問題。

那次洗澡的事情之後沒多久，有一天我經過史丹佛大學醫學院的大廳，剛好看到一個人被綁在擔架床上推出來。他雙眼圓睜，瞪著天花板，雙手從兩側張開；這副影像讓我嚇壞了。他裸露的胸部和剃光的頭頂，都有一些用綠色筆做的記號。有名護士說這個病人的癌細胞已經轉移，正要開始另一次放射線治療。那些綠色記號就是要打放射線的位置。這個影像生動地留在我腦子裡，而且讓我想起菸癮的後果，再也無法擺脫。美國衛生總署的調查結果終於入侵我的熱系統，敲響了杏仁核警報。[11]

香菸一直是我的熱切誘惑，為了戒掉它，我只好把它變成一種會讓我覺得噁心的東西。每當我想吸菸時（剛開始的時候常常有這種感覺），我就從一個裝滿菸蒂和煙灰的罐子深呼吸。這罐子有很濃的尼古丁氣味，糟得讓人想吐。這種方法，教科書上稱為「嫌惡反制」（aversive counterconditioning）。[12] 此外，我還刻意用癌症病人的圖片來強化效果，盡可能讓自己的熱系統對吸菸的後果有熱切、顯著而生動的感受。或許同樣有效的是，我跟我那個沉迷於吸大姆指的 3 歲女兒也一起約定，我發誓不再抽煙斗，她也要戒掉吸大姆指的習慣。我也向同事和學生們公開表示要戒菸，不再向他們揩油，吸伸手牌香菸。就這樣努力了好幾個星期，最後終於成功了。但我去露天咖啡館的時候，發現熱系統還是會讓我挑選吸菸者旁邊的位置；只是在吸了一些二手菸之後，我通常都會換位子。

　　想像自己是個癌症病人，正要去接受放射線治療，可一點都不好玩，會讓你的杏仁核非常害怕。但要是冷系統也會這麼想的話，那就有用了。要控制那些很久以後才會顯現後果的要命癮頭，此種視覺化即是方法之一，它會馬上發揮抑制作用，但滿足卻是延宕獲得。不過這個方法並非順其自然就能辦到：首先，對於未來結果的心理呈現必須強過眼前誘惑，才會讓熱系統活躍起來；然後讓冷系統重新評估眼前誘惑，中和它的吸引力，甚至讓熱系統產生厭惡感。這種做法，一開始當然是很費勁，但持續做下去就會變成自動自發。

窺視你的 DNA 未來

　　要在決策的當下也考慮到未來，我們必須先去想像未來，而且預測自己到時候會有什麼感覺。一直到上個世紀末，預測未來基本上還是在看手相、算塔羅牌、占星圖啦，抽籤卜卦、鐵口直斷啦。在西方歷史上，打從古希臘就在預測未來了，像是德爾菲神廟的神諭；一直到現代科幻小說、餐館裡的幸運餅都是。但如今隨著人類基因圖譜的解密，我們可以看見自己的 DNA，這讓樂觀者很興奮，但悲觀者卻覺得很可怕。也許我們很快就可以透過基因來檢視自己的健康狀況，費用不會比大腸鏡檢查高。對癌症和某些疾病的患者來說，這當然是個好消息，因為透過基因鎖定來進行個人專屬的治療，或許真能克服一些過去棘手的醫療問題。情況若是如此，當然是個明確的選擇。然而對大多數健康的人來說，要不要接受這種檢查就會是個讓人痛苦的決定，熱系統會有過度反應，那麼冷系統就很難做出合理的選擇。

1990 年代後期，科學家發現 BRCA1 和 BRCA2 兩種基因突變和乳癌及卵巢癌的關係後，很多婦女就面臨了艱難的決定。要決定自己是否進行這種基因突變的檢驗，可是非常折磨人的事情，對於心理的影響可能很大又很難預測。基因檢驗可以知道自己是否容易產生這種突變，如果是的話，這些人在年輕時便罹患乳癌或卵巢癌的機會就比別人高；但若檢驗後發現不易產生基因突變，就是比較幸運的，不太可能會面對這樣的問題。檢驗發明出來後，的確吸引了很多女性來做檢查，尤其是年輕的阿什肯納茲猶太（Jewish Ashkenazi）婦女，因為他們是最可能出現那種基因突變的人種。但是這樣窺伺未來，也有許多人覺得難以忍受——你願意接受檢查，知道自己可能會罹癌、知道自己的家人和孩子都在這種遺傳陰影的籠罩下嗎？或者你不會去做檢查，不願意為自己未來的健康多打開一道窗口？這是一旦打開，就再也關不上的一道窗口。關於你自己、關於你最愛的親人，一旦你知道真實狀況會是怎樣，它在情感上的影響、實際上造成什麼結果，你這一生都要一併承受下來。檢驗結果也會成為你醫療紀錄的一部分，你完全不知道它對你未來的就業會有什麼影響。

「伊爾瑪」（Irma）原本是活力充沛的女研究生，對自己的未來充滿希望。她讀書求學很快樂，也有親密的男友，正當她對自己的幸福未來滿是期待之時，卻發現自己遺傳了母親身上的 BRCA1 基因突變。她原本認為這是很好的資訊，所以才決定要接受檢驗。但後來發現檢驗結果讓她很痛苦，覺得自己一生就這麼被套牢了。她很後悔自己去做了基因檢驗，現在她寧可不知道那個結果，可是一切都無法重來。當測試結果告訴她帶有母系遺傳的基因突變時，她崩潰了。在此之前，她根本不知道自己不能接受這個結果；知道自己的基因裡到底包含了什麼，讓她徹底被打敗了。

像這樣無法預測到自己不能接受檢驗結果的情況，並不是只有伊爾瑪。那麼，有辦法幫助大家，讓他們可以更清楚自己得到基因檢測結果時會有什麼樣的反應嗎？這就需要一種像是「提前經歷」的體驗，但不是我們對於遙遠未來常常帶有的不涉及情感的抽象、理性又冷靜的資訊處理，而是要帶入強烈的情感，讓你在想像未來時就像是此時此地此刻的生活。

那些準備好隔天一早要推進手術房動手術的病人，身上穿著醫院的衣服、手上戴著標記身分的手環，對整體狀況卻很難充分知情。手術前，可能有誰拿著一些印得密密麻麻的文件讓你簽，裡頭滿是講述各種風險的醫療術語，簡直什麼狀況都有可能發生。但你要是簽字同意，就免除了醫院的責任，表示自己是在完全知情的情況下，以自身的意願來接受手術。如果是必要的醫療干預，那的確是沒什麼好選擇的；但某些可有可無的醫療程序就不是這樣了，例如接受基因檢測。

1990 年代初，我去請教費城獵狐癌症中心（Fox Chase Cancer Center）的心理學家蘇珊·米勒（Suzanne M. Miller），討論有沒有什麼辦法能改善基因檢測的知情同意。[13] 蘇珊及其同事的諮詢對象，就是很可能帶有基因突變的人；而這些人也大都很想知道基因檢測結果，對於這個能決定他們日後是否可能罹患乳癌或卵巢癌的檢驗很感焦慮。可是大多數人並不了解，知道自己基因檢測的結果，很可能對他們帶來很大的影響。當時所進行的基因檢測諮詢，主要是以同情但基本上理性的方式來討論替代方案、各種選項、客觀風險，以及伴隨各種可能結果與選擇的不確定性。

　　我們為想要進行乳癌及卵巢癌風險檢驗的婦女，開發出「提前體驗」（pre-living）[14] 的辦法來考慮這件事，希望大家都能先考慮到 DNA 檢測會帶來什麼情緒反應，並非抽象而空泛的評估，而是與心理諮商師一起進行角色扮演，以達成儘可能生動、全面且貼合實際的體驗。我們希望這些婦女在其熱系統實際反映不同的檢驗結果之前，就有機會先知道、提前體驗自己的情緒反應，儘管這只是一個迷你型的模擬。

　　我們建議以下述方式來進行。當婦女朋友前來諮詢基因檢測時，她要跟諮商師進行實際的角色扮演。諮商師會對該婦女朋友說實驗室的檢驗報告已經出來了，然後打開桌上的文件夾，讀出檢驗結果為陽性，她有基因突變的狀況。這位婦女朋友在諮商師陪伴的安全環境中，有機會表達她的感受和想法，也許是震驚而感到難以置信，或者是激烈的焦慮、絕望、否定、憤怒，甚至是質疑報告的正確與否。在她表達出擔心和進行相關討論後，諮商師要幫助該名婦女朋友檢視各種選項，並且了解選擇之後可能帶來怎樣的後果。選項包括，如果是 BRCA1 基因突變，可能要做預防性乳房切除；如果是 BRCA2 的情況，可能要做預防性卵巢切除。這種坦率無隱的提前體驗方法，可用來處理一些長期心理影響，包括壽命年限、生活品質、醫療照護、保險、就業、個人關係展望和其他等等問題所引發的後果。

　　這種逼真的角色扮演必定會帶來一些痛苦，但參與者也會因此知道自己在情緒上會有什麼樣的反應，並且獲得一些認知訊息，讓自己在知情的狀況下做出決策，決定自己該不該打開那個基因的潘朵拉盒子。角色扮演的內容也包括愉快的場面，例如基因檢測結果為陰性；對於這些狀況會造成什麼樣的影響，也一樣會進行深入且詳細的探討。個人在吸收和思考過這些提前體驗的經驗後，不論是決定做或不做檢驗，都會是充分知情之下的選擇。

　　由於透過基因組分析和分子科學來針對個人提供診斷、預防和治療的方法不斷地進步，未來像這類特定的基因檢驗，對很多人來說，很可能就是生活的一部分。這些事情如果成為現實，要在充分知情的狀況下對於預防性動作做出明智判斷，就需要心理和腦袋的冷、熱系統相互配合才行。其中的挑戰是我們既要提前體驗情緒可能的反應，又要能夠冷靜思考必要的預防性施作。

你對自己的未來想知道什麼？不想知道什麼？

對於自己面對的風險和危險想知道到什麼程度，可說是人人不同。假設各位正在候診室等待例行的健康檢查，這時有位醫療研究人員過來跟你打招呼，說要請你回答幾個問題。她請你生動地想像如此場景：「你正在飛機上，大概 30 分鐘後會到達目的地。飛機突然急速下降，但隨後又恢復正常。這時機長廣播也說狀況正常，只是接下來的航程可能不太平靜。不過你不太相信，覺得狀況有點不妙。」[15]

在飛機情境中，你會「仔細聆聽引擎有無奇怪聲音，觀察機組人員舉止是否異常」，或者你只是繼續「把電影看完，即使這部片子你早就看過了」？這份問卷要知道的其實是：你對於自己面對的壓力，是想了解更多還是更少？另一個情境設定是：「你很怕去看牙醫，不過牙齒有些問題還是得去處理。」那麼在牙醫幫你處理的時候，你是希望牙醫說明他在做什麼，或者你寧可悶在心裡瞎猜呢？希望了解更多的人，我們稱為「監視型」（monitors）；而寧可不知道、假裝不曉得的人則是「鈍感型」（blunters）。[16]

準備接受陰道鏡檢驗，檢查子宮是否存有異常細胞（如癌細胞）的婦女，在實際檢驗之前都會先進行監視—鈍感問卷調查，然後她們會被分類為兩組：監視型與鈍感型。之後每一組婦女又區分成兩半，其中一半是在她們簽署同意書之前，提供豐富的檢驗資訊；另一半則只提供最少的標準資訊。這些婦女在接受檢驗前、檢驗中及檢驗後，都要報告她們的感受，由醫生及其他觀察人員（這些人沒有其他關於受測者的資訊）來評估她們的心理生理反應，包括脈搏、肌肉緊張、手部緊握及痛苦或不舒服的表情。結果是，接收到最少資訊的鈍感型婦女和最多資訊的監視型婦女，在檢驗中及恢復期時最不感到緊張和壓力。據此可知，要是接收到的資訊量符合其偏好，受測婦女的感覺最為舒坦，其所感受到的壓力最小。

這些發現顯示，病患在面對醫療選擇及決策，對於每個選擇後續的優、劣影響，醫生應該問病人想知道到什麼程度。在這種醫療情境中，對於密密麻麻的手術同意書或螞蟻般小字印刷的處方藥品會帶來什麼風險或副作用的警示，我們可能都要想一下，自己想不想知道更多相關資訊。我們什麼時候會想要監控一切，什麼時候又覺得最好什麼都不知道呢？

面對壓力時，不管是醫療場景或人際關係方面，監視型的人在被告知越多資訊時就越能接受，而鈍感型的人則是知道得越少越好。要是資訊量能符合其個人偏好，那麼感受到的壓力就能減輕。個人偏好雖有不同，有些人表現得比較極端，但大多數人則是處於中間的範圍。因此對大多數人來說，如果是面對我們自己無能為力的情況，通常是知道得越多就越焦慮、緊張；反倒是知道得較少會比較容易接受現實，也比較能保護自我。[17]

向後看和向前看

　　從學齡前兒童等待棉花糖，到決定現在收入該存多少錢以支應退休金計畫；面對不明確的長期後果做出知情的判斷和選擇，表面上看來似乎沒什麼關係，但其中都有一個共同的主題，也是我們這一生中諸多選擇與決策都必定會有的挑戰——自我控制。想要抵抗得住誘惑，我們必須讓自己冷靜下來，遠離誘惑的魅力，讓它變成抽象概念。而在考慮未來時，我們又必須讓它發光發熱，生動地想像，讓它活躍起來。如果想要為未來做出完善規畫，儘管只是短暫地提前體驗，生動地想像逼真畫面，都會對規畫有所幫助。經由這種熱切感受而冷靜地思考，會讓我們更能預期那些選擇將帶來什麼後果，才能期望自己獲得最好的結果。

NOTES

1. Y. Trope and N. Liberman, "Construal Level Theory," in *Handbook of Theories of Social Psychology*, vol. 1, edited by P. A. M. Van Lange and others (New York: Sage Publications, 2012), 118–134; N. Liberman and Y. Trope, "The Psychology of Transcending the Here and Now," *Science* 322, no. 5905 (2008): 1201–1205.

2. D. T. Gilbert and T. D. Wilson, "Prospection: Experiencing the Future," *Science* 317, no. 5843 (2007): 1351–1354.

3. D. T. Gilbert and J. E. Ebert, "Decisions and Revisions: The Affective Forecasting of Changeable Outcomes," *Journal of Personality and Social Psychology* 82, no. 4 (2002): 503–514; D. Gilbert, Stumbling on Happiness (New York: Knopf, 2006); and D. Kahneman and J. Snell, "Predicting a Changing Taste: Do People Know What They Will Like?," *Journal of Behavioral Decision Making* 5, no. 3 (1992): 187–200.

4. D. I. Tamir and J. P. Mitchell, "The Default Network Distinguishes Construals of Proximal versus Distal Events," *Journal of Cognitive Neuroscience* 23, no. 10 (2011): 2945–2955.

5. What Metcalfe and Mischel ("A Hot/Cool System Analysis of Delay of Gratification: Dynamics of Willpower," *Psychological Review* 106, no. 1 [1999]: 3–19) call the hot system overlaps with what other researchers call the default system (Tamir and Mitchell, "The Default Network") or the visceral system (G. Loewenstein, "Out of Control: Visceral Influences on Behavior," *Organizational Behavior and Human Decision Processes* 65, no. 3 [1996]: 272–292) or System 1 (D. Kahneman, *Thinking, Fast and Slow* [New York: Farrar, Straus and Giroux, 2011]).

6. K. Fujita and others, "Construal Levels and Self-Control," *Journal of Personality and Social Psychology* 90, no. 3 (2006): 351–367.

7. Ibid.; W. Mischel and B. Moore, "Effects of Attention to Symbolically Presented Rewards on Self-Control," *Journal of Personality and Social Psychology* 28, no. 2 (1973): 172–179; W. Mischel and N. Baker, "Cognitive Appraisals and Transformations in Delay Behavior," *Journal of Personality and Social Psychology* 31, no. 2 (1975): 254.

8. H. Kober and others, "Prefrontal-Striatal Pathway Underlies Cognitive Regulation of Craving," *Proceedings of the National Academy of Sciences* 107, no. 33 (2010): 14811–14816.

9. J. A. Silvers and others, "Neural Links between the Ability to Delay

Gratification and Regulation of Craving in Childhood." *Society for Neuroscience Annual Meeting*, San Diego, CA, 2013.

10. 關於老菸槍控制菸癮的認知策略，請參見：Kober, "Prefrontal-Striatal Pathway"; R. E. Bliss and others, "The Influence of Situation and Coping on Relapse Crisis Outcomes after Smoking Cessation," *Journal of Consulting and Clinical Psychology* 57, no. 3 (1989): 443–449; S. Shiffman and others, "First Lapses to Smoking: Within-Subjects Analysis of Real-Time Reports," *Journal of Consulting and Clinical Psychology* 64, no. 2 (1996): 366–379.

11. 喬治‧魯文斯登﹝George Loewenstein；〈失控〉（Out of Control）﹞曾指出，一般而言，醫生比平常人少吸菸，但最少吸菸的是那些經常處理病逝者被煙薰黑之肺部圖像的醫生。

12. W. Mischel, Y. Shoda, and O. Ayduk, *Introduction to Personality: Toward an Integrative Science of the Person*, 8th ed. (New York: Wiley, 2008).

13. 當時參與這項工作的還有正田裕一（Yuichi Shoda）。

14. Y. Shoda and others, "Psychological Interventions and Genetic Testing: Facilitating Informed Decisions about BRCA1/2 Cancer Susceptibility," *Journal of Clinical Psychology in Medical Settings* 5, no. 1 (1998): 3–17. See also S. J. Curry and K. M. Emmons, "Theoretical Models for Predicting and Improving Compliance with Breast Cancer Screening," *Annals of Behavioral Medicine* 16, no. 4 (1994): 302–316.

15. S. M. Miller, "Monitoring and Blunting: Validation of a Questionnaire to Assess Styles of Information Seeking under Threat," *Journal of Personality and Social Psychology* 52, no. 2 (1987): 345–353.

16. S. M. Miller and C. E. Mangan, "Interacting Effects of Information and Coping Style in Adapting to Gynecologic Stress: Should the Doctor Tell All?," *Journal of Personality and Social Psychology* 45, no. 1 (1983): 223–236.

17. Miller and Mangan, "Interacting Effects of Information and Coping Style"; and S. M. Miller, "Monitoring versus Blunting Styles of Coping with Cancer Influence the Information Patients Want and Need about Their Disease: Implications for Cancer Screening and Management," *Cancer* 76, no. 2 (1995): 167–177.

CHAPTER 11
保護受傷的自己──自我抽離

　　克服痛苦情緒如失戀，抵抗誘惑如香菸、不安全性行為或不道德的財務決策等，都需要讓熱系統平靜下來，同時刺激冷系統活躍。這兩項行動都要依靠兩個相同的機制──心理疏遠和認知重估。[1]說起來很簡單，但實際要做到可不容易。以下即以「瑪麗亞的問題」為例來說明。

　　「瑪麗亞」（Maria）和「山姆」（Sam）從研究生時代就在一起，至今十九年，早已許諾終生。瑪麗亞幾乎從一開始就想要有個孩子，但山姆堅持時間還沒到，於是這件事就一直拖著。有一天早晨，毫無預警地，山姆突然說他愛上了某個大學女生，所以他要走了。瑪麗亞非常傷心，痛苦了好幾個月還是難以接受，不斷想起他們最後一次共度週末的場景。她既無力挽回，又無法接受分手的事實。

西方文化認為，面對這種痛苦感受就該誠實以對，大多數心理醫師也是這麼建議，瑪麗亞到最後必定會有透徹的理解，可以繼續向前行。傳統的心理治療，也都在臨床上鼓勵陷入困境的病患面對不愉快的經歷和感受，不停地問他們：「我不知道你為什麼要這麼覺得？」但在 1990 年代初期，耶魯大學蘇珊・諾蘭—霍克珊瑪（Susan Nolen-Hoeksema）的研究指出，雖然詢問「為什麼」讓某些人的情況好轉，但更多人卻因此而更趨惡化。[2] 那些人雖然繼續生兒育女過日子，卻也常常想起過去那些事，而每次對自己、對朋友或心理治療師談到過去，只會覺得越來越沮喪鬱悶。這種做法不能幫助他們「渡過難關」，無休無止的回憶反而撕裂傷口，重新觸發痛苦和憤怒。簡單來說，問他「為什麼」不會有什麼幫助，反而讓他更痛苦。

這種情緒上的直接面對，什麼時候會失敗、什麼時候又會成功，而且原因何在呢？這就是伊森・克羅斯（Ethan Kross）2001 年大學剛畢業後、進入我在哥倫比亞大學的研究所時，迫不及待想了解的問題。從進入哥大開始，到 2007 年拿到學位，後來又到密西根大學任教，他一直都在做這個問題的相關研究。

我跟伊森第一次碰面時，就花了好幾個小時一起討論，想知道有沒有什麼辦法可以幫助像瑪麗亞這樣的人，平撫他們的悲痛。我們想起棉花糖測試的小朋友會把點心和按鈴推開，推得越遠越好，這是故意拉開點心和自己的距離，以降低熱系統運作，讓冷系統來接管。想克服憤怒和沮喪的大人也可以這麼做嗎？要推開外在刺激，例如棉花糖的誘惑，可能很容易；但我們要怎麼讓自己跟自己的感受拉開距離呢？

牆上的蒼蠅

正當伊森跟我忙著找出不同辦法，幫助痛苦的人進行自我抽離時，我哥大研究所快要畢業的學生歐茲蘭・艾達克（Ozlem Ayduk）也對這個問題產生了興趣，加入我們的研究（她後來到柏克萊加州大學任教）。不久之後，我們就開始進行幾個「自我抽離」實驗的第一次。[3]我們找來曾在親密關係中遭到嚴重否定，造成「強烈憤怒和敵意感受」的哥大學生參與這項研究。這些學生分成兩組，分別以兩種方式來回想他們的傷心經驗。其中一半的學生，我們請他們單純地「透過自己的眼睛再現那段經驗……（而且）試著去理解自己的感受」。這也是我們通常會使用的方法，透過自己的眼睛去觀看自己的經驗，是一種「自我沉浸」（self-immersed）的狀態。這一組的回應通常在情緒上趨於熱切，例如：

我男朋友説他不會再跟我聯絡，説我會下地獄，我覺得好震驚。我在宿舍走廊上就哭了，癱軟在地上，想跟他證明我的宗教跟他一樣。

我又激動又火大，覺得自己遭到背叛，我很生氣，覺得自己是受害者，受到傷害、羞辱和糟蹋，被拋棄又沒人愛我、被排擠，自己的界限和標準受到踐踏。真是最糟糕的溝通經驗。

另一半的參與者，我們請他們跟自己拉開距離，「像隻停在牆上的蒼蠅來觀察那段經驗……試著去理解那個『遙遠自我』的感受」。從這個「遙遠自我」的角度出發，學生們的反應變得比較不情緒化、比較抽象，也較少以自我為中心：

在那場衝突之前的幾個月，我承受課業上的壓力，情緒也感到混亂，當時對很多事情都很不滿意。這些心情上的暗流和挫折讓我很煩躁，後來就因為一場愚蠢的爭吵引爆衝突。

對於那次的爭執，我已經可以看得更清楚了……我開始更理解自己的想法，也開始明白我朋友的感受。説起來也許還是不合理，但我已經了解他的動機了。

實驗結果相當驚人。當受測者以通常的自我沉浸來分析自身感受時，會想起一些具體細節，彷彿這一切又重新來過（例如「他叫我滾開」或者「我記得她欺騙我」），然後那些負面情緒就又都回來了（「我很生氣、超火大的、覺得遭到背叛」）。相反地，如果像是牆上的蒼蠅，從抽離的視角來分析自己的感受，他們就能重新評估過去，而不僅僅是重述，讓過去的痛苦再次觸發。他們會以更周到而較不情緒化的方式，重新理解和詮釋過去的痛苦，進而導向與過去和解。因此同樣是問：「為什麼我有那樣的感覺？」如果是採取自我沉浸的方式，會重新觸發痛苦；若是以旁觀者的角度，自我抽離來看待，就能平撫痛苦，在敘述上含帶包容。心理治療在詢問自我沉浸的病患「為什麼？」之前，也許應該考慮到這些後果，要是能協助患者從抽離的視角去回想過去的經驗，就能平撫他們的熱系統，讓冷系統活躍起來，幫助他們重新思考。

抽離自我，重新評估

伊森和歐茲蘭在 2010 年的實驗中從一組新樣本發現，那些在回想過去痛苦經驗時能自發抽離的受測者，就不只是單純地回憶，而是重新評估過去。他們的感覺會變得比較好，壓力也會變得比較小。[4] 這不只是短暫的效果而已，因為他們在第一次實驗的七週後再次參與測試，又被要求重新回想過去那個經驗，結果情況仍是一樣好。伊森和歐茲蘭的另一場實驗更找到自我陳述（self-reports）之外的好處，發現自我抽離有助於減輕回憶痛苦往事最要命的副作用——血壓上升。[5]當我們回想過去痛苦的負面經驗，尤其是讓人感到強烈憤怒、遭受背叛的感覺時，血壓通常會升高。要是血壓長時間維持在高檔，就會造成危險。而伊森和歐茲蘭的實驗證明，自我抽離可以有效降低這種不良影響。我們越能抽離自我，血壓就會越快恢復正常。

要是離開人為操控的實驗室環境，在現實世界中，這種可以更好處理情感傷害的自我抽離也能發揮它的功效嗎？自我抽離是不是也能幫助我們，處理密切人際關係中日常的衝突和糾紛？為了解答這些問題，歐茲蘭和伊桑又進行了一場為期 21 天的大型日記研究。[6]在研究過程中，每天結束時，參與者都要登錄到一個安全的網站，網站會問他們今天是否曾與夥伴吵架或爭執。如果有的話，要對該事件進行反省，確認自己最深刻的想法和感受為何。最後會詢問他們，在理解自己對衝突事件的感受時，是否自發性地採取抽離方式（也就是「牆上蒼蠅」的觀點），請他們自己對此進行評等。

整體上來說，懂得自發抽離來思考衝突的人，在處理這些衝突時，也會比不抽離思考的人更常採用建設性的策略。

最有趣的是，只要夥伴不表現出負面和敵意態度，那些抽離程度較低的人也能適當地面對衝突。但要是對方懷抱敵意，那麼他們就會以牙還牙，使得雙方敵對態勢更為升高。自我抽離度低的人，要是碰上負面態度的夥伴，彼此敵意馬上升高，對於日後關係的維持非常有害。這種惡性模式不僅在日記研究的自我陳述中可以看到，受測者及其夥伴在實驗室裡討論衝突，再由第三者進行評等時也會出現。

認知行為治療師逐漸認識到，對很多人和很多問題來說，治療要能產生效果，自我抽離正是先決條件。他們要引導患者了解，自己的想法和認知只是對「真實」的一種詮釋，並非絕對真理的唯一揭露方式；治療師必須幫助患者脫離自我沉浸的觀點，即使是暫時抽離都有好處。患者可藉此學會從自己的感受和行動退開一步，從遠處觀察自己。這是探索不同方式來思考自我及其經驗的前奏，如此一來或許會更有效地去處理那些事情，也比較不會陷於痛苦感受。要是患者學會用不同方式來重新呈現和思考那些事情，就能幫助他們安撫痛苦。比方說，你要是摔斷一條腿，這可是個無法改變的事實，因為每次你要走路時就會想到它。但你如何看待這件事情的觀點是可以改變的：你可以說它是件可怕的意外，讓你覺得很痛苦，因為你想做的事情都辦不到，例如出去慢跑或騎腳踏車。或者你也可以覺得它是意料之外的機會，很久以來想做的事情，現在正好多得是時間，例如好好地讀幾本書。所以你會怎麼想呢？

　　史丹佛大學的詹姆斯‧葛羅斯（James Gross）和哥倫比
亞大學的凱文‧奧克斯納也曾指出，同樣的重新評估策略可
以幫助我們撫平許多不同的負面情緒。而且研究人員不只是
在受測者的自我陳述中看到這些「冷卻效果」，甚至在大腦
成像研究中也看到確切證據。這些研究顯示，當受測者重新
評估強烈負面刺激以冷卻情緒衝擊時，他們的熱系統，尤其
是杏仁核部位也會減少活動，而前額皮質層則會更活躍。[7]

孩童的自我反映

　　研究工作有許多優秀學生與合作者參與，最美妙的事
情之一是一旦獲得令人振奮的成果，他們就會呼朋引伴，
同心協力創造出更多成果。賓州大學的年輕教授安琪拉‧
達克沃斯（Angela Duckworth）雖然不是我的學生，但我
們 2002 年在一次會議上碰面後，也各自帶著幾位學生一起
合作。後來，伊森和安琪拉（還有她的學生塚山艾力〔Eli
Tsukayama〕、歐茲蘭和我本人）也想知道，對成年人有效
的自我抽離，是否也適用於兒童與青少年。對兒童和青少年
來說，這個研究特別重要，因為孩子們在那個年紀經常以社
交排斥和否定互相折磨，讓那些被排擠的小孩感到傷心、難

過又憤怒。而這種狀況又經常導致大眾悲痛的悲劇，但孩童也並未因此獲得什麼支援，可以幫助他們以更具建設性的辦法處理遭到排擠與否定的痛苦。

我們特別專注於與憤怒相關的兒童經驗和感受，因為過去研究發現，兒童憤怒與後來升級為破壞性結果，尤其是侵略、暴力行為和憂鬱症發作都有關係。[8] 伊森‧克羅斯及其團隊的研究，是請五年級男孩及女孩回憶他們感到強烈憤怒的人際交往經驗。研究人員請他們「閉上眼睛，然後回到事件當時的時間和場景，想像自己就在那裡」。[9] 然後，在自我沉浸的狀態下，叫他們「透過自己的眼睛，想像事情又重新上演一次」。另外在自我抽離的狀態下，研究人員要求他們「退開幾步到比較遠的地方，可以看到整件事的開展和當時的你。你退到遠處，看到當時的自己，再觀察那個自己碰到了什麼事情。你想像那件事情，是發生在遠方的那個自己身上。」

結果這些孩子跟之前研究的年輕成年人一樣，自我抽離讓他們比較不會耽溺在原本感受到的憤怒場面，而是降低怒火，以不同方式來看待整件事情，進而獲得更多想法與和解。他們對於事件本身會採取比較客觀的角度，比較不會再責備他人，創造出可以平撫自己怒氣的說法。研究發現，這些孩子不分性別、種族和社會經濟背景，都出現同樣的結果。

癒合破碎的心

那麼，瑪麗亞嚐到的痛苦「心碎」只是個比喻嗎？還是它確實描述了某種生理狀態呢？這也是伊森・克羅斯及其團隊在 2011 年實驗，想探索的情緒管理上的問題。研究人員邀請最近才剛失戀的受測者，在接受功能性磁振造影的同時看著過去伴侶的照片，並回想被狠心拋棄的遭遇。另一組對照觀察，是由同一批人接受上臂熱刺激，產生強烈疼痛的感覺。在經驗身體疼痛時，大腦有兩個區域會趨於活躍（次級體感皮層和腦島背後側）；而那些人在看著以前愛人的圖像，想起過去失戀情事時，大腦活動情況也類似。因此當我們使用生理痛覺來形容遭遇否定的經驗時，不只是比喻而已，實際上這些情緒痛苦跟生理痛覺是一樣的。[10]

情緒痛苦和生理痛覺類似，且大腦運作一樣的情況又引發更多疑問，也經常有人開玩笑地問說，那麼要對付失戀和各式各樣遭到否定和排擠的痛苦，吃幾顆止痛藥、鎮痛劑不就好啦。但研究社交痛苦的科學家可不當它是個笑話，實驗證明：的確有效！各位要是半夜接到失戀朋友的哭訴，可以叫他「吃兩顆阿斯匹靈，明天早上再打電話給我」。聽起來似乎冷淡無情，其實還真是有科學根據。

洛杉磯加州大學的娜歐米・艾森伯格（Naomi

Eisenberger）及其同事找來志願者進行為期三週的實驗，其中有些人是每天吃一顆藥房就能買到的止痛藥，有些人則是吃安慰劑。這些在社交方面遭到排擠或否定而感到痛苦的志願者，每天都要記錄自己的痛苦程度；但他們不知道自己吃的到底是止痛藥或安慰劑。[11] 結果顯示，吃止痛藥的那些人，從第九天開始就報告痛苦狀況有所減輕，而且一直持續到實驗結束的第 21 天；吃安慰劑的人則毫無變化。另一組志願者也是吃止痛藥或安慰劑，但也不知道自己吃的是哪一種；然後在他們經驗到社交否定時進行功能性磁振造影的掃描。受測者一邊進行腦部掃描，一邊在電腦上玩投球遊戲。他剛開始會接到別人投給他七顆球，但後來電腦中的另外兩人玩得起勁，根本就把受測者給忘了；他們彼此投、接 45 次球，但受測者一次都沒有，因此而感到自己被排擠。對於這樣的社交排擠，那些吃了三週止痛藥的受測者，其大腦的痛感區活動明顯較少。

要是藥房買的止痛藥不能舒緩瑪麗亞的心碎，她也無法像牆上的蒼蠅那樣客觀看待自己的問題，那麼還有一種解藥可以幫忙。感受到社交否定時，試著想想那些你喜愛且信賴的人，也會有幫助。就像看到劈腿哥或負心妹的照片，會讓人感到痛苦一樣；要是你多想想那些一直愛著你、關心你的人，也會讓我們比較容易克服失戀的痛苦。這方法對於原本就樂於和他人維繫親密關係者最有效；如果是平常就逃避情感羈絆的人，就不是那麼有效了。[12]

NOTES

1. Luerssen and O. Ayduk, "The Role of Emotion and Emotion Regulation in the Ability to Delay Gratification," in *Handbook of Emotion Regulation*, 2nd ed., edited by J. Gross (2014); and E. Kross and O. Ayduk, "Facilitating Adaptive Emotional Analysis: Distinguishing Distanced-Analysis of Depressive Experiences from Immersed-Analysis and Distraction," *Personality and Social Psychology Bulletin* 34, no. 7 (2008): 924–938.

2. S. Nolen-Hoeksema, "The Role of Rumination in Depressive Disorders and Mixed Anxiety/Depressive Symptoms," *Journal of Abnormal Psychology* 109, no. 3 (2000): 504–511; S. Nolen-Hoeksema, B. E. Wisco, and S. Lyubomirsky, "Rethinking Rumination," *Perspectives on Psychological Science* 3, no. 5 (2008): 400–424.

3. E. Kross, O. Ayduk, and W. Mischel, "When Asking 'Why' Does Not Hurt: Distinguishing Rumination from Reflective Processing of Negative Emotions," *Psychological Science* 16, no. 9 (2005): 709–715.

4. O. Ayduk and E. Kross, "From a Distance: Implications of Spontaneous Self-Distancing for Adaptive Self-Reflection," *Journal of Personality and Social Psychology* 98, no. 5 (2010): 809–829.

5. O. Ayduk and E. Kross, "Enhancing the Pace of Recovery: Self-Distanced Analysis of Negative Experiences Reduces Blood Pressure Reactivity," *Psychological Science* 19, no. 3 (2008): 229–231.

6. Ayduk and Kross, "From a Distance," study 3.

7. J. J. Gross and O. P. John, "Individual Differences in Two Emotion Regulation Processes: Implications for Affect, Relationships, and Well-Being," *Journal of Personality and Social Psychology* 85, no. 2 (2003): 348–362; and K. N. Ochsner and J. J. Gross, "Cognitive Emotion Regulation Insights from Social Cognitive and Affective Neuroscience," *Current Directions in Psychological Science* 17, no. 2 (2008): 153–158.

8. K. A. Dodge, "Social-Cognitive Mechanisms in the Development of Conduct Disorder and Depression," *Annual Review of Psychology* 44, no. 1 (1993): 559–584; K. L. Bierman and others, "School Outcomes of Aggressive-Disruptive Children: Prediction from Kindergarten Risk Factors and Impact of the Fast Track Prevention Program," *Aggressive Behavior* 39, no. 2 (2013): 114–130.

9. E. Kross and others, "The Effect of Self-Distancing on Adaptive versus Maladaptive Self-Reflection in Children," *Emotion-APA* 11, no. 5 (2011):

1032–1039.

10. E. Kross and others, "Social Rejection Shares Somatosensory Representations with Physical Pain," *Proceedings of the National Academy of Sciences* 108, no. 15 (2011): 6270–6275.

11. N. I. Eisenberger, M. D. Lieberman, and K. D. Williams, "Does Rejection Hurt? An fMRI Study of Social Exclusion," *Science* 302, no. 5643 (2003): 290–292.

12. E. Selcuk and others, "Mental Representations of Attachment Figures Facilitate Recovery Following Upsetting Autobiographical Memory Recall," *Journal of Personality and Social Psychology* 103, no. 2 (2012): 362–378.

CHAPTER 12
安撫痛苦情緒

　　棉花糖研究最令人振奮的發現，並非意外發現了等待秒數和未來生活的好壞有關，而是我們如果擁有延宕能力並且會運用的話，就比較能克服一些個人的弱點，例如容易發胖、易怒，老是覺得自己受到排擠、很受傷，等等傾向；或者能以更有建設性的方式與這些弱點相處。研究顯示自我控制能有效解決「拒絕敏感」（rejection sensitivity；RS）的問題，這項特質牽涉極廣且為害甚大，本章就要來探討這個主題。

嚴重的拒絕敏感

　　嚴重拒絕敏感（高 RS）的人很擔心自己在親密關係中遭到否定或拒絕，害怕自己被拋棄；但往往又因為他們這些行為，反而帶來自己最擔心的排斥。若情況失控，高 RS 的破壞作用，就像是個自我應驗預言（self-fulfilling prophecy）。[1] 我們現在就以「比爾」（Bill）為例，看看嚴重拒絕敏感如何破壞親密關係。比爾在他的戀愛關係上顯現出高 RS，但他的延宕和自我控制能力都很低。當第三次婚姻失敗時，他感到非常憂鬱而且焦慮，因此他決定找心理治療師談一談。比爾向治療師解釋最近那次離婚的原因，憤怒地控訴前妻「不忠誠」。比爾提出的「證據」，是早餐的狀況。他說他很希望早餐時家人都會談話、維繫感情，但是他太太這時候還是半睡半醒。不但不會專心聽他說話，反而是半瞇著眼打哈欠；甚至清醒時也不理他，只是盯著報紙頭條新聞，或假裝在整理餐桌上的花。比爾覺得太太對他的抱怨毫無反應，這種漠不關心的態度有一次「讓我氣得把他媽的炒蛋灑在她身上」。

像比爾這種高 RS 的人很在意自己是否「真正」被愛，所以就更害怕自己被拋棄，因而引發熱系統的憤怒和怨恨升級。對於這些痛苦以及伴侶不愉快的反應，他們會變得更趨於強迫和控制欲，形成公開或消極的攻擊傾向。對於自己的行為，他們會說都是伴侶的錯（「她讓我氣得把他媽的炒蛋灑在她身上」）；而被拋棄的恐懼，起初是因為他們擔心被拒絕而想像出來的，等到怒氣爆發後往往就噩夢成真了。

根據潔娜汀・道尼（Geraldine Downey）及其學生的研

究，這種識別模式造成的後果是可以預測的。潔娜汀是哥倫比亞大學的心理學教授，我們從 1990 年代初期以來就是同事，她也早就成了拒絕敏感相關研究的領導者。她的研究指出，青年男女的親密關係，高度拒絕敏感者通常無法維持得像低度敏感者那麼久；並且高度敏感的中學生，也更常遭受同儕的霸凌，往往是孤孤單單一個人。[2] 長期來看，高度拒絕敏感的人會因為這個弱點，而遭到更多的拒絕和排斥，個人價值感和自尊長期貶損，讓他們更容易陷於憂鬱。[3]

高 RS 不僅會破壞長期關係、傷害身邊的人，對本身的生理狀況也有不利影響。像比爾這樣的人每次暴怒、緊張，罹患心血管疾病、哮喘、風濕性關節炎、多種癌症和憂鬱症的危險就會增加。為什麼呢？

關於免疫系統對於社交排斥的生理反應，過去已有幾個實驗加以評估，同時檢測反應時的大腦活動狀況。當我們覺得遭到拒絕時，大腦前扣帶迴的背區（dorsal anterior cingulate cortex）和前腦島（anterior insula）的神經活動及敏感度都會增加。[4] 這些區域跟情緒控制、獎勵預期和諸如血壓、心跳頻率等重要的自主功能有關。此外，當我們感受到壓力時，免疫系統會釋放發炎性化學物質。這對人類演化過程當然是必要的，因為身體因應壓力而釋放發炎性細胞激素，這是一種調節免疫系統的蛋白質，讓它為身體遭受攻擊做好準備。這種蛋白質會加速傷口癒合，對於身體傷害的復元具備非常大的短期效果。但要是長期擔心或恐懼遭到排斥，或是情關遲遲難過，使得發炎性激素水準長期偏高，也會造成嚴重疾病。短暫發炎有助於傷口復元，讓我們人類的祖先得以倖存；但要是一覺醒來熱系統就開始過度運作，發炎反應每天都偏高，就等於掛號預約生病。[5]

延宕能力的保護

潔娜汀來到哥倫比亞大學後不久，我跟她和幾位學生就開始一系列的研究合作，探討高 RS 的人要怎麼運用自我控制能力來保護自己，避免那項弱點的不幸後果。我們的基本疑問是：延宕能力能不能抵抗高 RS 的不利影響？讓嬰兒得以忍受離開媽媽（即使相當短暫）、學齡前兒童等待棉花糖的關注控制技巧，是否也能幫助高 RS 的成年人在他太太只看報紙、不注意聽他說話時，先平息怒火，不要亂發作呢？拒絕敏感是根據受測者對以下問題的憂慮程度來測定：「我很擔心被他人拋棄」、「我很擔心伴侶不是真的愛我」。

歐茲蘭・艾達克（Ozlem Ayduk，她在哥大同時接受我和潔娜汀的指導）率領的，是我在史丹佛大學賓恩幼稚園開始的縱向研究，觀察那些學齡前兒童後來的變化。當他們到了 27 歲至 32 歲間，那些具備高 RS 的成年人，要是小時候也無法等待棉花糖，長大後對自尊、自我價值的感受較低，並且應對能力也比較差。[6]他們的教育程度較低，更常吸食古柯鹼，而且更可能離婚。相反的，高 RS 的年輕成年人要是小時候就能做到延宕滿足，就比較能防止這些不良作用，他們對於拒絕的焦慮就不會成為自我應驗的預言。

2008 年時，同一個團隊也是由歐茲蘭領銜進行相關研究，顯示高 RS 的人也比較容易發展出邊緣型人格障礙（borderline personality disorder）。這種心理疾病會讓人把小磨擦放大成人身攻擊，對自己和他人都有危害。但最重要的發現是，高 RS 的人要是也有較高的自我控制能力，他就可以避免那些不良影響，保護自己的人際關係。我們對史丹佛學齡前兒童的追蹤觀察發現這種情況，也在一位大學生和加州柏克萊的成人身上發現兩個新例子。整體而言，高度拒絕敏感又有良好自我控制能力的人跟低度敏感者一樣，都能好好地處理自己的生活。[7]擁有良好自我控制技能的高度敏感者，雖然在社交關係上面臨較大壓力，也比較可能受到否定和排斥，但他們卻能運用這些技能來安撫熱切而衝動的魯莽反應，讓自己的脾氣不會晉升為暴怒和攻擊，就能避免親密關係受到損害。

學齡前小朋友的棉花糖測試和他們未來生活的關係越來

越清晰，而且逐漸擴大之後，我開始問自己：原先那些發現都是在史丹佛、哥大、柏克萊這些經過特別挑選、比較富裕的地區，那麼在其他地方是否也成立呢？為了找到答案，我必須在一個跟史丹佛校園很不一樣的地方做實驗——所謂「很不一樣」指的不只是地理上，也包括人口特徵。

從史丹佛到南布朗克斯

賓恩幼稚園的小朋友等待棉花糖，是在陽光普照、綠樹成蔭的加州史丹佛大學校園；而後來我們獲准前去展開研究的地方，是紐約南布朗克斯的公立中學。這兩個地方的差距可說是天壤之別。紐約那個地方有一套超硬的防禦系統，把所有研究者拒之門外，我們可是花了四年才排除萬難，獲准進入那個學校。這位校長同意讓我們在碉堡似的陰森石牆內做研究，可是頂著觸犯教育委員會怒火的風險。當時是1990年代初期，紐約市才剛剛從最嚴重的衰退勉強復甦，所以大多數公立學校的情況都很不好，包括這一間也是。教室根本是爛透了，天花板掉灰；高高的窗子裝著鐵條，但玻璃是破的；燈泡射出昏暗的光線，開燈時常常就燒壞了。這個求學環境不但跟我女兒就讀的史丹佛地區公立學校很不一樣，甚至跟我自己數十年前在布魯克林勞動階級地區讀的學校也是大不相同。

我第一次去那兒時，看到學校旁邊停著警車，但要用鐵欄杆圍起來。孩子們上學，得先在校門口排隊通過金屬探測器；這讓我想起以前博士班實習時，到俄亥俄州參觀戒備森嚴的州立監獄。進到布朗克斯學校以後，馬上聽到大禮堂傳來陣陣噪音，學生們聊天的聊天、鬼叫的鬼叫。走廊上都裝著監視器，男老師帶著警棍巡邏，一遍又一遍地對學生高喊：「坐下！不要講話！」詢問之後，我才知道現在是早自習，還沒開始上課。這個吵吵鬧鬧的景象，讓我知道我們找到了最需要的學校和樣本。正如我們的預期，這地方跟史丹佛完全不一樣；不過布朗克斯學校的情況，比我原先所想的還要糟糕。

　　這些孩子，我們從他們 12 歲六年級入學開始研究，一直觀察到他們 14 歲八年級畢業。這個計畫即以此種方式進行了五年。六年級生入學後，我們就讓他們接受棉花糖測試，但只有第一次用棉花糖，後來都用 M&M 巧克力，馬上吃就只有幾顆，願意等待的話可以拿到一大堆。在他們上學的三年中，我們會收集很多不同的測試結果，觀察棉花糖測試的結果能否預測他們後來的行為。

　　跟史丹佛的幸福小朋友一樣，布朗克斯的八年級生裡，如果是高度拒絕敏感者，對自我價值的評價比較低，而同儕及教師對他們的能力評價也比較低。但同樣的，這個關聯性只有那些兩年前無法通過棉花糖測試，欠缺延宕滿足能力的青少年才會出現。這些高 RS 的孩子，只要能安撫自己的激動和緊張 —— 就像在延宕滿足測試的表現一樣 —— 便不會因為拒絕敏感而危害到他們的人際關係。

為了追蹤觀察布朗克斯孩子們的長期發展，我們會請同儕來評價他們在社交方面的狀況，另外也找老師詢問他們是否出現侵略性格。結果兩邊探查之所得也有關聯性。那些老師認為富於侵略性的孩子，同儕對他們在社交方面的評價也趨於負面。高 RS 的青少年比較不容易被同儕接納，老師也認為他們較具侵略性；但此種評價只出現在那些很快按鈴，拿到幾顆巧克力就滿足的孩子。[8]

那些會擔心遭到拒絕，但能安撫情緒、等待獎勵的青少年，老師認為他們的侵略性最低，而同儕也認為他們在社交上的表現最好。這些孩子對於避免遭到社交拒絕有高度動機，再配合優秀的自我控制技能，當然可以爭取到他們渴望的社交接納。由此可知，擔心遭到排斥的強烈焦慮，未必就會成為自我應驗的預言，反而可以幫助嚴重拒絕敏感的孩子贏得好人緣。

我見到「麗塔」（Rita）時她 13 歲，是南布朗克斯「知識即力量計畫」KIPP 中學的七年級生。我在第 8 章談到的喬治‧拉米雷斯也是在這間學校碰到的，他後來進了耶魯大學。麗塔說話雖是輕聲細語，但語氣堅定，對於自己要說的話都會先思考一下。覺得自己說了什麼好事，或感到很好玩時，她的臉就亮起來，綻開大大的笑容。

麗塔在 KIPP 就讀三年，之前則是在同幢大樓裡的公立學校。她也是抽籤抽中的，且家境也符合低收入戶的條件。我問麗塔在 KIPP 的經驗，這裡安靜、嚴肅，教室裡紀律嚴明，很適合求學，跟同幢樓內公立學校的混亂狀況完全不同。她對我說：「剛開始我也不知道怎麼調整自己。進來後，我開始打開自己的心胸，開始跟別人說話。老師開始教我一些東西，我也會寫些東西，就寫在一本筆記本裡……我喜歡寫些自己每天的生活，不是猴子怎麼演化啦。」

這時候她臉色嚴肅起來：「我不喜歡被批評。當我被批評時，我會把這件事記下來。[9] 我會記下發生地點、那個人的名字、說了什麼、我為什麼不高興，還有那些話為什麼是對我說，而不是對別人說。我會拿給我的輔導員看，她會幫我解決。我會跟那個批評我的人談一談，問我記下的問題。這樣的交談很有幫助，可以了解當初為什麼會有那些話語。這樣的確可以安撫我的憤怒。我也知道每個人都會受到批評。你只需要好好地處理，就能繼續前進。」

麗塔就是高度拒絕敏感的例子，但她可以自我控制，這類人在研究結果上的表現，會跟拒絕敏感並不特別高的人一樣良好。而且在某些協助下，她慢慢地學會安撫害怕拒絕的焦慮，擺脫自我沉浸的觀點，利用記錄下來和討論的方式，從比較遠的地方來看待自己受到傷害的情緒。這讓她學會如何克服這些情緒，而且「繼續前進」。

　　高度拒絕敏感的人經常會感到憤怒和敵意，但要是他們能安撫自己的情緒，比方說深呼吸讓自己平靜下來，思考更長遠的目標，妥適擬定策略，那麼他們還是能掌握優勢。假如他們利用「如果─那麼」實施計畫來發展策略，就能在熱系統受到觸動時（如果她在看報紙），察覺內心變化（如果我開始覺得生氣），毫不費力地啟動自我控制策略（那麼我要深呼吸一口氣，然後從 100 倒數到 0）。

　　這些延宕技能也可以藉由啟動矛盾的熱切想法，來安撫侵略衝動。比方說，像比爾那樣的人如果擁有更好的自我控制能力，那麼在他怒極攻心、正想把炒蛋灑在太太身上時，或許也能生動地想像：這麼一來，或許只會換來老婆一封告別信和她空蕩蕩的衣櫥。這個運作機制是，延宕能力在你採取行動前的一剎那能進行思考，這個辦法也可以幫助我們克服其他弱點（例如邊緣型人格障礙、肥胖、藥物上癮等傾向），更好地管理及控制自己的行為。

2013 年的《小兒科期刊》（*Journal of Pediatrics*）中，譚雅‧史蘭（Tanya Schlam）及其團隊發表論文指出，從賓恩幼稚園小朋友等待棉花糖的時間，可以成功預測他們三十年後的 BMI：學齡前小朋友延宕滿足的時間每增加 1 分鐘，預測其成年後的 BMI 減少 0.2。[10] 但作者也提醒說，儘管時隔久遠仍存在明顯關聯性，確實是極為醒目且罕見；但這不見得就是因果關係。不過這個發現讓研究人員、教育工作者和家長都受到鼓舞，可以繼續發展一些協助措施，培養小朋友的自我控制能力。

但尼丁的自我控制研究

對於研究發現，科學家都很希望能獨立複製以資驗證，最好是在不同的人群和環境下也能得到相同結果。2011 年，在開創棉花糖研究的數十年後，我又得到一項來自地球彼端的驗證，這些與美國完全不同族群的小朋友，也顯示自我控制能力有助於保護日後生活。這是由泰莉‧莫菲特（Terrie Moffitt）和亞夫沙倫‧卡斯皮（Avshalom Caspi）及其團隊，在紐西蘭的但尼丁（Dunedin）研究一千多位當地出生的小朋友，並持續追蹤至他們 32 歲。[11] 他們採用跟我不同的方法來設定自我控制和長期結果。他們先觀察評等小朋友在 10 歲之前的自我控制能力，此觀察來自家長、老師和孩子自己的報告。詢問項目包括孩子們的侵略、過動、缺乏耐性、注意力不集中及衝動等特質。對於健康結果的評估，則包括物質依賴、吸菸、代謝異常（如肥胖、高血壓、高膽固醇）等狀況。他們仔細查驗諸多結果，包括收入水準、家庭結構（如單親撫養小孩）、儲蓄習慣、信用問題和財務依賴等等。同時也針對反社會行為，如刑事定罪等資料進行評估。但不論採取哪些不同的評估項目，都可以發現孩童時期如果自我控制能力不佳，都可以預測到負面的成年結果，包括健康欠佳、更多的財務問題和犯罪記錄。

我很高興看到 2011 年紐西蘭但丁尼的研究發現，和 1960 年代的史丹佛驚奇屋相互一致 —— 自我控制能力的良窳，尤其是在年紀很小的時候，對於日後的行為具備預測價值。更重要的是，正如本章介紹的其他研究顯示，自我控制可以幫助我們克服很多性格上的弱點，防止它們破壞我們的人生。因此我們的孩子，甚至包括我們自己，都該好好培養自我控制技能。

NOTES

1. R. Romero-Canyas and others, "Rejection Sensitivity and the Rejection-Hostility Link in Romantic Relationships," *Journal of Personality* 78, no. 1 (2010): 119–148; and G. Downey and others, "The Self-Fulfilling Prophecy in Close Relationships: Rejection Sensitivity and Rejection by Romantic Partners," *Journal of Personality and Social Psychology* 75, no. 2 (1998): 545–560.

2. V. Purdie and G. Downey, "Rejection Sensitivity and Adolescent Girls' Vulnerability to Relationship-Centered Difficulties," *Child Maltreatment* 5, no. 4 (2000): 338–349.

3. O. Ayduk, W. Mischel, and G. Downey, "Attentional Mechanisms Linking Rejection to Hostile Reactivity: The Role of 'Hot' versus 'Cool' Focus," *Psychological Science* 13, no. 5 (2002): 443–448; O. Ayduk, G. Downey, and M. Kim, "Rejection Sensitivity and Depressive Symptoms in Women," *Personality and Social Psychology Bulletin* 27, no. 7 (2001): 868–877.

4. G. Bush, P. Luu, and M. I. Posner, "Cognitive and Emotional Influences in Anterior Cingulate Cortex," *Trends in Cognitive Sciences* 4, no. 6 (2000): 215–222. See also G. M. Slavich and others, "Neural Sensitivity to Social Rejection Is Associated with Inflammatory Responses to Social Stress," *Proceedings of the National Academy of Sciences* 107, no. 33 (2010): 14817–14822.

5. R. M. Sapolsky, L. M. Romero, and A. U. Munck, "How Do Glucocorticoids Influence Stress Responses? Integrating Permissive, Suppressive, Stimulatory, and Preparative Actions," *Endocrine Reviews* 21, no. 1 (2000): 55–89.

6. O. Ayduk and others, "Regulating the Interpersonal Self: Strategic Self-Regulation for Coping with Rejection Sensitivity," *Journal of Personality and Social Psychology* 79, no. 5 (2000): 776–792.

7. O. Ayduk and others, "Rejection Sensitivity and Executive Control: Joint Predictors of Borderline Personality Features," *Journal of Research in Personality* 42, no. 1 (2008). 151–168.

8. O. Ayduk and others, "Regulating the Interpersonal Self."

9. 關於紀錄情緒經驗的好處，請參見：J. W. Pennebaker, *Opening Up: The Healing Power of Expressing Emotion* (New York: Guilford Press, 1997), and J. W. Pennebaker, "Writing about Emotional Experiences as a Therapeutic Process," *Psychological Science* 8, no. 3 (1997): 162–166。

10. T. R. Schlam and others, "Preschoolers' Delay of Gratification Predicts Their Body Mass 30 Years Later," *Journal of Pediatrics* 162, no. 1 (2012): 91.

11. T. E. Moffitt and others, "A Gradient of Childhood Self-Control Predicts Health, Wealth, and Public Safety," *Proceedings of the National Academy of Sciences* 108, no. 7 (2011): 2693–2698.

CHAPTER 13
心理免疫系統

　　當我們的自我控制失敗時，還有一位隱身盟友會來幫助我們，不管事情變得多慘，或者生活變得多麼艱難；這位盟友也會讓我們感覺變得好一點，或者至少不會太糟。當我們在生活中遭受難以控制的可怕打擊，也許是力有不逮、冷系統太過疲累，或者是錯誤行為、脆弱情感讓我們身陷慘境、難以脫身，那麼長久以來的演化還能提供我們一層自動保護機制。

　　這些機制過去通常稱為「自我防禦」，但本世紀初哈佛大學的丹尼爾・吉伯特（Daniel Gilbert）、維吉尼亞大學的提摩西・威爾森（Timothy Wilson）和幾位學者一起合作，對於這些機制的研究又加以擴大和修正，更恰當地命名為「心理免疫系統」（psychological immune system）。[1]這個系統能在心理上創造出一個安全網，讓我們不會受到慢性壓力的不利影響，讓我們能堅強地面對壞消息，例如定期健康檢查發現癌症跡象、退休基金價值暴跌、突然被公司掃地出門，或者至親好友猝然辭世。生理免疫系統保護我們的身體不會罹患疾病；心理免疫系統則是減輕我們感受到的心理壓力，幫助我們避免憂鬱症。心理免疫系統減輕壓力感受、對抗憂鬱傾向，也同時幫助了生理免疫系統。當日子變得特別艱難時，這兩個防禦系統會不停地互相幫忙，讓我們可以面帶微笑、身體健康。

保護自我與自我強化

心理免疫系統讓我們碰到壞事時不會怪罪自己，碰到好事又以為是自己的功勞。對於不好的結果，它讓我們怪東怪西，從政府、爛部屬、嫉妒的同事到運氣不好或其他自己無法控制的外部因素，反正都是別人的錯。雖然今天在公司開會時，同事說你之前提出的點子一無可取，簡直就是個災難；但心理免疫系統還是可以讓你吃得下、睡得著。好吧，你會覺得，也許那點子的確不怎麼樣啦，可是那幾天正好染上流行感冒嘛，大家就不能體諒一下嗎。後來社會心理學家艾略特·阿倫森（Elliot Aronson）和卡蘿·塔維斯（Carol Tavris）就把這個當成書名——《不是我的錯》（*Mistakes Were Made〔but Not by Me〕*）。

心理免疫系統讓我們感覺自己很好、很聰明、很有價值。只要不是陷於嚴重憂鬱或有其他不正常，它都讓我們以更為正面的方式來看待自己，覺得自己的缺陷比身邊的人更少。但也不是任何事情都會這麼處理，比方說，你雖然覺得自己很聰明，但也知道自己搞不懂科技；或者你在工作上很有自我克制的能耐，可是一看到巧克力就投降。不過人對自己的評價常常是「寬以律己，嚴以待人」，在雪莉‧泰勒的「我怎麼看待自己」問卷中，包括「開朗」、「學業能力」、「知性自信」、「對他人的敏感」和「成就欲望」等21項特質，有67％到96％的受測者都認為自己的表現比同儕更好。[2]霍普學院（Hope College）社會心理學家大衛‧梅爾斯（David G. Myers）從許多自我評價的研究中擷取重點指出：

美國大學理事會（College Board）針對829,000位高中畢業班學生調查顯示，認為自己「與他人相處的能力」在平均值以下者為0％；有60％的人認為自己在所有學生中應該排在前10％；有25％的人認為自己在前1％。跟自己那些平凡的同儕相比，我們大都覺得自己比較聰明，長得比較好看，比較不帶偏見，也比較有道德感，身體比較健康，應該也會比較長壽；這情況大概就像佛洛伊德說的一個笑話，有個男人對他太太說：「我們兩個要是有一個先死，我想我會搬到巴黎去。」

在日常生活中，10 個司機有 9 個以上覺得自己的開車技術高於平均水準。針對學院教職員的調查發現，有 90% 的人認為自己的表現優於一般同事……當家庭中的夫妻或其他團隊成員自行評估其對整體的貢獻比例時，所有人加起來的百分率通常都會超過 100%。[3]

但不可能每個人都高於平均水準。比較重要的問題是，這種保護自我的錯覺到底是好還是不好？我們應該歡迎這種自我提升，給它一個像是「自我肯定」的正面名稱，希望孩子們也能這樣，而不是小心謹慎地監視它嗎？或者，如此過度評價自我只是神經系統上的機制，是一種必須謹慎以對的保護系統，才能更清晰、更正確地認識自己？莫怪乎各種主張的擁護者總是覺得眾人皆醉我獨醒，以為自己獨具洞見，而反對者全是笨蛋。雪莉·泰勒及其團隊從 1990 年代末開始，即針對此種與自我有關的心理機制連續進行數年的多項實驗，為各方爭論的議題帶來許多新證據。

泰勒及其團隊證實，那種自認與同儕相比獲得較高自我肯定者——即高度自我強化者——他們在生理上也感受到較低的長期緊張。就生理狀況來說，這大部分是經由下丘腦—垂體—腎上腺軸（又稱為 HPA 軸）來運作；這個系統的管理可謂包羅萬象，從消化、體溫一直到情緒、性欲、身體能量和生理免疫系統，都在其管轄範圍內。HPA 軸也決定我們對壓力和創傷的反應是高明或笨拙。高度自我強化者的 HPA 軸運作，會比低度自我強化者健康。[4]面對威脅時，他們比較能安撫熱系統，因為具備鎮定作用的副交感神經較為活躍，因此會讓他們覺得比較舒服。壓力一旦降低，高度自我強化者在情緒上會感覺較舒坦，比較容易從不適狀態下復原；不管是遠古的老祖先面對鬣狗或現代社會面對壓力，都不會為了下一場戰鬥而感到慌張失措。

這些研究結果和傳統觀念相左。許多心理治療師還是認為正面幻想和自我強化，是負面人格特徵的防禦性否定，也是自大和神經質自戀的跡象；要壓抑和約束個人的負面特質，生理上必定要付出許多代價。但事實上，正面的自我肯定心理狀態，包括正面幻想（只要不是極端地扭曲現實），都會增強生理上的健康，讓神經內分泌功能運作得更好，也會降低壓力感受的水準。[5]那些較為正確認識自己的現實主義者，不但自尊感受較低落，也更容易憂鬱，心理上和生理上通常也顯得比較不健康。[6]相反地，比較健康的人往往認為自己容光煥發，即使有點虛幻。[7]

我們的心理和生理免疫系統的運作，有非常相似的地方。兩者都是讓我們維持良好狀態，但要是反應過度或沒有正常運作，也都會造成遺憾。正如丹尼爾·吉伯特指出，這兩個免疫系統都得在兩種相互競爭的需求之間取得平衡。[8]

生理免疫系統要能辨識和殺死外來入侵者如病毒，但不能殺死身體的好細胞。同樣地，心理免疫系統讓你覺得自己高人一等，讓你擁有舒坦的自尊；但你要是目空一切、不可一世，那可就糟了。

即使心理免疫系統在自我強化和現實之間做到很好的平衡，它也常常讓我們錯誤預測，萬一發生可怕的事情，我們會有什麼感覺。如果叫我們想像一下自己半身癱瘓，必定覺得到時候的生活一定很慘；吉伯特和其他研究人員已經證實了這一點。但事情要是真的發生了，心理免疫系統也會幫助我們，很快就會覺得情況沒有原先想像中那麼糟。這個系統的缺點是，我們對於未來的幸福時常誤判；好處則是，若生活狀況真的變糟了，它會讓我們得以倖存下來。不過心理免疫系統要是出了問題，情況又會是怎樣呢？

失去玫瑰色眼鏡

艾倫・貝克（Aaron Beck）是 1970 年代認知行為療法開始發展至今的先驅，他提出要是對世界、對自己和對未來抱持不真實的負面想法，就會讓人陷於嚴重憂鬱而受苦。[9] 他把憂鬱概念化成廣義的負面心理狀態，就像戴著一副墨鏡，看出去總是一片昏暗。但負面的自我形象，也可能真實地反映出憂鬱者確實欠缺正面的人際溝通技巧和能力嗎？或許憂鬱者在社交上確實就是技能不佳，因此旁人和他們自己都覺得不太好。

為了理解這些可能的情況，我在 1980 年和奧勒崗大學心理診所的彼得‧魯文森（Peter Lewinsohn）及其團隊合作，研究憂鬱症患者對自我表現的評價。[10] 我們讓憂鬱症患者評等自己的社交表現，同時也讓獨立第三者來評等他們的表現，兩相比對是否一致。然後把憂鬱症患者的自我評價模式，跟同樣罹患嚴重精神障礙但沒有憂鬱狀況的病患比較，同時也和最近或過去並無憂鬱症的受測者（對照組）做比較（但這些人的年齡層及族群特質相近）。

參與者隨意而舒適地組成小團體坐在一起，研究人員對他們說，想觀察大家怎麼跟陌生人互動交流。小組成員都要自我介紹，然後一起進行 20 分鐘的交談。對參與者的病情或背景狀況一無所知的觀察員，則是在窺視鏡後頭，依據標準評量表觀察及評等多項特質：友善、受歡迎、有主見、有吸引力、熱情、清楚溝通、社交熟練、對他人感興趣、明白別人說什麼、幽默、交談流暢、態度開放且樂於自我披露、擁有積極人生觀……等等。而每次聚會交談後，參與者也以相同的評量表為自己的表現打分數。

結果發現，憂鬱者並不是先前所以為地戴上墨鏡看自己，只是很清楚地認清自己而已。跟其他組別比起來，他們對自我的評等和觀察員最接近。相較之下，不論是不憂鬱的精神障礙者或對照組的自我評等都顯得誇大虛浮，比觀察員的評等更好。由此可見，憂鬱症患者只是不透過玫瑰色眼鏡來看自己而已，而其他人則是這麼做。

在接下來的幾個月，憂鬱症患者在奧勒崗大學心理診所接受認知行為療法，他們的自我評價也開始改善，對社交能力的評等明顯有進步。而觀察者並不知道這些人正在接受治療，但他們的觀察評等也開始趨於正面。不過，憂鬱症患者接受治療後雖然對自己的看法較為正面，但他們的自我評價還是比較貼近現實，看待自我的方式比較像是別人在看待他們。最重要的是，這三組人自我評估的差異呈現下降：因為憂鬱症患者的自我感覺變好了，應該就是他們的心理免疫系統提高自我評價的水準。

在這項研究中被當作正確標準的觀察者，若要求他們也做自我評價，很可能也會趨於誇大，跟那些對照組的參與者一樣。如果我們很幸運地沒有憂鬱跡象，那我們通常可以準確地評價他人，但一看待自我又會戴起玫瑰色的眼鏡。事實上，這種自我評價的誇大，可幫助我們免於憂鬱。[11]

情感扭曲思考

　　最讓我驚訝的是，負面情緒往往會壓倒冷靜思考，雖然這種狀況我經常看到，但還是很感驚訝。負面情緒不但可以扭曲當下經驗，同時也能影響我們對未來的預期和對於自己的評價。為了研究這到底是怎麼發生的，我跟傑克·萊特（Jack Wright）一起探討快樂和悲傷的感覺，對我們解決困難問題的表現會有什麼影響。[12] 傑克是我在史丹佛的學生，現任教於布朗大學。我們當時找來一些大學生志願者，請他們生動地想像一些細節，讓他們感到非常快樂或非常悲傷。我們鼓勵他們用「心靈之眼」想像相關的人事物，彷彿可以看到那副景象、聽見有關的聲音，似乎實際體驗到某些事情，擁有一些想法，感覺像是置身其中。比方說，在誘導快樂情緒時，有一位學生想像未來從法學院畢業的那天，「是期待多時、努力多年，我站在那裡，知道自己做到了，終於做到了。」而誘導悲傷情緒時，另一位學生則想像：「每一家法學院都拒絕我的申請。」

　　在參與者維持情緒狀態時，他們要在電腦上進行立體圖像的旋轉配對，難易程度從非常簡單到困難。在多場測試中，他們會接收到一些完全不會讓他們起疑的回饋，表示他們在處理最困難問題時非常成功或失敗了；但這些回饋其實都是捏造的。最引人關注的發現是，在悲傷情緒時又以為自己解答失敗，這樣的組合會帶來更為不幸的影響。悲傷組的學生對負面回饋會有嚴重的過度反應，跟一樣拿到負面回饋的快樂組相比，他們對自我表現的評價更低，而且對下一組任務的表現預期也變得更差。快樂組學生對自己未來的表現預期較高，會更常想起自己的成功經驗，做出較好的自我描述。跟負面情緒組相比，快樂組對自己的評估是比較聰明、比較有魅力、覺得自信、受歡迎、成功且社交熟練，對未來表現的預期也較高。[13]

與傑克晚餐

每當我想起「傑克」（Jake）時，總會盡量想到自我強化的好處。傑克是我某次在正式晚宴上碰到的，他剛好坐在我旁邊。他白手起家，在金融界積累巨額財富。不過他的自我強化實在是太過分了，也許這讓他在許多方面很成功，但同時也讓人難以忍受，至少對我的熱系統而言。他認為自己是個萬人迷，說流汗也能釋放費洛蒙，年輕貌美的女孩都想跟他在一起。我一整晚就聽他在那裡吹噓得沒完沒了。

因為我知道自我強化是有好處的，所以我很納悶，為什麼我很快就覺得傑克超討厭，他不就是自我肯定的極端典型嗎。高度自我肯定的人也許會比較健康，可是卻會沒有朋友。

自我強化者因為太過專注於自我、欠缺同理心，所以別人不願親近嗎？因為他們一直都在強化自我，因此忽略面前的人在想什麼嗎？研究人員雖然有此懷疑，卻發現那些自視甚高的人跟低度自我強化者一樣，也能擁有持久、堅定而正面的友誼。[14]

所以那場晚宴到底出了什麼問題？大多數行為適當的自我強化者，都能自動判斷出環境適不適合，是否可以表現自我強化，或者應該謙虛一點。我們心裡通常也會有自我強化的想法，覺得自己高人一等，因此自我感覺良好；但都只是私底下這麼想，並不會公開顯露。在我們短暫相處、從傑克那些讓人難以忍受的行為來看，問題似乎在於他不知道何時何地才恰當。我懷疑他這些不適當的行為是因為另一種缺失——「心智理論」發展不全。

正如之前討論過的，心智理論是在我們年紀很小時就開始發展的心智功能，讓我們能理解自己的想法可能有誤、許多事物的表現可能跟實際不一樣、他人對場景或事件的認知可能跟我們不同。就正常發育來說，學齡前兒童已經可以表現出心智理論，而且這跟抑制衝動反應的能力有密切關係。如果傑克是想讓我覺得他很厲害，那他的心智理論運作顯然不太好；如果是想讓他自己覺得自己很棒，那他的心智理論可就是全力以赴囉。[15] 有些自我強化者跟傑克不一樣，他們也會顧慮到他人的觀感，讓人感覺舒坦，如此他們就會因為自我強化而獲得優勢——他們可以建立相互支持和滿足的親密關係，不但擁有明顯的好處，也能提升個人實力和自我關懷。[16]

評估心理免疫系統

遠從佛洛伊德開始，一直到 1990 年代，都有許多心理治療師認為心理免疫系統只是脆弱的神經防衛系統，殊不知它可以促進高度的自我關懷，也跟心理及生理健康很有關係。治療師反而常常想幫助病人拆解這個系統，排除那些防禦。至今還有一些治療師是這樣的，各位現在要是進入哪一家心理治療診所，要是不先搞清楚對方的專業訓練背景和主張方向，你的自我強化系統還是很可能被視為一個應該解決的問題，而不是能善加利用的力量。如果是受過認知行為療法訓練的治療師，以目前具備科學根據的方法來解決心理問題，就可能會採取相反的做法。他們通常會加強心理免疫系統的運作，但小心控制它的過度反應。

健康心理學家、神經學家和認知行為研究專家雖然都證實了心理免疫系統的價值，以及讓它保持正常運作的個人特質；但行為經濟學家和許多心理學家，也都發現了它的缺點。

他們發現，除非極為小心謹慎，否則樂觀、自我肯定和相關的正面特質都可能造成偏差，導致過度自信，很可能過度冒險或做出危險的決策；這種例子幾乎在各種專業和各個領域上都找得到。[17] 不管多麼小心地篩選，個人記錄又是多麼輝煌耀眼，「是的，我都會！」（還有「沒錯，我都懂！」）的樂觀傾向，常常會讓這些能力高強的成功專業人士承擔過多風險，儘管他們可能做人誠實、本意良好，而且訓練有素，一生都是嚴謹自律和自我控制的典範。甘冒奇險很容易導致災難，這些人往往就是這樣犯下錯誤，使得過去的成功一筆勾銷；因過度自信而踰越社會規範和道德，也經常把他們送上頭條新聞。

　　美國中央情報局局長裴卓斯（David Petraeus）將軍的醜聞，正可說明心存僥倖的威力。[18] 這個例子就是熱系統全面占領，恣意妄為；儘管冷系統應該很清楚醜聞可能東窗事發。四星上將裴卓斯一向受人推崇，可以說是冷靜認知控制的典範人物。他身體力行的斯巴達式自律作風，連在阿富汗領軍打仗時，每天早上照樣在喀布爾山區跑步幾英里。他在 2011 年 9 月被任命為美國中央情報局局長；但後來有一連串的電子郵件曝光，揭露他與傳記作者的不倫之戀，很快就在隔年 11 月引咎辭職。那些祕密通信是由美國聯邦調查局揭露的，裴卓斯將軍也因此很快地下台一鞠躬。這個悲劇的諷刺（或者各位也可以說是荒謬），實在跟莎士比亞的戲劇一樣精采。

傲慢：阿基里斯之腱

裴卓斯的新聞提醒我們，就算是無敵的希臘神話英雄阿基里斯也有脆弱的足腱，這個曝露在外的弱點會讓他跟凡人一樣，也要倒地啃土。不過，儘管我們都知道人有弱點，仍然以為那些善於自我控制的人，對於延宕的長期風險會更敏感、更小心謹慎。

但正如先前討論得知，高延宕者會感受到較低的壓力，如此一來，又會讓他們對於危險訊號比較不敏感。同樣地，因為他們往往經歷更多的成功、在其生命歷程中擁有較多優勢，從身體比較健康到比較高的收入，所以他們更容易做出一些代價高昂的決定，特別是出自凡事都在控制之下的錯覺。正如裴卓斯的境遇所顯示，這種控制錯覺讓一個能力超強、高度自我控制的人，因為電子郵件透露的訊息，就使得過去辛苦建立的成功人生毀於一旦。

控制錯覺可能導致災難性的後果，尤其是對於金融及財務相關的風險承擔，高度自我控制者很可能以為凡事都在控制之下，因此面對外部回饋及危險訊號無法適當地回應。2008 年的金融大災難，事實上就出現了這種狀況。2013 年，哥倫比亞大學的瑪麗亞·科妮可娃（Maria Konnikova）進行了五場模擬實驗，看看人對於金錢危機時的風險承擔，雖然實驗中的金額並不是幾十億美元。[19] 結果發現，保持冷靜、樂觀而自信的高度自我控制者，因為感受到較低的壓力，而忽視跟虧損有關的回饋訊息，使得他們賠掉更多錢；而自我控制能力較差者，反而因為更快感到焦慮，而能即時回應，在破產前就先離場。在某些情況下，自我控制能力較差者反而取得領先，儘管他們的自信心比較不足，焦慮感也往往升高。

　　不過這個好處也不會持續太久。研究人員以猜對硬幣的正反面或者誘導回憶成功決策的經驗，讓自我控制能力低者增加控制錯覺。當這些參與者的自信心提高之後，原先的優勢馬上消失，開始跟高度自我控制者一樣，也會做出蹩腳的決定（也就是都虧了錢）。

從臥室到會議室到腳燙傷

　　各類文獻中那些「我認為我可以」的樂觀者，結果把自己及其依賴者搞得生活大亂的情況可不少見。看過這些滿是矛盾的記載，我們的心理學界同行，也是諾貝爾經濟學獎得主丹尼爾·康納曼指出：「當個人或機構自願承擔重大風險時，樂觀傾向自有影響，有時甚至是主導作用。但這些冒險者往往低估失敗機率，也不夠努力去搞清楚勝算為何。」[20]

他提出有力證據表明，樂觀會創造出熱情的發明家和積極、勤勞、勇敢的企業家，他們都急切地想要抓住機會；但他們的自信也滋長了錯覺，讓他們誤以為風險很低，導致代價高昂的後果。當被問到「像你的公司這樣的企業」成功機率有多少時，有三分之一的美國企業家表示失敗機率為零。但事實上，美國企業存活五年以上的機率只有 35%。從提供床位和早餐的民宿業者，到胸懷大志、幻想呼風喚雨的矽谷新興企業，它們的成功率似乎也都只是如此而已。至少我們大概可以確定，那些樂觀的企業家更可能過度冒險；他們拿別人的錢或許還比較小心，但若是自有資金則更可能押上不牢靠的賭注。

根據湯瑪斯・亞斯特布勞（Thomas Astebro）研究了大約 1,100 項熱心創新者的新發明，發現其中得以上市者不到 10%；而就算最後是上市了，卻有六成以虧本收場。[21] 被打回票的發明者，有一半會放棄；繼續堅持下去那一半，有47% 直到最後虧損額會再擴大一倍才退出。

在這大約 1,100 項的新發明裡，有六個脫穎而出，報酬率達到 14 倍。就是這種高到難以預期、看似不可能出現的報酬，才會吸引樂觀者不屈不撓地持續買樂透彩票。有些人在賭場拉下吃角子老虎拉桿或擲骰子前，都要做點奇奇怪怪的小儀式以求取好運氣，道理也是一樣的。正如史基納（B. F.

Skinner）及其學生所做的實驗得知，只要不定時地提供一個罕見但絕大的誘惑，就可以讓鴿子不停地啄桿子找吃的；同樣道理，很稀罕地贏一次就會讓賭徒拼到傾家蕩產。而這種非常稀少的勝算，也會讓樂觀的企業家和創新者努力不懈數千小時，以為自己就是下一個億萬富翁。

過度自信造成的危險和高昂代價，並不僅限於創業和金融界的冒險，任何專家都可能因為過度自信而妄下斷言，其實那只是或然率或根本狀況未知。例如有一項研究，是針對優秀醫師對加護病房病人的診斷，與後來的解剖結果進行比較。結果發現，那些對自己的診斷「完全肯定」的醫生，竟然有四成的時間都是錯的。[22]

在我投入心理學研究的早期，就數次呼籲大家注意臨床醫師充滿信心的預測結果與後來發展不符的現象（例如特定精神病患在幾年內會復發）；也因此得罪不少朋友。[23] 著名專家的診斷預測，並不會比未經訓練的旁觀者更加準確。到目前為止，要預測病患是否復發和再度住院，最好的指標倒是患者病歷檔案的「重量」，這比什麼精密測試、深入探訪、專家診斷全部加起來還有效。[24]

我不只在別人的失敗案例中看到專家太過自信的問題，我在自己的研究中也發現了。1960 年代初期，我曾跟第一批進入奈及利亞的「和平部隊」（Peace Corps）義工合作，他們都是一些要去那裡教書的年輕人。那些義工先在哈佛接受培訓，我們則提供受過訓練的專家做訪談、教師評等和一整套的性格測試，以進行複雜的評估；整個過程可說是所費不貲。最後又糾集多種領域的專家學者一起開會數小時，針對每一位義工的人格特質進行討論、達成共識，辨別這些人是否適合教書，判斷他們未來的任務是否會成功。這些不同來源的評等都有高度的一致性，評估者也都很有信心，認為能夠預測這些義工未來的表現。

一年後發現，評估委員會的預測完全無效，跟奈及利亞當地主管的評鑑報告沒有明顯的關聯性。相較之下，反而是義工本人對於自己態度、性格及信念的簡單報告，多少有點預測價值。[25] 這個經驗在當時讓人頗感驚訝，現在回想起來還真像是個預言。說到專家預測失準，現在倒像是個法則，諸如股票市場的長期預測、精神病患的行為、商界企業的成敗等等，幾乎任何長期預測都會出現這種狀況；這些在康納曼 2011 年的著作《快思慢想》中都有談到。[26]

總之，萬一預測失敗，心理免疫系統也不會讓我們太難過，但它也會讓我們抱著不切實際的想法，導致代價更為高昂。要駁倒樂觀幻想是非常困難的事情，就算腳燙傷了或許仍是深信不疑。2012 年 7 月，加州聖荷西有 21 位民眾因為聽信某個名嘴吹噓正面思考的力量，竟然赤腳踩過火燙熱煤而送醫。[27] 而這些腳被燙傷的民眾在送醫治療後，很多人仍然認為這是一個可以帶來自我改變的正面經驗呢！由此可以證明心理免疫系統的強大威力，這也是人類自行降低心理失調的能力。就算大腦前額葉皮層無法保護我們，「我認為我可以」導致腳燙傷了，心理免疫系統還是不斷地在運作。

NOTES

1. Daniel Gilbert discusses both the psychological and the biological immune systems in *Stumbling on Happiness* (New York: Knopf, 2006), 162. For how the psychological immune system also leads to poor predictions of future happiness, see D. T. Gilbert and T. D. Wilson, "Prospection: Experiencing the Future," *Science* 317, no. 5843 (2007): 1351–1354; and D. T. Gilbert and others, "Immune Neglect: A Source of Durability Bias in Affective Forecasting," *Journal of Personality and Social Psychology* 75, no. 3 (1998): 617–638.

2. S. E. Taylor and D. A. Armor, "Positive Illusions and Coping with Adversity," *Journal of Personality* 64, no. 4 (1996): 873–898; and S. E. Taylor and P. M. Gollwitzer, "Effects of Mindset on Positive Illusions," *Journal of Personality and Social Psychology* 69, no. 2 (1995): 213–226.

3. D. G. Myers, "Self-Serving Bias," in *This Will Make You Smarter: New Scientific Concepts to Improve Your Thinking*, edited by J. Brockman (New York: Harper Perennial, 2012), 37–38.

4. S. E. Taylor and others, "Are Self-Enhancing Cognitions Associated with Healthy or Unhealthy Biological Profiles?," *Journal of Personality and Social Psychology* 85, no. 4 (2003): 605–615.

5. S. E. Taylor and others, "Psychological Resources, Positive Illusions, and Health," *American Psychologist* 55, no. 1 (2000): 99–109.

6. D. A. Armor and S. E. Taylor, "When Predictions Fail: The Dilemma of Unrealistic Optimism," in *Heuristics and Biases: The Psychology of Intuitive Judgment*, edited by T. Gilovich, D. Griffin, and D. Kahneman (New York: Cambridge University Press, 2002), 334–347; and S. E. Taylor and J. D. Brown, "Illusion and Well-Being: A Social Psychological Perspective on Mental Health," *Psychological Bulletin* 103, no. 2 (1988): 193–210.

7. M. D. Alicke, "Global Self-Evaluation as Determined by the Desirability and Controllability of Trait Adjectives," *Journal of Personality and Social Psychology* 49, no. 6 (1985): 1621–1630; and G. W. Brown and others, "Social Support, Self-Esteem and Depression," *Psychological Medicine* 16, no. 4 (1986): 813–831.

8. Gilbert, *Stumbling on Happiness*, 162.

9. A. T. Beck and others, *Cognitive Therapy of Depression* (New York: Guilford Press, 1979).

10. P. M. Lewinsohn and others, "Social Competence and Depression: The Role

of Illusory Self-Perceptions," *Journal of Abnormal Psychology* 89, no. 2 (1980): 203–212.

11. L. B. Alloy and L. Y. Abramson, "Judgment of Contingency in Depressed and Nondepressed Students: Sadder but Wiser?," *Journal of Experimental Psychology: General* 108, no. 4 (1979): 441–485.

12. J. Wright and W. Mischel, "Influence of Affect on Cognitive Social Learning Person Variables," *Journal of Personality and Social Psychology* 43, no. 5 (1982): 901–914; see also A. M. Isen and others, "Affect, Accessibility of Material in Memory, and Behavior: A Cognitive Loop?," *Journal of Personality and Social Psychology* 36, no. 1 (1978): 1–12.

13. To learn about regulating and cooling anxiety and other negative emotions, see J. Gross, "Emotion Regulation: Taking Stock and Moving Forward," *Emotion* 13, no. 3 (2013): 359–365; and K. N. Ochsner and others, "Rethinking Feelings: An fMRI Study of the Cognitive Regulation of Emotion," *Journal of Cognitive Neuroscience* 14, no. 8 (2002): 1215–1229.

14. S. E. Taylor and others, "Portrait of the Self-Enhancer: Well Adjusted and Well Liked or Maladjusted and Friendless?," *Journal of Personality and Social Psychology* 84, no. 1 (2003): 165–176.

15. S. M. Carlson and L. J. Moses, "Individual Differences in Inhibitory Control and Children's Theory of Mind," *Child Development* 72, no. 4 (2001): 1032–1053.

16. E. Diener and M. E. Seligman, "Very Happy People," *Psychological Science* 13, no. 1 (2002): 81–84; E. L. Deci and R. M. Ryan, eds., *Handbook of Self-Determination Research* (Rochester, NY: University of Rochester Press, 2002).

17. D. Kahneman, *Thinking, Fast and Slow* (New York: Farrar, Straus and Giroux, 2011).

18. S. Shane and S. G. Stolberg, "A Brilliant Career with a Meteoric Rise and an Abrupt Fall," *New York Times*, November 10, 2012.

19. M. Konnikova, *The Limits of Self-Control: Self-Control, Illusory Control, and Risky Financial Decision Making*, PhD dissertation, Columbia University, 2013.

20. D. Kahneman, *Thinking, Fast and Slow*, 256.

21. I. Astebro, "The Return to Independent Invention: Evidence of Unrealistic Optimism, Risk Seeking or Skewness Loving?," *Economic Journal* 113, no. 484 (2003): 226–239; and T. Astebro and S. Elhedhli, "The Effectiveness of Simple Decision Heuristics: Forecasting Commercial Success for Early-Stage Ventures," *Management Science* 52, no. 3 (2006): 395–409.

22. Reported in , *Thinking, Fast and Slow*, 263, based on E. S. Berner and M.

L. Graber, "Overconfidence as a Cause of Diagnostic Error in Medicine," *American Journal of Medicine* 121, no. 5 (2008): S2–S23.

23. W. Mischel, *Personality and Assessment* (New York: Wiley, 1968).

24. Mischel, *Personality and Assessment*; and J. J. Lasky and others, "Post-Hospital Adjustment as Predicted by Psychiatric Patients and by Their Staff," *Journal of Consulting Psychology* 23, no. 3 (1959): 213–218.

25. W. Mischel, "Predicting the Success of Peace Corps Volunteers in Nigeria," *Journal of Personality and Social Psychology* 1, no. 5 (1965): 510–517.

26. Kahneman, *Thinking, Fast and Slow*.

27. C. Pogash, "A Self-Improvement Quest That Led to Burned Feet," *New York Times*, July 22, 2012.

CHAPTER 14
聰明人幹出蠢事

　　1998 年美國總統快要遭到彈劾時，曾有記者打電話問我說：我們還能信任在白宮書桌上辦公的柯林頓總統嗎？在我們發現他在桌子底下也很忙之後！其他記者雖然沒有問的這麼直接，但他們也有相同的憂慮。他們的疑問反映出我們的共同想法，以為像是自制力、責任感和誠信等等，都是個人長期行為的穩定特質，在許多不同情境下也會有一樣的表現。大家都以為，會在某方面撒謊的騙子，在其他狀況下也一樣不誠實；而負責盡職的人，不論在哪兒也都一樣。[1] 但每當有公眾人物的醜聞登上頭條，就會顛覆我們的想像，這些受到信任的公眾人物原來也有不為人知的一面，跟大眾所看到的完全不同。可以料想得到，每當出現這種事情之後，大家都想知道：「哪一個才是真正的他呢？」

　　像柯林頓總統這樣的情況也並非獨一無二。索爾．華奇勒（Sol Wachtler）從紐約上訴法庭的首席法官一朝落難成為聯邦重犯，也是個令人驚訝的例子。華奇勒法官是受人尊重的法界前輩，曾推動制定嚴懲婚內強姦罪（marital rape）的法條，並曾在言論自由、公民權利和死亡權利等許多方面做出開創性的判決。[2] 但是他在情婦離他而去之後，卻連續幾個月騷擾她的生活，寫猥褻信件、打電話污言穢語，還威脅要綁架她的女兒。這樣一位法律和道德智慧的典範，怎麼會變成戴著手銬的階下囚呢？華奇勒法官說自己之所以如此，是因為無法控制的愛情迷戀。有位專家問說，他的腦子裡是否長了一顆跟棒球一樣大的腦瘤啊。不過他沒有。

像這樣的例子可說是無處無之、毫無例外，精英人士、演藝圈的公眾人物、宗教界、商業界、體育和學術界也都有。高爾夫球巨星老虎・伍茲（Tiger Woods）可說是嚴格自律的代表和典範，不僅球技高超，專注力也是過人一等。[3] 這樣一個幸福的已婚男人，最後卻也承認多次劈腿，毀掉自己精心維護的公眾形象，讓他從萬眾矚目的天之驕子跌落凡塵，至少有一段時間很不受恭維。過不了多久，自行車公路賽的世界冠軍藍斯・阿姆斯壯（Lance Armstrong）也緊跟在後，爆出服用興奮劑的醜聞。

自我控制的脈絡

記者總是問我：「這些人應該怎麼解釋呢？」

他們都希望在截稿前找到簡單的答案，我就給了他們最簡短的版本：柯林頓總統曾榮獲羅德獎學金（Rhodes scholarship），拿到耶魯大學法律博士學位，還當選了美國總統，他當然擁有自我控制和延宕滿足的能力，但是他並不想──也許是沒辦法，當然也沒意願──對某些垃圾食品和白宮工讀生的誘惑行使自我控制。同樣地，那位法官和高爾夫球星也懂得自我控制，才能在自己的職業生涯中追求重要目標，但是在其他條件下卻功虧一簣。延宕滿足和自我控制是一種能力，也是一整套的認知技能；這種能力跟其他能力一樣，也會因為動機的不同而使用或不使用。延宕能力可以讓學齡前兒童等待未來的兩顆棉花糖，不要滿足於現在的一顆；但他們必須願意這麼做才行。

我們要不要使用自我控制的技能，取決於一連串的考慮；而我們的動機和目標、以及誘惑的強度，對於整個狀況及可能後果之認知尤其重要。這似乎是顯而易見的事情，但我要在此特別強調，是因為它很容易被誤解。意志力一直都不被認為是一種「技能」，因為長期上它的行使並不一致。不過這跟其他所有技能一樣，必須要先有動機去使用它，我們才會行使自我控制的技能。這個技能本身很穩定，但動機要是改變了，我們的行為也會改變。

有許多名人和公眾人物會鬧到上頭條，不只是因為不想抵抗誘惑，他們甚至是想方設法在尋找誘惑、追求誘惑。他們的樂觀幻想和誇大的自我價值感，雖然是每個人都有，但他們的情況或許更為嚴重，也因此覺得自己所向無敵、誰都奈何不了他們。他們根本不認為自己會被抓到、會東窗事發，即使是過去就有失敗的經驗。他們甚至認為，要是被發現了，還是可以逃脫咎責；這也並非不合理的期待，因為有些人確實有僥倖逃脫的經驗。他們過去嚐到的成功和權力，可能也會鼓勵他們耍弄頭銜和權力，免除塵俗規範，幹出一些平常人不敢做的事。過去的紐約旅館業億萬女王蕾翁娜·海絲莉（Leona Helmsley）據說在入獄服刑前曾說：「只有小人物才繳稅。」[4] 只要不說出這種話，其實就算是事跡敗露了，往往也還是可以獲得原諒。現在一些墜落英雄經常可以東山再起，就像隻火鳳凰一樣，從宣告他們失敗的報紙灰燼中浴火重生，成為電視新聞節目或評論訪談的特別來賓或主持，有些則成為收入不錯的諮詢顧問。

行使自我控制、等待棉花糖的能力，並不是在任何環境下都可以發揮出來，而且也不一定只為了良善目的。有些人擁有優秀的自我控制能力，以良善目的為出發點，做了好些社會讚賞的好事。但他們也可能運用同樣的技能來劈腿搞小三、贓款匯海外，或者隱匿某種祕密生活。那些人在生活的某些面向是認真、負責又誠信；但在另一些方面，又全然不是如此。如果我們不只是聽信他人所言，而是更仔細去觀察他們的所做所為，就會發現在許多不同情境下，他們的言行舉止其實不太一致。

一致性爭論

當我們觀察那些自己認識的人，不管是從哪些面向來看，最明顯的就是他們在社會上的行為以及表露出來的特質。一般來說，總有些人比較認真負責、較擅長社交、較友善；或者比較富於侵略性、容易跟人吵架；有些則是比較外向或者更神經質一些。我們要做出這些判斷並不困難，大家彼此之間也都同意，甚至也符合被判斷者的自我認知。[5] 這些廣泛而共有的形象，對於我們遊走社交世界很有用，甚至可說是非常重要；這也讓我們可以對他人的行為舉止做出合理的預測。

「狀況」對社會行為也會產生重大影響，這取決於我們如何認知那些狀況。一個人不管是多麼認真或多麼不認真，在「跟朋友約定見面喝咖啡」和「必須準時去幼稚園接小孩」

下課這兩件事上頭，必定會對後者比較認真看待；而在參加大型晚會和葬禮時，也必定是在前者的狀況下，才會顯露出喜好交際和外向。像這樣的不同表現，都十分明顯。

但性格特質的觀念，又多了一個多餘的假設，也就是認為人的性格特徵在許多不同情境下都會表現一致。我們會認為一個很努力認真的人，在各種不同狀況下一定比懶惰鬼更努力認真。比方說，如果我們認定「基本上」強尼比丹尼認真，那就會一併以為強尼的作業成績會比丹尼好、強尼的出勤記錄會比丹尼好、強尼的房間會比丹尼整齊清潔，甚至強尼在家照顧小妹妹都會比較認真負責。這樣的假設是否合理？那些擁有更多重要心理特質的人，在許多不同的情境下，一定會勝過特質貧寡者嗎？

這種認為人類在不同環境下的所作所為、所思所感會有一致表現的假設，是出於威力強大的直觀感受；由我們的熱系統餵養能量，從一些很細微的行為片段很快地形成印象，再將之普遍化到多少可套用於任何事物的程度。[6] 然而，當我們善用大腦前額葉皮層，仔細觀察人類在各種不同狀況下的作為，不管是觀察柯林頓總統、我們的家人和朋友甚至我們自己，這個假設是否真的成立呢？

我在哈佛大學開設新講座，討論「評估」專題時，是從探索這樣的疑問開始的：你可以根據同事在辦公室的認真程度，去預測她在自己家裡有多麼認真嗎？我有個同事在部門會議上經常是著名的「自走炮」，我可以根據這個狀況去預測他在家裡跟孩子互動的情形嗎？讓我自己感到驚訝的是，有許多嚴謹的研究也無法支持這個核心特質的假設。[7] 結果是，我們在某個情境中擁有較高的特定特質，在另一種情境中反而變得比較少。在家裡好鬥挑釁的孩子，在學校說不定比大多數同學溫和；一個失戀時變得極富敵意的女人，在工作場所中受到批評或許是逆來順受；一個在牙齒診所中冷汗直流的病患，或許在陡峭的山壁上顯得既冷靜又勇敢；商場上呼風喚雨的企業家，說不定在社交上顯得畏縮又保守。

我在 1968 年看了許多關於人在不同環境下的性格特質關聯性研究，例如在辦公室對於義務和承諾的認真負責，是否在家中也會表現出來。[8] 結果這些發現讓很多心理學家都感到驚訝。他們發現，儘管其中的關聯性並非完全沒有，但也遠遠低於原先的預期。那些找不到性格特質在不同環境之關聯性的研究人員，往往認為是因為研究方法不夠完善或可靠。[9] 但我懷疑的是，也許他們認為個性特質存在一致性的假設根本就是錯的。

儘管這當中還有爭議，[10] 但難以改變的事實是：如果要根據狀況甲的行為，去預測狀況乙的表現，那麼人的行為在不同環境中的一致性其實非常薄弱。行為並非獨立存在，而是依附在環境脈落之中。在某些情境中對於某些誘惑能高度自我控制的人，在另一些情境中可能沒辦法；許多公眾人物的醜聞就一再地提醒我們這一點。

這種情況在日常生活中會造成一些問題。比方說我曾經必須出國兩個星期，必須找個可靠的人來幫我照顧小孩，因此對這問題特別有感。當時我想要找鄰居「辛蒂」（Cindy）來當保姆。這位高中女生說她在學校的成績很不錯，去年夏天曾經擔任過救生員，而且她不抽菸。似乎是個好孩子，鄰居們也都同意。不過我也知道，就像我前面所說的，狀況甲的行為通常難以準確預測非常不同的狀況乙。比方說，在一個同儕聚會、大家人手一瓶啤酒的時候，辛蒂又是如何表現呢？我們也無法根據她當一個晚上的保姆，來預測她在那兩個星期裡會怎麼照顧我的小孩。然而，某些印象就是這樣自動形成的。我們會將那些點點滴滴的訊息壓縮成簡單的刻板印象，讓我們以為她在這個狀況是如此，在另一個狀況下也會是如此。如果要預測特定行為在不同環境下的表現，即使是非常有信心、受過良好訓練的專家也經常都會搞錯。[11]

後來我沒找辛蒂當保姆，因為她的年紀實在是太小了。我找了一對年輕夫婦，他們看起來似乎比較成熟而負責。我跟他們談了很久，他們也來我家看過小孩，彼此都很滿意，所以我對他們的印象很不錯。等我旅行回來，卻發現房子變得亂糟糟，衣服堆了十天都沒洗。幸虧孩子們平安無事，但他們都很不高興，而且已經很討厭那對夫婦，他們兩位也很討厭孩子們。所以我對於行為是否一致的研究，尤其是關於自我控制和認真負責等特質的興趣就更濃厚啦。

　　長期下來，我跟研究團隊的確是找到了一致性，但不是在原本預期的狀況下找到的。[12] 我們在一個兒童醫療營，花了半個夏天，一小時又一小時、一天又一天地偷偷觀察一些人的行為。這真是個天然的實驗室，可以細緻地觀察一個人的行為在長時間裡，於日常生活中許多不同狀況下的表現，從中獲得的成果也改變了我們對於個性的理解。這些觀察是在威迪科（Wediko）開始的。

NOTES

1. R. V. Burton, "Generality of Honesty Reconsidered," *Psychological Review* 70, no. 6 (1963): 481–499.

2. J. M. Caher, *King of the Mountain: The Rise, Fall, and Redemption of Chief Judge Sol Wachtler* (Amherst, NY: Prometheus Books, 1998).

3. J. Surowiecki, "Branded a Cheat," *The New Yorker*, December 21, 2009.

4. D. Gilson, "Only Little People Pay Taxes," *Mother Jones*, April 18, 2011.

5. W. Mischel, *Personality and Assessment* (New York: Wiley, 1968); W. Mischel, Y. Shoda, and O. Ayduk, *Introduction to Personality: Toward an Integrative Science of the Person*, 8th ed. (New York: Wiley, 2008).

6. D. T. Gilbert and P. S. Malone, "The Correspondence Bias," *Psychological Bulletin* 117, no. 1 (1995), 21–38; M. D. Lieberman and others, "Reflexion and Reflection: A Social Cognitive Neuroscience Approach to Attributional Inference," *Advances in Experimental Social Psychology* 34 (2002): 199–249; Mischel, *Personality and Assessment*.

7. H. Hartshorne, M. A. May, and J. B. Maller, *Studies in the Nature of Character, II Studies in Service and Self-Control* (New York: Macmillan, 1929); Mischel, *Personality and Assessment*; W. Mischel, "Toward an Integrative Science of the Person (Prefatory Chapter)," *Annual Review of Psychology* 55 (2004): 1–22; T. Newcomb, "The Consistency of Certain Extrovert-Introvert Behavior Patterns in Fifty-One Problem Boys," *Teachers College Record* 31, no. 3 (1929): 263–265; W. Mischel and P. K. Peake, "Beyond Déjà Vu in the Search for Cross-Situational Consistency," *Psychological Review* 89, no. 6 (1982): 730–755.

8. Mischel, *Personality and Assessment*.

9. J. Block, "Millennial Contrarianism: The Five-Factor Approach to Personality Description 5 Years Later," *Journal of Research in Personality* 35, no. 1 (2001): 98–107; W. Mischel, "Toward a Cognitive Social Learning Reconceptualization of Personality," *Psychological Review* 80, no. 4 (1973): 252–283; W. Mischel, "From Personality and Assessment (1968) to Personality Science," *Journal of Research in Personality* 43, no. 2 (2009): 282–290.

10. I. Van Mechelen, "A Royal Road to Understanding the Mechanisms Underlying Person-in-Context Behavior," *Journal of Research in Personality* 43, no. 2 (2009): 179–186; and V. Zayas and Y. Shoda, "Three Decades after the Personality Paradox: Understanding Situations," *Journal of Research in*

Personality 43, no. 2 (2009): 280–281.

11. Kahneman, *Thinking, Fast and Slow*; Mischel, *Personality and Assessment*; Van Mechelen, "A Royal Road to Understanding."

12. J. C. Wright and W. Mischel, "A Conditional Approach to Dispositional Constructs: The Local Predictability of Social Behavior," *Journal of Personality and Social Psychology* 53, no. 6 (1987): 1159–1177; and W. Mischel and Y. Shoda, "A Cognitive-Affective System Theory of Personality: Reconceptualizing Situations, Dispositions, Dynamics, and Invariance in Personality Structure," *Psychological Review* 102, no. 2 (1995): 246–268.

CHAPTER 15

「如果—那麼」的個性標記

　　威迪科是新英格蘭鄉下一座設備完善的醫療專區，我們在那裡做研究時，這地方是收容 7 歲到 17 歲的孩子。年齡相近的孩子分別住在鄉村小屋，一起過六個星期的生活；每間小屋配備五位成人輔導員。參加醫療營的孩子大都來自波士頓地區，在學校或家裡都有些明顯的社會適應問題，諸如攻擊、退縮和憂鬱等狀況。醫療營區的目標，是為了加強孩子們的適應能力，並培養積極而良好的社會行為。

　　1980 年代中期，我和長期研究夥伴正田裕一獲准在這個營區進行大型研究計畫，很感謝營區工作人員和威迪科兒童服務中心主任傑克·懷特（Jack Wright）的協助。傑克、裕一和研究人員有系統地觀察那些孩子在六星期療程中的行為，偷偷地詳細記錄每個孩子在各種營區活動和環境中的日常社交互動，包括小屋裡、湖邊地區、餐廳、美勞工藝活動等等。這是一個規模龐大的資訊收集工作，我和佑一合作，再加上傑克一起負責規畫進行，並分析發現的結果。

尋找熱點

在整個夏季療程中，觀察員要每天記錄每個孩子在幾個相同情境下與其他人的互動狀況。我跟傑克和裕一專注分析熱系統的負面行為，主要是言語和肢體攻擊，這些正是這群孩子們要到威迪科接受治療的原因。

當孩子們玩串珠子或游泳時，如果進行順利，就不會引發強烈的情緒變化。但要是有某個孩子故意破壞另一個孩子努力建造的積木塔，或者對於別人友善的邀請報以辱罵或殘忍的調笑，有些人就會發脾氣。為了找到這些會引發孩子攻擊行為的心理「熱點」，研究人員要先記錄營區孩子和工作人員的看法，在提出詢問後讓他們自然而然地談起。年紀最小的孩子對於性格描述較為籠統：喬伊會踢人、打人還會亂喊，有時候；彼得會跟大家打架，一直在打架。不過輔導員和年紀較大的孩子，對於狀況描述就比較清晰，對於人際互動情緒變化的脈絡——也就是觸發不快的「熱點」——講得比較清楚。[1]他們起先可能會說「喬老是發脾氣」，接著在幾個一般化的描述之後，開始點出那些會讓他發脾氣的情況──「如果有別的孩子嘲笑他的眼鏡」，或者「要是被『停時』（time-out）」。

根據「如果─那麼」的方式來描述，研究團隊重覆觀察每個孩子在威迪科營區中的社交互動。區分出五種類型狀況：三種為負面（「同儕戲弄、挑釁或威脅」、「成人給予警告」和「成人施以處罰，給予『停時』」）；兩種為正面（「成人給予稱讚」和「同儕接近互動」）。每個孩子在這五種狀況下的社交行為（例如言語攻擊、肢體攻擊或退縮等），都會詳細記錄下來。在整個六星期的療程中，平均每個孩子有 167 個小時的社交互動記錄，這是在幾個相同情境中直接而重覆的觀察，可說是前所未有的樣本。這些觀察記錄也讓我們得以檢測兩個不同的預測：跨情境的性格一致性和個性的行為標記（behavioral signature of personality）；此二者反映出我們對人性本質和個性與行為傾向如何表現的不同假設。

一、關於人格特徵的傳統觀念趨於直觀，認為人的特定社會行為，如侵略攻擊或認真負責，會在不同的情境中維持一致的個性特徵等級順序。[2] 如果能收集到足夠的觀察，就可以預測情境轉換後的行為表現。關於公眾人物墮落的頭條新聞，我們認為在公眾生活中認真負責的總統，其私生活表現應該也會是兢兢業業。同樣的，在威迪科營區表現出強烈侵略性格的孩子們，在許多不同場合中也會一樣富於攻擊性，侵略性高或低的人都會有一致的表現。這就是跨情境的性格一致性。

　　二、相對的，還有一個假設是認為，我們的社會行為在許多不同情境中並非出於普遍穩定的個性特徵表現，而是根據我們對不同狀況的解讀和認知；我們的預期和目標；過去的相關經驗；對象激起我們的情緒變化；我們處置的能力、計畫和技能；它們對我們的重要性與價值等因素或條件，而產生微妙的差別。就算是侵略性格強烈的孩子，也不會在任何情境下都表現出侵略性，必須視那些情境對他的意義而定。他的熱系統會讓他發脾氣，是可以預見的；但只有碰到特定條件，也就是獨特的熱點，才觸發攻擊行為。這種特定條件的行為模式，我們稱為行為的個性標記。

　　「吉米」（Jimmy）和「安東尼」（Anthony）是兩位參與威迪科研究的孩子化名，他們的行為可作為研究發現的例子。各位可以在附圖中看到五種心理狀態下，吉米和安東尼的「如果─那麼」情境之行為標記。

　　如圖所示，可以看出每個孩子在那六個星期裡，於五種狀況下的「言語攻擊」程度。水平線「零」是表示那個夏季在威迪科的孩子們，於各個情境中表現出攻擊行為的平均水

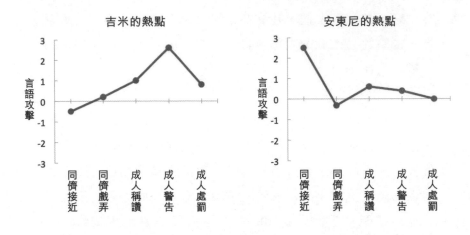

準。各位從吉米（圖左）和安東尼（圖右）的曲線，可看出他們不同於平均值的行為模式，也能揭露每個孩子的獨特熱點；也就是說，在某個特定情境中，他們的攻擊性會比同儕高。這裡所說的言語攻擊，大概就是「爛透了你」、「你的眼鏡超蠢的」、「你個娘炮」，再加上最普通的「幹」和配合手勢。

各位可以看到，跟其他人比起來，吉米的確有嚴重的攻擊傾向，「如果」是受到成人警告或處罰的時候。但事實上，吉米比其他人更富攻擊性，只針對成人，不管成人對他做什麼，就算是稱讚他也會引發他的不快。一旦大人威脅到他時，他的脾氣就爆了。但跟同儕相處時，吉米的攻擊性就未必那麼大，即使受到同儕的戲弄或挑釁。

相較之下，安東尼是在同儕友善接近時，才會比營區其他人表現出更明顯的攻擊性。對他來說，那種友善的序曲正是觸發攻擊的熱點，至於受到同儕戲弄或被大人警告、處罰時，他的反應則跟威迪科其他成員的平均狀況差不多。大多數人就算在控制攻擊傾向上有問題，碰到同儕友善對待時也不會表現出來。但安東尼是個特例，反而是在人家對他好的時候特別暴躁；這種行為模式會為他自己創造出一個悲慘世界來。他跟吉米的情況實在非常不同，後者與同儕相處沒問題，但跟成人有關就會碰觸熱點，不管是受到處罰或稱讚都一樣。

雖然這兩個男孩在攻擊性方面不相上下，但他們的「如果─那麼」模式卻表現出完全不同的熱點。我們要是能發現這一點，就可以開始思考它們的意義，了解每個人的心理狀態。由於「如果─那麼」模式通常可跨越不同狀況仍穩定地表現出相同或相似的熱點，[3] 根據其表現就可以預測類似情境下的行為、辨識出特定個人的弱點，即可針對個人來引導治療和教育規畫。[4]

穩定的「如果─那麼」行為標記

在威迪科的研究之後，又有其他學者針對其他族群和行為類型做研究，仔細觀察他們的行為；也發現「如果─那麼」模式可以穩定地描述大多數人的性格。[5]個性的行為標記可以在特定狀況發生時，預測到這個人會有什麼行為。[6]包括成人和小孩身上都能找到這種行為標記，從認真負責、社交喜好到焦慮、緊張等特徵都有。綜合而言，這些研究發現顛覆了傳統的直觀假設，以為人在不同情境中的個性特徵會有高度一致性。真正穩定而一致的，是每個人的獨特「如果─那麼」模式。這種模式不但能幫助我們預測某人的特定行為會有多大的表現，而且還能知道他在什麼時候、什麼狀況下會有此表現。這些資訊讓我們了解驅動行為的原因，也讓我們知道應該怎麼改變。

我們在威迪科研究攻擊性格的發現，也出現在明尼蘇達州卡爾頓學院（Carleton College）的學生身上，那次是研究「認真負責」的性格特徵。[7]那是在威迪科研究五年多前的 1978 年，面帶微笑而友善的菲利普‧皮克（Philip K. Peake）閒閒晃進我在史丹佛的辦公室，他那時剛從卡爾頓的研究所畢業，想過來跟我一起做研究，繼續攻讀心理學博士。他那時需要找個地方安置許多紙箱，那是他帶過來的一些還沒整理的資料。我過去到現在收過的學生，從來沒人像他這樣，不但帶來一個好點子，甚至連進行測試的大量資料都準備好了。他在卡爾頓讀大學時，就跟他的指導老師尼爾‧魯茲基（Neil Lutsky）合作，連續好幾個月在卡爾頓追蹤觀察多種不同情境下的學生行為。他根據學生自己挑選出來的幾個標準，來評估「大學生的認真負責」，包括上課出席率、持續約見導師、指定參考書定期歸還圖書館、房間整潔、上課筆記等等。

正如我們在威迪科研究攻擊性格的發現，卡爾頓的學生在許多不同情境中也沒什麼一致性。儘管他們直覺地以為自己很一致，但這個信念卻跟他們實際上跨越多種情境下的不一致搭不起來。那種跟導師約見屢次遲到的學生，在準備考試時也許非常地認真負責，好幾個星期前就開始用功讀書。那麼他們是根據哪一點，覺得自己的行為很一致呢？或者這只是他們的幻想？[8]事實上，他們對於自身一致性的信念，跟認真負責特徵的「如果一那麼」模式有很強烈的關係；長期上這些模式越是重覆和穩定，他們就覺得自己在多種情境中的認真負責越是一致。卡爾頓學生可以認為自己在學校一貫是認真負責，因為他上課、約見指導教授從不遲到；但他也曉得自己的房間一團亂，上課的筆記亂七八糟，而且每次作業都遲交。正是因為「如果一那麼」模式長期上的穩定，讓我們以為自己特定的性格特徵表現也是一致的。[9]我們對於性格表現一致性的直覺認知，既不自相矛盾也不是幻想；只是這種一致性，也並非上個世紀中學者專家所以為的那樣。這個發現很有幫助，如此一來，要預測別人和自己的行為時，我們就知道要注意哪些跡象。

這些發現讓我更能回答記者的提問，他們問說到底能不能信任柯林頓總統？總統晚上在白宮辦公室跟實習生一起怎樣的行為，並不能據此預測他隔天早上於廟堂之上會見他國元首談判協議是否認真與負責。關於「誰才是真正的比爾・柯林頓」這個問題，我比較詳細的回答是：他在某些狀況下非常認真而且很能控制自己，但某些狀況則否；這兩個柯林頓都是真實的柯林頓。要是你只談到認真負責的態度，但不考慮情境狀況的話，那麼他大致上是很認真負責的；只是這個認真負責到底到達什麼程度，就要看你是拿誰跟他做比較了。至於各位要怎麼評價他的整體行為，是否喜歡或尊重他的「如果─那麼」模式，這就你自己決定囉。[10]

定位熱點：「如果─那麼」的壓力標記

各位如果可以畫出一張圖，把那些會觸動熱系統的熱點都畫出來，你看了大概會覺得很驚訝。把你的「如果─那麼」狀況─行為標記畫成一張圖，可以警示自己的熱點，讓你知道什麼狀況下可能會做出日後懊悔的反應。之前談到的重新評估狀況以冷卻熱切欲望，仔細觀察自己來發現熱點就是不錯的出發點，能夠更嚴密地控制自己的行為，才有辦法追求最重要的目標和價值。就算各位不想冷卻那些自動自發的反應，先了解反應因何而發、觀察它們會導致什麼後果，也會帶來好處。

有一項研究是引導承受高度壓力的成年人，利用「如果一那麼」方法找到觸發緊張的熱點。受測者要在精心設計的日記上，每天詳細記錄引發緊張的特定心理情境，並描述自己對那些熱點的反應。[11] 例如「珍妮」（Jenny）在許多情境下，壓力狀況大致正常，甚至是比平均水準還低一些；不過要是她覺得受到社交排斥，那個難以控制的壓力標記就會出現，緊張隨之急速升高。一日感覺受到排斥時，她會覺得痛苦，她會責備自己，也更想責備別人，然後會變得退卻畏縮。幫助珍妮發現自己會不會感受壓力的心理情境，也讓她明白自己在那些情境中的反應，正是量身訂做地制定干預措施的第一步，日後可以幫助她更妥善地處理這個問題。雖然這個研究是針對壓力標記的「如果一那麼」模式，但這種自我監測和日記記錄也可以用來確定任何引發過度反應的情緒或行為。能確定引發不當行為的「如果」刺激和觸發情境，才可以改變我們對那些情境的評價和反應。

自我控制冷卻攻擊傾向

讓那些孩子必須到威迪科治療的攻擊行為模式，不但會讓他們的生活出問題，也讓他們身邊的人非常危險，很可能成為失控暴力的受害者。我之前曾說過，自我控制的能力可以發揮保護效果，例如在遭受社交排斥引發嚴重焦慮時，保護個人不會過度反應而造成生活的破壞。那麼，自我控制的能力也能幫助我們控制強烈攻擊傾向的表現嗎？

在威迪科做研究，剛好就是測試功效的機會。我當時的博士後研究員莫妮卡・羅德里格絲（Monica Rodriguez；現在是奧巴尼的紐約州立大學教授）帶領一項研究，讓威迪科的孩子接受棉花糖測試，不過點心是 M&M 巧克力：馬上吃就幾顆，願意等候的話可以獲得一大袋。有些孩子自發地運用冷卻策略，降低等候時的挫折感，他們儘量不去看巧克力和按鈴，故意引導自己分心、不要去注意誘惑。這些會運用自我抽離的孩子跟威迪科其他孩子一樣，都有無法控制攻擊傾向的問題。但是在整個夏季療程中，他們爆發肢體或言語攻擊的狀況，比那些等候獎勵卻不會運用冷卻策略的孩子要少很多。[12] 他們在棉花糖測試中運用的認知能力和執行功能，似乎也能幫助他們，在人際衝突的熱點被觸及時，儘量保持冷靜和控制自己的攻擊反應。在開始生氣到真正暴力攻擊之間，他們會努力安撫自己，以免完全失控。

但是不管我們自我控制的能力有多好，就是有些狀況會打敗我們的意志力，某些莫名其妙甚至讓人狂怒的事情，讓原本好好的人遭受到精神上的創傷。

NOTES

1. J. C. Wright and W. Mischel, "Conditional Hedges and the Intuitive Psychology of Traits," *Journal of Personality and Social Psychology* 55, no. 3 (1988): 454–469.

2. W. Mischel, *Personality and Assessment* (New York: Wiley, 1968); and W. Mischel, "Toward an Integrative Science of the Person (Prefatory Chapter)," *Annual Review of Psychology* 55 (2004): 1–22.

3. Key findings and methods are in Y. Shoda, W. Mischel, and J. C. Wright, "Intraindividual Stability in the Organization and Patterning of Behavior: Incorporating Psychological Situations into the Idiographic Analysis of Personality," *Journal of Personality and Social Psychology* 67, no. 4 (1994): 674–687; W. Mischel and Y. Shoda, "A Cognitive-Affective System Theory of Personality: Reconceptualizing Situations, Dispositions, Dynamics, and Invariance in Personality Structure," *Psychological Review* 102, no. 2 (1995): 246–268.

4. A. L. Zakriski, J. C. Wright, and M. K. Underwood, "Gender Similarities and Differences in Children's Social Behavior: Finding Personality in Contextualized Patterns of Adaptation," *Journal of Personality and Social Psychology* 88, no. 5 (2006): 844–855; and R. E. Smith and others, "Behavioral Signatures at the Ballpark: Intraindividual Consistency of Adults' Situation-Behavior Patterns and Their Interpersonal Consequences," *Journal of Research in Personality* 43, no. 2 (2009): 187–195.

5. M. A. Fournier, D. S. Moskowitz, and D. C. Zuroff, "Integrating Dispositions, Signatures, and the Interpersonal Domain," *Journal of Personality and Social Psychology* 94, no. 3 (2008): 531–545; I. Van Mechelen, "A Royal Road to Understanding the Mechanisms Underlying Person-in-Context Behavior," *Journal of Research in Personality* 43, no. 2 (2009): 179–186; and O. Ayduk and others, "Verbal Intelligence and Self-Regulatory Competencies: Joint Predictors of Boys' Aggression," *Journal of Research in Personality* 41, no. 2 (2007): 374–388.

6. Mischel and Shoda, "A Cognitive-Affective System Theory of Personality."

7. W. Mischel and P. K. Peake, "Beyond Déjà Vu in the Search for Cross-Situational Consistency," *Psychological Review* 89, no. 6 (1982): 730–755.

8. Mischel and Shoda, "A Cognitive-Affective System Theory of Personality."

9. Mischel and Peake, "Beyond Déjà Vu in the Search for Cross-Situational Consistency."

10. W. Mischel, "Continuity and Change in Personality," *American Psychologist* 24, no. 11 (1969): 1012–1018.

11. Y. Shoda and others, "Cognitive-Affective Processing System Analysis of Intra-Individual Dynamics in Collaborative Therapeutic Assessment: Translating Basic Theory and Research into Clinical Applications," *Journal of Personality* 81, no. 6 (2013): 554–568.

12. 跟孩子的智力很有關係，請參見：Ayduk, "Verbal Intelligence and Self-Regulatory Competencies"。

CHAPTER 16
癱瘓的意志

　　約翰‧契佛（John Cheever）在 1961 年有篇短篇小說〈大橋天使〉（The Angel of the Bridge）[1] 向我們展示，即使擁有優秀的自我控制能力、心理免疫系統運作良好，而且行使自我控制和意志力的動機也無以復加之際，冷系統還是可能輕易地崩潰。契佛筆下主角是一位住在曼哈頓的成功商人，有天晚上他正在回家路上，當車子接近華盛頓大橋時，外頭正是狂風暴雨，巨大的橋樑感覺搖搖晃晃，讓這位沒提到名字的主角（就叫他「橋先生」吧）嚇壞了，以為大橋就快垮了。他好不容易克服恐懼、開車回家，但很快就發現自己對於過橋感到恐懼，不只是對華盛頓大橋，而是對所有的橋都感到恐懼。橋先生的工作必須四處跑，常常需要過橋，每次都要費盡千辛萬苦。隨著恐懼越來越大，他也越來越沮喪，以為再也無法控制自己。

熱點連結

橋先生穿越華盛頓大橋時偶然碰上狂風暴雨,那座他平心靜氣經常穿越的大橋,現在突然變成一種完全不同的情緒,讓他感覺到透不過氣的沉重壓力。當他覺得這座橋搖搖晃晃的時候,熱系統自動把這座橋和恐懼情緒經驗連結在一起。於是他驚慌了起來,以為橋要斷了,想像自己跌落到底下洶湧翻騰的水裡。原本中性的刺激,比方說一座堅固而美麗的大橋,一旦跟強烈的恐懼經驗連結起來,這個恐懼很快也會波及其他原本中性的刺激;以這篇小說來說,就是對其他高高站立於水面上的橋樑感到害怕。在他的杏仁核之熱系統記憶中,光是想到「穿越大橋」這件事,就會重新啟動那個暴風夜所感受到的驚慌。[2] 不管橋先生多麼努力想運用冷系統來安撫自己,重新評估經驗,運用意志力來克制自己,重新思考和反省自己碰上的那個場景,把自己抽離開一段距離,運用不同的觀點來檢視……但光靠自己的意志,他就是無法克服這個恐懼。

先天恐懼反應一旦跟原本中性的刺激產生熱點連結,我們就會跟上個世紀的實驗室實驗「經典恐懼制約」中的狗一樣驚慌無助。那些倒楣的狗每次鈴響時都遭受電擊,後來即使只是聽到鈴響而沒電擊,也一樣哀嚎起來,成為恐懼情緒的受害者。[3] 像這樣的連帶傷害,連意志力和安撫技巧都克服不了。後來橋先生再也無法控制自己過橋時的行為，因為他已經被刺激本身所支配，自動引發熱系統反應。他越想去克服，就越是失敗，讓他更加絕望，甚至擔心自己是不是瘋了。

幸虧在故事最後，橋先生碰上一個「天使」解救了他。那是個陽光燦爛的日子，他要回家時找不到沒有橋的路線，等他的車子一靠近橋時，恐懼又排山倒海而來，讓他再也無法前進，只好把車子停靠在路邊。此時剛好有個像天使一樣的可愛女孩，背著一張小豎琴，過來說要搭便車。過橋的時候，小天使唱著甜美的民謠，讓橋先生的恐懼瞬間化解。不過橋先生對於這段經歷仍是戒慎恐懼，雖然其他的橋樑對他來說不再是難事，但他還是很小心地避開華盛頓大橋。

契佛這個故事可說是挑戰當時對於心理問題的主流醫療模式，預告了多年以後才會降臨的認知行為療法。以醫療模式來說，醫生必須區別出主訴症狀和可能原因，排除掉那個原因，才能徹底解決問題。比方說，病人因癌症腫瘤而造成背痛的症狀，此時如果只是開止痛藥給他就完蛋啦。然而像那種足以癱瘓個人的心理症狀，例如害怕過橋的恐懼，通常就是應該被處理和排除的主要問題。

過去許多年來，大家都以為疾病的醫療模式也適用於恐懼症，如果只是處理行為問題、治標不治本，那個「症狀」
可能又會被別的症狀所取代，甚至產生更嚴重的問題。這套
說法認為，潛在根源都是在年紀很小時，不知不覺中經歷的
創傷，必須經由長期的分析才能發現原因。

重新安排熱點連結

　　1958 年，越來越懷疑精神分析理論的心理醫師約瑟夫・
華爾普（Joseph Wolpe）開始冒險採用直接改變行為的辦法，
來處理契佛小說中那種遭受恐慌和焦慮襲擊的患者。華爾普
認為：「如果在引發焦慮的刺激出現時，也能夠建立一種對
抗反應，讓這種伴隨出現的反應可以抑制全部或部分的焦
慮，那麼這個刺激與焦慮反應之間的連結也會減弱。」[4]

　　華爾普認為，肌肉按摩和呼吸放鬆練習可幫助患者培養
抵抗焦慮的反應，這種鬆弛反應也會慢慢地跟恐懼刺激做連
結，而恐懼本身則會漸漸消散。進行這種療法時，鬆弛反應
一開始是跟那些創傷最低的刺激相連結（比方說，平靜的湖
面上一座精緻小橋，沐浴在陽光下）。等到能克服溫和刺激
引發的焦慮，再讓患者接受下一個更可怕的刺激，然後慢慢
地讓鬆弛反應跟想像及實際經驗中那個讓他害怕的刺激做出
連結。到了最後這一步，如果是害怕華盛頓大橋，患者也能

在鬆弛的狀態下過橋。但要像契佛小說所描述的，在過橋時聽到可愛天使對你唱歌，就能全然放鬆自我、克服焦慮，讓這個緩慢過程迅速縮短，這恐怕只會在小說中出現，實際上不大容易。

　　契佛那篇小說所描述的，很快就成為克服各種恐懼症的標準療法，只是我們不等天使降臨。[5]許多研究中的做法是，把受到驚嚇的人安置在安全環境中，讓他們觀察勇敢的示範人員慢慢接近驚慌刺激，表現出冷靜，也不會受到傷害。大約就是我在史丹佛大學進行棉花糖實驗的同一時間，我的同事亞伯特·班德拉（Albert Bandura），也正在針對害怕狗的學齡前兒童進行研究。他們先讓小朋友隔著一段安全距離，觀看示範人員毫不畏懼地走近一隻狗。示範人員（由參與實驗的研究生擔任）先拍拍圍欄裡的狗，然後慢慢進去裡面，很高興地擁抱牠、餵牠吃東西。看到這些過程的小朋友，都很快地克服自己的恐懼，也能親近和擁抱狗。[6]班德拉及其團隊甚至可以用更經濟儉省的方式讓許多不同的恐懼症患者克服恐懼，不管是大人或小孩，只要讓他們觀看示範人員的表演影片即可收效。這些研究後來都為克服恐懼的認知行為療法奠下重要基礎。

　　班德拉的研究顯示，要克服恐懼最好是先觀察不害怕的人做示範，然後在示範人員的指導和支持下，自己來嘗試、掌握。[7]利用各種「引導掌握經驗」（guided mastery experiences），不分小孩和大人都能克服狗、蛇、蜘蛛等的恐懼，甚至是包括廣場恐懼症、曠野恐懼症等最嚴重的焦慮問題。[8]班德拉在談到他的研究時，曾指出有些人幾十年來一直飽受噩夢的困擾，但經由引導掌握治療以後，甚至也能改變自己的夢：[9]「有個女人掌握了自己對於蛇的恐懼，她夢見那條大蟒蛇對她表示友善，而且還幫她洗碗。後來她的夢裡很快就沒有蛇出現了。這種變化也會一直持續下去。不管原本的恐懼症有多麼嚴重，患者在接受引導掌握治療後，就能經由模式替換逐步改善，最後達到完全康復。」

2010 年的熱門電影《王者之聲》（The King's Speech），描述英王喬治六世藉由直接的行為矯正，幫助他克服苦惱的言語障礙。他在克服結巴的老問題之後，也成為戰爭期間英國人最需要的堅強國王。不論根源何在，克服結巴之後，他找回了自己的價值，個人生活也更加愉悅。在這整個過程中他只有獲得而毫無損失，也不必付出什麼代價。

在英國國王克服口吃的三十年後，另一場比較欠缺戲劇性但控制良好且令人信服的實驗中，心理學家高登・保羅（Gordon Paul）找了一些害怕公開演講的學生來參與幾個不同的情境。[10]其中一組學生會學到安撫焦慮的方法，在他們想像自己進行公開演講時，採用這套辦法來達到深度放鬆。接著，他們在維持放鬆的情況下，體驗越來越嚴苛的情境：先是在自己的房間一個人閱讀演講詞，到準備演講的那天早上打理自己的服裝，然後是真正在一群觀眾面前發表演說。另外一組則接受心理醫師簡短的領悟性心理治療（insight-oriented psychotherapy），探討可能的焦慮根源。還有一組則是服用只有安慰性質的「鎮靜劑」，告訴他們服用這些藥就可以對抗壓力。在這三組學生裡，從他們發表演說時的生理狀況來判斷，學會安撫方法的那一組表現最好。那些學生不但克服了公開演講的恐懼，在大學課業的整體成績也大幅提升。幫助患者直接克服言語障礙、不合理的恐懼或面部抽搐等問題，不管這些是否仍有什麼根源未解，也都不會造成其他更嚴重的問題。一旦運用得當，就會讓患者感覺更好，也改善他們的生活品質。

過去很多心理學家都擔心只克服問題行為又會引發其他問題，但我們花了幾十年、做了許多研究後，終於能夠免除這些憂慮，並且根據科學證據建立一套成本低廉的治療方法，協助大家克服熱系統造成的問題。大致上來說，如今認知行為療法已成為美國的標準處置方式，但在全球很多地方仍不能接受，或者認為這套方法還不足夠。我最近跟某個好友談過〈大橋天使〉，認為她或許可以從中找到某些啟發；她的工作是問題兒童的專門治療師。她聽完後只笑著說，這是治標不治本，就像開止痛藥來治療癌症一樣。我這位治療師朋友認為，對於橋的恐懼，只是某種深層焦慮的表象。她相信既使消除了對橋的恐懼，也會有其他更糟糕的症狀取而代之，因為造成恐懼的潛在焦慮還是深深埋藏在熱系統裡。她說這種情況就需要進行長期的分析，才能找到它的根源。我問她，如果橋先生是她的病人，她會怎麼處置呢？她很伶俐地回答說，橋先生真正害怕的是跌落存在的空無，必須處理這個更深的恐懼及其可能根源才治得好。這個回答充滿了詩意，讓我一聽難忘；但我還是很懷疑，這樣就能幫助橋先生穿越華盛頓大橋嗎。

橋先生的狀況正可說明熱系統自動反應有多麼難以克服，就算平時擁有良好的自我控制能力也一樣。那些可能造成恐懼的事情發生時，熱系統連結馬上由杏仁核啟動強烈的情緒反應（尤其是恐懼），儘管那些刺激有些原本是不會造成情緒反應的。要克服這種偶然造成的連帶影響，就必須將熱點重新連結。橋先生因為過橋時突然碰上狂風暴雨，使得他以為橋就快垮了而產生恐懼，此時就必須先斷開橋和恐懼之間的連結。橋先生或任何人可能都無法單獨辦到，但第一步就是要先了解，造成恐懼的連結是怎麼形成的，然後才知道要怎麼解開。以橋先生的狀況來說，就是要斷開橋和恐懼之間的連結，重新跟安全地快樂過橋做連結。如果沒有天使彈豎琴來幫忙、也沒有治療師的話，可以找個朋友開車載他走過一條只有幾英尺長的短橋，底下的河水很淺；然後在那一天結束之前，又去體驗一些長一點、高一點的橋，這時候如果收音機裡有人彈點豎琴就太好了。恐懼過橋的人看著身邊朋友安穩地開車通過淺水短橋，後來又看到他開車通過深水大橋，他會再次感受到橋的安全。這種安撫方法可以讓我們逃脫刺激的支配，重新獲得自我控制，解放原本癱瘓的意志。

NOTES

1. J. Cheever, "The Angel of the Bridge," *The New Yorker*, October 21, 1961.

2. J. LeDoux, *The Emotional Brain* (New York: Simon and Schuster, 1996); J. LeDoux, "Parallel Memories: Putting Emotions Back into the Brain," in *The Mind: Leading Scientists Explore the Brain, Memory, Personality, and Happiness*, edited by J. Brockman (New York: HarperCollins, 2011), 31–47.

3. W. Mischel, Y. Shoda, and O. Ayduk, *Introduction to Personality: Toward an Integrative Science of the Person*, 8th ed. (New York: Wiley, 2008), Chapter 10.

4. J. Wolpe, *Reciprocal Inhibition Therapy* (Stanford, CA: Stanford University Press, 1958), 71.

5. A. Bandura, *Principles of Behavior Modification* (New York: Holt, Rinehart and Winston, 1969); G. L. Paul, *Insight vs. Desensitization in Psychotherapy* (Stanford, CA: Stanford University Press, 1966); and A. T. Beck and others, *Cognitive Therapy of Depression* (New York: Guilford Press, 1979).

6. Bandura, *Principles of Behavior Modification*.

7. Ibid.; A. Bandura, J. E. Grusec, and F. L. Menlove, "Vicarious Extinction of Avoidance Behavior," *Journal of Personality and Social Psychology* 5, no. 1 (1967): 16–23; and A. Bandura and F. L. Menlove, "Factors Determining Vicarious Extinction of Avoidance Behavior through Symbolic Modeling," *Journal of Personality and Social Psychology* 8, no. 2 (1968): 99–108.

8. L. Williams, "Guided Mastery Treatment of Agoraphobia: Beyond Stimulus Exposure," in *Progress in Behavior Modification*, vol. 26, edited by M. Hersen, R. M. Eisler, and P. M. Miller (Newbury Park, CA: Sage, 1990), 89–121.

9. A. Bandura, "Albert Bandura," in *A History of Psychology in Autobiography*, vol. 9, edited by G. Lindzey and W. M. Runyan (Washington, DC: American Psychological Association, 2006), 62–63.

10. Paul, *Insight vs. Desensitization in Psychotherapy*; G. L. Paul, "Insight versus Desensitization in Psychotherapy Two Years after Termination," *Journal of Consulting Psychology* 31, no. 4 (1967): 333–348.

CHAPTER 17

意志疲勞

　　紐約上東區的匈牙利領事館造型優雅，接待處有一群觀眾苦候多時，但大家看起來都累壞了。經過漫長工作日的夜晚，這群「藝術愛好者」大都是四十多歲甚至以上，商業人士的穿著非黑即灰，不時看著勞力士腕錶或 iPhone，眼睛實在都快撐不住了。歷經漫長的等待，喇叭突然響起，全力放送：

　　我現在就想幹壞事！以後吃苦受罪都無妨！

　　舞台上那群烏合之眾尖聲叫嚷，瘋狂地彈奏小提琴和吉他，敲鑼打鼓，響板和搖鈴匡噹作響；他們頭戴舊式小禮帽卻配上嬉皮裝，彼此嬉鬧又對著台下那些道貌岸然的觀眾調情賣俏。這是一場推廣匈牙利旅遊的活動。這下子可把台下昏昏欲睡的觀眾都電醒了，引發一陣興奮的歡呼和吼叫，就像是參加搖滾演唱會的孩子。這個活動要是以播放影片或演講的方式來推廣匈牙利觀光，恐怕大家都會假裝咳嗽，趁機逃離現場。

在樂團帶動氣氛之前，這群觀眾似乎早已陷入集體的意志疲勞，這是因為他們一整天力行自我控制，早就累壞了。我們每天為了撐過漫長而緊張的工作日，時時刻刻繃緊神經，大概都會感到疲累吧。如今一段樂聲勾引出他們心中那隻蚱蜢，他們也樂得接受樂團的邀請，讓自己放鬆下來，讓熱系統享受一下樂趣，也讓勞累過度的冷系統稍事休息。

疲累的意志

在我們的意志疲勞之前，行使自我控制和延宕滿足的能力是否有所限制？關於意志力和自我控制的本質，當前最有影響力的科學理論認為，意志力如果過度使用，也會趨於疲勞。這種看法對於我們管理自己的能力很有啟發。

羅伊・鮑麥斯特（Roy Baumeister）及其團隊認為，意志力像是重要而有限的生物資源，也會在某些時候暫時耗竭。他們提出「自我控制的力量模型」（strength model of self-control），認為自我控制是一種能量有限的內在能力。[1]

這跟過去把「意志」當作是固定的實體或本質的傳統概念差不多；有些人擁有充沛「意志」，有些人很缺乏。根據這個模型，自我控制跟我們的肌肉一樣，當你努力行使意志力，就是在「自我損耗」（ego depletion），意志力跟肌肉一樣也會變得疲勞。因此在面對許多需要意志力和自我控制的任務時，你的意志力和抑制衝動行為的能力也可能會暫時減弱。這當然就會影響到你的生理和心理狀況，連帶影響到你的理性思考與解決問題的能力，包括為了做出好決策，必須抑制衝動和情緒反應。

假設你在公司的年度聚會上很餓，很想吃點東西。你要是抗拒那些才剛出爐、香噴噴的巧克力脆餅，堅持自己只能進攻生菜托盤，那麼根據這套「力量模型」，你接下來要處理一些需要自我控制的任務時，就會比較沒力。這套想法的科學證據是在一次經典實驗中出現，如今它已經成為研究「自我損耗」的標準示範。當時是找俄亥俄州凱斯西儲大學（Case Western Reserve University）選修「心理學概論」的學生來做實驗。這是課程的一部分，所以學生都得來參加，而鮑麥斯特教授這堂課就叫做「小蘿蔔實驗」（Radish Experiment）。[2] 學生接獲通知後馬上趕到實驗室，那個時間他們都餓了。可是在進行實驗之前，他們都被迫要抗拒巧克力餅乾和糖果的誘惑，只能吃些小蘿蔔。之後，他們被要求解答幾個幾何問題，但那些問題其實沒有答案。研究顯示，被要求不准吃餅乾和糖果的學生很快就放棄了；而獲准吃餅乾和糖果的學生撐得比較久。

在其他的一百多場實驗中，研究人員也找到類似結果：在第一時段努力自我控制，在緊隨其後的第二時段中，自我控制的能力即會出現減損。不管受測者被要求行使的自我控制內容為何，情況都是如此。[3] 比方說在觀看核災荒野的影片（那齣電影叫做《狗的世界》〔A Dog's World〕，原標題是 Mondo Cane）時壓抑情緒反應；在別人提到「白熊」時，不要想白熊（各位如果覺得很容易的話可以自己試試看）；或者是在夥伴行為惡劣時，還要友善對待他。

意向優於肌肉

在許多實驗中，學生後來的意志確實都減弱了；但後來的研究也指出，減弱的原因或許也不是研究人員原先所設想的那樣。[4] 如果對自我控制的要求和任務難度都增加，但誘因沒有跟著提高，那麼學生的注意力和意願就會改變。學生並非耗盡意志的「肌肉力量」，而是感覺自己受夠了，因為遵從研究人員的要求，做些無聊的任務而感到厭煩。比方說，有個實驗是要求學生花 5 分鐘，把一份打字稿上的字母「e」全部畫掉；但之後的任務則是要求，緊接著母音的「e」字母不要畫掉。然而，要是給予強烈的誘因，就算是這樣的任務，受測者還是可以持續相當久。只要行使自我控制的意願上升，他們就能繼續堅持下去。[5]但若意願無法提升，就不可能繼續。如果是這樣的話，自我控制的減弱並不是因為資源耗損，而是反映出動機和關注的改變。

因為費力地工作而感到精疲力竭，這個感覺絕非罕見。但我們也知道，只要有足夠的動機，就能一直拼下去，有時甚至鬥志越來越高昂。比方說戀愛的時候，不管再遠你都會奔去找愛人，不管是才剛累了一天、一週還是一個月。對某些人來說，叫他去健身房就覺得累，但要去開電視可就不會覺得累。若從意願存在與否的角度來解讀費力的堅持，可以說心態、自我標準和目標引導，會讓我們充滿鬥志。而不是因為花費力氣而精疲力竭；等我們想放鬆、偷懶一下，自己給自己一點什麼獎勵時，就會允許心中那隻蚱蜢出現。

如果認為面對艱難任務會堅持下去，是帶來旺盛鬥志而不是消耗，那這樣會讓你不感到意志疲勞嗎？的確如此！當人們受到引導而認為費力任務會帶來精神鼓舞而非耗損時，他們在下一個任務的績效也會變得更好。比方說，當人們被引導而相信控制臉部表情（就不會顯示真正經驗的情緒）會受到鼓舞時，他們在接下來以握把測驗抓握力量時，表現得更好。他們後來的表現並未因為之前消耗力氣而減弱，他們的自我並未耗損。[6]

　　史丹佛大學的卡蘿・德維克和同事發現，那些相信耐力會帶來鬥志的人，在艱難的心智活動以後，也不會因為耗損而減弱自我控制的力量。相對地，那些認為費力任務會造成精力耗竭的人，就會出現自我控制減弱的情況，需要休息來補充能量。[7]

　　德維克的團隊後來又繼續追蹤三個時點，最後一次是在他們期末考期間，這是最需要嚴格自我控制的時候。在這個壓力超大的考試期間，那些以為意志力沒有極限的學生，他們的表現會比以為資源有限的學生好很多；後者在那段期間更常吃垃圾食品，更常拖延時間，準備考試的自我管理也更沒效率。從這些結果可以發現，我們如何看待自我及控制能力很重要，並且顛覆了原先對於能力行使的想法，以為追求目標的能力行使是一成不變的生理導向過程。[8]

自己控制獎勵：自我獎勵的標準

　　不必做實驗、不必是哲學家也知道，意志力這回事也是過猶不及，太多、太少都不對。如果一逕地延宕滿足，永不休止地奮鬥再奮鬥，一直在等待更多的棉花糖，也不會是個明智的選擇。這個世界滿是失控的通貨膨脹，銀行倒閉，言而無信的收益承諾；客觀上來說，都有理由讓我們提高警覺，不要再等待虛無飄渺的獎勵。主觀上來看，也同樣有充分的理由。在極端情況下，追求延宕滿足令人感到窒息，延遲快感讓生活毫無樂趣；快樂小徑從沒走過，很多種情緒也沒體驗到，許多可能的生活都不曾實現。其實我們既是螞蟻又是蚱蜢，如果喪失熱切的情緒系統，光靠冷靜的認知系統獨挑大樑，來應對各式各樣的未來，那麼我們這一生跟只靠熱系統度日一樣，也不會感到滿足。

我們什麼時候會覺得自己應該像隻蚱蜢，而不是一直工作、只望著未來的螞蟻呢？我們為什麼會覺得自己應該放鬆一下，讓熱系統來接管，用我們喜歡的棉花糖來自我獎勵一番，忘掉那些還沒回覆的電子郵件和明天的待辦清單呢？有時候我們就想嚐一下無所事事的樂趣，沒事先安排就挑個週末到海邊或逛大街，或者只是宅在家裡享受小日子；這個意願又是怎麼決定的？報紙頭條常有名人的爆料，我們也許不會幹出他們那些傻事，但我們心裡隱然似乎也有一些什麼規則，讓自我控制暫時停止，先享受一點眼前的樂趣；這時候就不會想要延宕快樂，逼自己追求未來的更大獎勵。這些規則是怎麼來的呢？這些問題的答案對於怎麼教養小孩、如何對待自己，都有直接的影響。

如今美國的上層中產階級家庭似乎就是以兒童為中心，下班要趕快回家，讓孩子擁有最多的「優質時光」；要給他們愛、給他們獎勵，要順著他們，讓他們作主。所以各位在麥當勞，常常會看到一些孩子在漢堡送到之前那幾分鐘驚聲尖叫，也不見父母出來制止。相較之下，法國人養兒育女是希望他們撐得起場面，帶到高級餐廳也不會丟臉。小朋友可以安安靜靜地坐在桌前，等候配上青豆的牛排，而他們的爸媽坐在旁邊享用開胃酒。[9]美國還有一位華裔媽媽為了培養出理想兒女，開出一長串的禁止清單。包括：不得去同學家過夜；不得跟小朋友約時間一起出去玩；不可以看電視；電腦不能玩遊戲；考試成績只有「A」沒有其他選項。[10]這是蔡美兒在她 2011 年著作《虎媽的戰歌》（*Battle Hymn of the Tiger Mother*）中提到的育兒祕方，大概可以養出小提琴、鋼琴都彈得很棒，去到哪個班級都第一名的孩子（也許體育成績就除外吧）。

十多年前，茱蒂絲・哈里斯（Judith Rich Harris）曾指出，養兒育女用什麼方式其實無關緊要，因為真正形塑兒童生活的兩個關鍵因素，是同儕影響和基因遺傳的社會化過程。[11]撇開那些奇聞軼事和個人見解，不同教養方式實際上能達到什麼不同結果，總需要做點精密實驗才會知道吧。但這種實驗事實上卻是不可能做到的。不過，我們還是可以做些短期實驗，檢視現實條件下某些對孩子富於意義的成人模範，據以回答某些跟教養實務有關的問題。

　　我對這方面的議題感興趣，是從我自己的小孩上小學以後開始的。我發現她們都會帶一些自己最感驕傲的成就回來，比方說我那個小女兒用黏土做的藍黑色夾腳拖鞋。我開始做了好幾項研究，探索我們在年紀很小的時候，如何設定標準或條件來看待自己的成就；符合這些標準或條件時，我們又是如何給予（或不給予）自己獎勵。這些問題可以這麼問：什麼樣的社交經驗和潛規則，引導出這種形式的自我獎勵和自我管理？孩子在什麼時候會感到意志疲勞，決定自己找點樂子，放縱一下來犒賞自己？他們在什麼情況下會繼續堅持下去，延宕滿足，追求更嚴格的標準？這種繼續堅持下去的努力，本身也會成為樂趣嗎？

自我標準的示範

　　我們會成為什麼樣的人，深深受到模範的影響。因此我很想搞清楚，我們在小時候是如何受到模範的引導，來建立評估和管理自我的標準。成人模範的特質和行為，影響到幼兒的學習和模仿，並且將他學習、模仿到的這一套又傳給其他孩子。[12] 在史丹佛大學進行棉花糖研究的同時，我跟學生們也一起做實驗，探索孩子們建立自我標準的過程。在這些研究中，我們根據模範的不同屬性與自我獎勵行為，檢視大人離開房間之後，幼童如何將大人的示範納入自己建立的標準之中。[13]

　　我和學生羅伯特・里伯（Robert Liebert）從史丹佛附近的小學，找來一些四年級的男女學童，大概都是 10 歲左右。我們分別讓每個孩子跟一位女助理（扮演模範）共處，她向孩子介紹「一種保齡球遊戲」。表面上說是要測試孩子們喜不喜歡這套遊戲。這套遊戲是 3 英尺長的迷你保齡球館，擲球之後也會有一些訊號燈來顯示分數。但球道的尾端是遮住的，玩家看不到球滾向哪邊，只能靠記分板顯示。事實上，記分板顯示的分數都是預先設定好的，跟實際擲球表現無關，只是表面上看起來很像那麼一回事而已。另外，旁邊伸手可及之處，擺了一大盆五顏六色的撲克籌碼（poker chips），讓模範人員和孩子們自由拿取，作為犒賞自己之用。我們會對孩子們說，拿到的撲克籌碼最後都可以換取禮品；籌碼越多，就能換到越棒的禮物。那個房間裡可以看到很多包裝精美的獎品，但我們並未向孩子們介紹獎品是什麼。

聽其言或觀其行？

　　開始玩遊戲時，模範人員和孩子輪流擲球。為了模擬不同的教養方式，我們針對模範人員獎勵自己的表現設計了三個不同情境，並引導孩子來評估和獎勵他自己的表現。接受實驗的孩子，每一位都只會碰到其中一種情境。

在「嚴格標準」情境中，模範人員對自己和對孩子都以同樣嚴格的標準來看待，只有達成很高的分數（20分）才會拿籌碼獎賞自己，說些肯定自己的話，例如「這分數很棒，應該得獎」或「這分數真讓我驕傲，我應該獎勵一下自己」；如果不到20分，就禁止自己拿籌碼，並且批評自己（例如「這分數不夠好，不能拿籌碼」）。她對孩子的表現也是同樣看待，獲得高分就給予稱讚，低分就批評。在「對模範嚴格、對孩子寬鬆」的情境中，模範人員對自己採取嚴格標準，但對孩子比較寬鬆，引導他們在分數較低時也獎勵自己。在「對模範寬鬆、對孩子嚴格」的情境中，模範人員對自己寬大，但是教孩子只有在最高分時才能獎勵自己。

在孩子參與其中一個情境後，我們再偷偷觀察孩子自己玩的時候會怎麼獎勵自己，那些籌碼一樣都可以自由取用。參與「嚴格標準」情境的小朋友，後來對自己也一樣採用最嚴格的標準。之前在這個情境中，模範人員鼓勵他們，只有得到最高分才能得到獎勵，而且她自己也遵守相同標準。當示範和教導的標準一致時，雖然處於模範人員不在場的情況下，孩子們仍是一個也不差地遵守這個標準，儘管它真的有夠嚴格，而且孩子們也都很想獲得獎勵。這項研究還表明，如果孩子們認為模範人員很厲害，掌握了很多大家都很想要的點心和獎勵，那麼這個示範效果會更好。

被鼓勵對自己寬鬆的孩子，既使曾經看過模範人員對自己嚴格，但他們後來自己玩的時候，還是一樣對自己寬鬆。而受到教導要對自己嚴格，但看到模範人員對自己寬鬆的小孩，之後有一半會對自己嚴格，另一半則是對自己寬鬆。[14]這項研究表明，如果你希望孩子採用較高的自我獎勵標準，除了教導之外，也要以身作則。[15]如果你嘴上說嚴格，卻對自己寬大，顯得言行不一，那你的孩子也很可能有樣學樣。

動機和努力：綠色小隊

走出實驗室，我們也可以找到激勵自己嚴格控制自我的最佳例子，就是美國海軍三棲特戰隊（俗稱「海豹部隊」）的馬克‧歐文（Mark Owen；假名），從中可以找到心理條件和人性本質的啟發。[16]在他2012年出版的自傳中，馬克‧歐文說他曾經參與制裁賓拉登的突襲行動，而且比突襲行動更讓人激動的是，運用激勵和訓練，讓馬克這樣的突擊隊員可以抵抗意志疲勞。

馬克出身自阿拉斯加的傳教士家庭，他中學時看了一本海豹隊員寫的書叫《綠臉孔》（*Men in Green Faces*），描述海豹部隊在越南湄公河三角洲的戰鬥和突襲行動，尤其追捕一位越共上校的過程更是精采。馬克翻開第一頁就迷住了，馬上想要加入海豹部隊：「我越讀越想知道自己有沒有這份能耐。我在太平洋受訓時，也發現到一些跟我一樣的人，他們不接受失敗，只想做到最好。我有幸能跟這樣的人一起服役軍中，每天都從他們身上得到啟發。」[17]

　　海豹部隊的訓練可謂殘酷，包括在冰溫或高熱的天氣中長途跑步，徒手推動汽車和巴士等極限體能挑戰，以及在逼真的射擊戰場和無數難以預測的戰鬥場景中進行搜索和獵殺訓練。像馬克這種人，引體向上是做了 100 個以後，好戲才上場，目標是再拉 30 下。他們的目標就是打破自己的最佳記錄，他們對自己的標準就是超越自我，沒有什麼疲勞會讓他們退卻。歷經淘汰四分之三的嚴苛訓練，馬克終於進入了「綠色小隊」（Green Team），到此才有資格獲選為海豹部隊裡精英中的精英——海豹第六小隊。這個小隊專門執行最艱鉅也最危險的獵殺與制裁行動。要是順利獲選，馬克就完成了他畢生熱烈追求的目標。

　　馬克的經驗和勝利，說明了「意志力潛能無限」此種看法的重要性；它可以跟熱烈追求的目標相結合，提供耐力和勇氣，再加上提供啟發的模範和支援的社會環境。能在訓練中堅韌不懈、嚴格地自我要求，才能達到真正的出類拔萃——不管你的目標是在卡內基音樂廳演奏巴哈、爭取諾貝爾物理獎、奪得奧運金牌、從南布朗克斯貧民窟拼進耶魯大學、加入海豹部隊；或者只是像小朋友一樣，等待如同一生那麼漫長的 15 分鐘才能獲得棉花糖。

NOTES

1. M. Muraven, D. M. Tice, and R. F. Baumeister, "Self-Control as Limited Resource: Regulatory Depletion Patterns," *Journal of Personality and Social Psychology* 74, no. 3 (1998): 774–789.

2. R. F. Baumeister and others, "Ego Depletion: Is the Active Self a Limited Resource?," *Journal of Personality and Social Psychology* 74, no. 5 (1998): 1252–1265.

3. R. F. Baumeister and J. Tierney, *Willpower: Rediscovering the Greatest Human Strength* (New York: Penguin Press, 2011).

4. M. Inzlicht and B. J. Schmeichel, "What Is Ego Depletion? Toward a Mechanistic Revision of the Resource Model of Self-Control," *Perspectives on Psychological Science* 7, no. 5 (2012): 450–463.

5. M. Muraven and E. Slessareva, "Mechanisms of Self-Control Failure: Motivation and Limited Resources," *Personality and Social Psychology Bulletin* 29, no. 7 (2003): 894–906.

6. C. Martijn and others, "Getting a Grip on Ourselves: Challenging Expectancies about Loss of Energy after Self-Control," *Social Cognition* 20, no. 6 (2002): 441–460.

7. V. Job, C. S. Dweck, and G. M. Walton, "Ego Depletion— Is It All in Your Head? Implicit Theories about Willpower Affect Self-Regulation," *Psychological Science* 21, no. 11 (2010): 1686–1693.

8. D. C. Molden and others, "Motivational versus Metabolic Effects of Carbohydrates on Self-Control," *Psychological Science* 23, no. 10 (2012): 1137–1144.

9. P. Druckerman, *Bringing Up Bébé: One American Mother Discovers the Wisdom of French Parenting* (New York: Penguin Press, 2012).

10. A. Chua, *Battle Hymn of the Tiger Mother* (London: Bloomsbury, 2011).

11. J. R. Harris, *The Nurture Assumption: Why Kids Turn Out the Way They Do* (London: Bloomsbury, 1998).

12. A. Bandura, "Vicarious Processes: A Case of No Trial Learning," in *Advances in Experimental Social Psychology*, vol. 2, edited by L. Berkowitz (New York: Academic Press, 1965), 1–55.

13. W. Mischel and R. M. Liebert, "Effects of Discrepancies between Observed and Imposed Reward Criteria on Their Acquisition and Transmission," *Journal of Personality and Social Psychology* 3, no. 1 (1966): 45–53; W.

Mischel and R. M. Liebert, "The Role of Power in the Adoption of Self-Reward Patterns," *Child Development* 38, no. 3 (1967): 673–683.

14. 模範的影響力取決於他們的人格特質，例如熱情、慈愛或魄力。請參見：J. Grusec and W. Mischel, "Model's Characteristics as Determinants of Social Learning," *Journal of Personality and Social Psychology* 4, no. 2 (1966): 211–215; and W. Mischel and J. Grusec, "Determinants of the Rehearsal and Transmission of Neutral and Aversive Behaviors," *Journal of Personality and Social Psychology* 3, no. 2 (1966): 197–205.

15. 模範也能影響孩子，讓他們選擇較大的延宕獎勵，而不是立即的小獎勵。請參見：A. Bandura and W. Mischel, "Modification of Self-Imposed Delay of Reward Through Exposure to Live and Symbolic Models," *Journal of Personality and Social Psychology* 2, no. 5 (1965): 698–705。

16. M. Owen with K. Maurer, *No Easy Day: The First-Hand Account of the Mission That Killed Osama bin Laden* (New York: Dutton, 2012).

17. Ibid., author's note, XI.

PART 3

從實驗室到生活

我在 PART 1 談到棉花糖測試和相關實驗，說明學齡前兒童控制自我的策略。在 PART 2 說明運用相同的策略也可以讓成年人延宕享樂，為自己的退休生活多存點錢。我在 PART 2 也談到，自我控制策略的相同機制也可以幫助傷心、失戀的人克服痛苦，讓「拒絕敏感」的人得以維護自己的人際關係，讓精疲力竭的海豹特戰隊員多拉幾下單槓。把之前的討論綜合起來，我們發現掌握自我控制會導向幾個重要結論：

1.　讓大家比較不會感到意外的是，有些人確實比較善於抵抗誘惑，管理痛苦的情緒。

2.　讓人比較驚訝的是，這樣的差異早在學齡前就會表現出來，並且大多數人（雖然不是全部）在日後生活中也將呈現穩定，對於我們一生的心理和生理發展具有高度預測性。

3.　傳統觀念認為意志力是天生特質，是多是少，老天注定（我們對此無能為力）。但這觀念是錯的。自我控制的能力，包括認知和情感兩方面，都是可以學習、增強和駕馭的，讓它們在需要時自動觸發。這對某些人而言，比較容易做到，因為同樣是熱切的欲望，他們的感覺卻不像別人那麼熱熾，因此他們也比較容易冷卻那些欲望和誘惑。但是不管能力的好壞，我們一樣都有「天然的」自我控制能力，我們都可以改善和加強，並且幫助我們的孩子這麼做。不過，自我控制能力也有失敗的時候，就算我們並不缺乏這種能力，可是在欠缺有利的目標、價值觀和社會支援的情況下，光有能力也無濟於事。

4. 我們在社交和身心上縱然有缺陷，也不必然會成為它們的犧牲品。自我控制能力可以保護我們，對抗自身的弱點；雖然這些弱點可能無法完全消除，但至少自我控制能力可以幫助我們與那些弱點更和諧地共存。例如高度拒絕敏感的人如果擁有良好的自我控制能力，就更能保護讓他擔心的親密關係。

5. 與自我控制更有關係的是決心，但它也需要策略和想法，還有目標和動機的多方配合下，我們才更容易行使意志力，並且堅持下去（我們稱之為毅力）。知道自己堅持不懈地撐下去，這本身就是對自己的獎勵。

現在即將進入 PART 3，我要從實驗室轉向生活，首先討論這些研究結果對公共政策有何意義。接著會談到行使意志力的核心策略，讓我們自己和孩子們都能在日常生活中更

自然且更不費力地施行意志力。在最後一章〈人性〉裡，我
要討論的是，對於自我控制和大腦可塑性的研究，正在改變
我們對於人性本質的概念。

CHAPTER 18
棉花糖與公共政策

　　很多年前我還是紐約市立學院（City College of New York）的臨床心理學研究生時，就曾以沒有執照的社工身分，參與貧困兒童及青少年的輔導工作。我都去亨利街安置所（Henry Street Settlement）找他們，那是個貧民窟。當時他們說曼哈頓的下東區就是個貧民窟。那時候，我對於在學校學到的古典臨床心理學理論和方法很感興趣，也很希望能在我的社會工作上實際應用。

　　有一晚在亨利街，一群青少年圍著我，看我怎麼處理其中一位特別憤怒的年輕人，他哥哥因為被判死罪正在州立監獄等待執刑。那些孩子好像都很專注，希望我做更多的開導。但我很快就聞到煙味，發現有人在背後放火燒我的外套。好不容易把火撲滅之後，我才知道自己學到的那一套臨床方法和概念根本幫不上忙；至少可以說，對於那些我想幫忙的年輕人，是完全幫不上忙。這個靈光一閃就是我後來投入研究生涯的原因之一，因為我希望能夠找到更有效的方法，來幫助那些像是在亨利街的孩子們，讓他們可以好好度過自己的人生。[1]

半個世紀以後，我開始聽到一些教育工作者想要利用自我控制和延宕滿足研究的發現，來解決當前的巨大挑戰，也就是美國貧富差距日益擴大所造成的諸多難題。儘管諸多公共教育的狀況持續惡化，也還是有許多教育領導者犧牲奉獻，帶來一些極富創意的新辦法。我們有幸一瞥他們的作為，了解他們正在嘗試的創新方法，見識到他們一路走來的成功、挫折和挑戰。這些教育工作者致力於培育學生，讓他們擁有成功必要的特質，也很渴望在實際工作上應用研究成果，而這一切鼓勵我寫下這本書。在這一章，我要檢討自我控制的研究發現是怎麼納入教育手段，以及它對公共政策的影響。

可塑性：教育人類大腦

過去二十年來，科學家逐漸發現人類大腦的可塑性，對人性本質的理解展開了一場無聲的革命。他們意外地發現，在我們大腦前額葉皮層中負責執行功能的某個區域，具備極大的可塑性。[2] 而之前我們的討論，也都在強調這些機制讓我們冷卻和抑制衝動的熱反應，得以達成我們的目標和價值，並管理情緒以適應生活。

在我們的日常生活中，執行功能的重要性，尤其是運用自我控制克服刺激的掌控，這一點是無可爭議的。其於公共政策的影響，則取決於我們對執行功能和自我控制能力的看法，這些能力是否與生俱來就固定不變。如果是與生俱來即固定不變，那之後也就沒什麼可做的了。但要是其中存在著可塑性，對於公共政策的制定就有極大的意義，我們可以據此施以更多教育上的努力，讓孩子們儘早加強這方面的能力。

現在我們知道，當學齡前兒童想盡辦法要等待兩個棉花糖時，他的大腦前扣帶迴和前額葉外側區必定非常活躍。這些部位正是認知冷系統的重要區域，要控制情緒熱系統的衝動全靠這些地方。我看到驚奇屋中的小朋友面對點心的當時，完全無法想像他們的大腦如何運作，因為之後過了幾十年才發展出功能性磁振造影的技術。之後在實驗室精密控制下的研究，發現直接對執行功能施以訓練，不但可以加強自我控制，同時也能改善大腦中相關的神經功能。

2005 年，麥可・波斯納的研究團隊針對學齡前兒童冷卻熱系統的認知與注意力控制能力，探索後天訓練與先天遺傳的影響。[3] 研究人員讓 4-6 歲的兒童每天進行 40 分鐘的注意力訓練，連續進行五天。孩子們在這段期間會玩幾種電腦遊戲，啟發和加強他們控制注意力的能力，尤其是牢記目標，不致輕忽遺忘；學會調動注意力來追求目標，亦即抑制那些造成干擾的衝動。例如有一款遊戲是利用搖桿引導電腦螢幕上的卡通貓走到一片草地，要避開泥巴區。在過程中，草地會漸漸縮小；但泥巴區則越來越大，使得任務越來越困難。

那些研究人員想要知道的是：透過這樣的訓練，孩子們之後接受另一套標準不同的注意力控制測試，分數是否會受到影響？跟沒接受訓練的控制組比較起來，這些孩子的注意力控制的確是大幅提升了。儘管這只是簡單而短暫的訓練，但成果令人備受鼓舞。最讓人驚訝的是，即使是如此短暫的訓練，也能提高非語言智力測驗的分數。

同一組研究人員進行相關研究，繼續探索影響孩子冷卻和控制不良情緒、減輕過動狀況能力的特定基因；這些基因對於注意力和自我控制能力也都有影響。其中 DAT1 基因尤其在各種多巴胺相關病症中扮演重要角色，包括：注意力不足過動症、雙極性情感疾患（bipolar disorder）、憂鬱症和酗酒等。科學家發現，即使是先天遺傳上的弱點，都可以靠後天的干預大幅改善，特別是在孩童的發展過程中施以更好的教育和親子照護。這些發現顯示先天與後天的影響能順暢地交互作用，對於公共政策的擬定極富意義。

　　了解到執行功能對於孩童的社會性發展、認知與自我控制能力的重要性，我們更樂於看到英屬哥倫比亞大學的阿黛爾‧戴蒙（Adele Diamond）展開研究，探索學齡前的簡單教育手段，確認執行功能是否可以經由教育來塑造與加強。[4]2007 年，戴蒙及其團隊在《科學》月刊發表他們最大規模研究的一個成果。他們設計出一套「心靈工具」（Tools of the Mind）課程來提升執行功能的發展，讓學齡前兒童（平均年齡 5.1 歲）每天密集地進行 40 種促進執行功能的活動。這些活動有些類似遊戲，孩子們要自己判斷自己應該做什麼；也有戲劇表演、加強記憶力的簡單任務，以及根據目的學習專注、加強注意力的活動。戴蒙的研究是在低收入學區的二十幾個班級進行，針對「心靈工具」課程是否有效，要跟同學區的標準平衡課程班級做比較；後者的課程就是一般的學校教育，並不特別強調執行功能發展。為了排除教師水準可能會有的差異，各班級能拿到的資源都一樣，教員所受的訓練和支援也都一樣。而所有這些孩子也都來自同一個地區，隨機地分成兩組，分別接受兩套課程；他們的年紀和其他背景也大致相同。

　　在幼稚園的第二年，兩套課程的孩子一起接受標準的執行功能認知與神經測試，結果「心靈工具」組的孩子以明顯的差距成為贏家，尤其是那些原本執行功能較差的孩子，效果最為明顯。事實上正因為「心靈工具」組的孩子進步神速，所以在第一年課程結束後，就有一個學校的教師們要求停止實驗，讓那些原本接受標準課程的控制組孩子也一起接受「心靈工具」課程。

透過干預手段來加強執行功能的發展，也不只適用於學齡前兒童。11-12 歲的孩子只需要短短幾個小時的訓練，那些原本在學校表現欠佳的孩子，透過特定的「如果─那麼」實施計畫與策略的支援，也能顯著改善在校課業、平均成績、出席率和行為表現。[5] 在另一項研究中，過動症兒童經過五個星期的訓練後也能提升「工作記憶」——這是執行任務時需要短暫保存資訊的記憶力，例如我們聽到七位數的電話號碼，必須要能短暫記住才能順利撥號。工作記憶正是我們追求目標時，執行功能的重要成分。這些訓練不僅提升了工作記憶，同時也降低過動症的症狀，減少不良行為。[6]

簡單的冥想和正念（mindfulness）練習就可以大幅提升執行功能。[7] 正念訓練可以幫助我們把注意力集中在「現在」，讓自己毫不費力地意識到每一個感受、知覺或意念，無須評判或闡釋地接受並承認自己的體驗。[8] 有一組年輕人連續五天接受歷時 20 分鐘的正念訓練和沉思，與花費同樣時間進行標準放鬆訓練的控制組比較，前者更能減輕負面影響、紓解疲勞，降低生理和心理的緊張反應。正念訓練也可以減少雜念，促進專注力，提升大學生標準化測試的成績，例如美國許多大學作為研究生錄取標準的研究生入學考試（Graduate Record Examination）。

一般成人及老年人的大腦，也一樣可以在簡單訓練後得到增強。其中兩種最值得注意的是體操活動，只要中等的運動量在短時間內就能發揮效果；其他只要能讓孤獨感降至最低，提供社交支持、加強人際交流的活動也都有效。[9]

啟示：公共政策的科學共識

總之，利用干預手段可以加強執行功能，是很清楚了。根據美國兒童發展科學委員會指出，其於公共政策的影響也一樣很清楚。這個委員會由德高望重的科學家組成，一直在研究慢性壓力的不利影響。一般認為，貧困兒童的生活正是承受著慢性壓力。他們也一直很注意那些可能減輕慢性壓力的干預方法。2011 年，這個委員會達成明確共識：強大的執行能力才能讓孩子們建立健全生活，發揮出完全的潛力。之所以有此共識，是因為有越來越多的證據顯示：「提早施以干預計畫有助於提升這些能力，在幼童保育和教育方案的設計上，應更加注意支持此類技能發展的努力。」[10]

　　只有科學委員會有此建議，這個訊息才能引發熱烈迴響，迫切呼籲各方採取行動。科學家的結論雖是緊緊跟隨精密研究，卻刻意避免情感上的表露。或許正因為如此，它們至今常常還是被埋藏在諸多研究檔案之中，等待其他研究人員的認可，或者偶爾才會受到傳播媒體的青睞，予以披露。靠著媒體報導，大眾才能充分注意到整個社會的貧富差距是多麼的令人心碎，社會底層的生活又是多麼可憐，而這些正是此項研究的「主題」。我們這個社會裡，有許多學齡前孩子從來不知道書本裡到底有什麼內容。正如一位專家所言，他們從沒聽過誰「講故事」，也從沒有誰會去刺激他們的想像力。[11] 他們的生活中沒什麼人會對他說話、也沒什麼人可以交談。他們餓著肚子去上學，路上危機四伏、學校破落不堪，回到家裡只有刺耳的電視聲響，或者是家人吵架、打架。這些孩子所承受的，正是慢性的高度緊張。

　　眼見狀況如此嚴重，許多有愛心的創新人士正努力想辦法，讓科學家的訊息和建議得以實現。也有許多人正試著將自我控制、抵抗誘惑和大腦發展研究的諸多成果，納入教育規畫之中。這些努力也讓某些教育工作者重新思考教學計畫，從學齡前教育就開始加強自我紀律和情緒管理。

幫助餅乾怪獸

　　為幼兒教育而努力的創新者，其中之一就是知名的《芝麻街》，這是針對學齡前兒童，由芝麻街工作室製作的教育節目。這個節目在全球許多國家都有播出，主要是提供學齡前兒童的教育和娛樂。我最近很榮幸跟芝麻街工作室優秀的教育研究小組一起合作，設定一些自我控制技能來幫助餅乾怪獸。我要強調，我只能儘量幫助牠，因為餅乾怪獸肯定也有自己的想法。這個角色對餅乾有特別強烈的欲望，最愛吃巧克力脆片。牠受到熱系統的主導，而前額葉皮層的發展大概還相當原始，與熱系統只是鬆散地連結，所以牠總是努力地尋找更多餅乾，根本不想抑制這個熱切的衝動。這位大眼睛的藍色怪獸性格衝動、欠缺自律、獨斷而張揚，總是大喇喇地嚷著：「我要吃餅乾！我要吃餅乾！」伸手可及的範圍內，找到餅乾就吞下肚。不過在第 43 季和第 44 季的節目中，《芝麻街》為牠設定了一個挑戰：[12] 牠必須冷卻熱系統，控制自己放縱的衝動，才能獲准進入餅乾饕客俱樂部 —— 這可是專屬會員才能進去的高雅俱樂部。節目中會描述的自我控制研究發現，可作為學齡前教育的指導，而小朋友觀看節目就能學到這些技能。

　　其中有一段劇情如下。餅乾怪獸要參加一場比賽，旁邊有個小島凌波舞團唱著：「要等待一下才能得到好東西。」

此時友善但堅定的比賽主持人出來問餅乾怪獸，是否準備好要玩「等待比賽」。

> 餅乾怪獸：等待比賽？哇嗚！祝我好運！我要玩等待比賽！等待比賽是什麼？

> 主持人：這場比賽，我們會給你一塊餅乾！（這時候有一塊餅乾浮上來。）

> 餅乾怪獸：哇嗚！我好愛這個遊戲，餅乾！（餅乾怪獸急著想吃餅乾，但被主持人搶走。）

> 主持人：等一下！

> 餅乾怪獸：等一下才能吃餅乾？這是什麼傻話！為什麼要我等一下？

> 主持人：這就是等待比賽囉，你要是等我回來才吃餅乾，可以得到兩塊！

主持人耐心地再次說明規則：「你要是等我回來才吃餅乾，可以得到兩塊！」餅乾怪獸想了一秒鐘，覺得這個主意不錯：「好吧，那我等。」主持人祝他好運。但餅乾怪獸的熱系統開始搗蛋了：「哎喲，開什麼玩笑嘛！我等不下去了，我現在就要吃餅乾啦！」眼看著餅乾怪獸就要撲上去，這時候歌手啦啦隊跳出來阻攔了，他們唱著歌：「要等待一下才能得到好東西。」

那些歌手解釋，如果覺得等不下去時，唱歌就是個好方法。餅乾怪獸試著唱歌，但他不會唱也不想再等了：「算了，我就吃吧！」這時候歌手再次阻止：「你要換一種方法呀。請記住，要等待一下才能得到好東西。真的，要等待一下才能得到好東西。」

這時候餅乾怪獸假裝那塊餅乾是在一個畫框裡，他用手指頭畫出一個框框，框住餅乾。他得意地揮舞手指，嘴裡哼哼哈哈地哼著歌，但很快又受到誘惑。他不斷地嘗試新方法，藉此獲得支持，也慢慢發現了一些事情，自己都感到驚訝：「我需要另一種方法。啊！我知道了！我跟這個玩具玩，就不會想到餅乾。」他帶出一隻布偶狗，然後開始唱歌，跟布偶狗玩。等到自己覺得無聊時，又換了一種方法：「我要假裝好吃的餅乾是一條很臭的魚！」旁邊畫框上的餅乾變成一條魚，他邊等邊揮著手，好像要撥走那股臭味。時間慢慢流逝，過了很長的時間，餅乾怪獸很努力，也擁有更多的毅力，終於贏得了等待比賽。此時音樂響起，餅乾怪獸得意洋洋地唱著：「要等待一下才能得到好東西。」

芝麻街工作室最近兩年製播許多節目來推展自我管理的教育，這一集只是其中之一。2013 年及 2014 年的《芝麻街》卡通，利用那些可愛又受歡迎的角色，從餅乾怪獸到垃圾桶裡愛抱怨的奧斯卡，以滑稽好笑或冒險的劇情來傳達自我管理的教育。他們讓學齡前兒童從輕鬆有趣的簡短故事，去領會一些自我管理最基本的知識，讓他們學到發展執行功能、自我約束和情緒管理所需的方法和技巧。

《芝麻街》的教育研究者也做了許多努力，客觀評估這些節目的影響。他們多年來收集了許多證據，發現節目製播帶來許多正面成果，包括讓小朋友更有準備地進入學校，讓他們求學更順利。[13] 不過，雖然比較常看《芝麻街》的小朋友表現會更好，但我們也無法確定這是因為這個節目教得好，還是因為那些爸媽也更常讓孩子觀賞具有教育意味的節目。或許最有可能的是，這兩項因素都有關係吧，才會讓這些節目顯得如此有用；不但讓孩子們有事可做，也能從節目領略樂趣，同時幫助他們發展一些技能，學習重要的社交、道德和認知教訓。

從餅乾怪獸到 KIPP 學校

知名科學家擔心壓力對嬰兒大腦造成不良影響，日後在身心兩方面也可能更容易罹患多種疾病。他們注意到，那些生活在社經底層的人在許多疾病的發病率和死亡率都更高，陷於「劣勢生物學」（biology of disadvantage）的狀態。也就是從胎兒受孕開始，身心兩方面都處於慢性壓力的影響之下。[14] 對那些社經底層地區的教育工作者來說，他們的挑戰就是要幫助孩子、父母和照護人員克服那些劣勢。而最好的辦法就是在孩子小時候儘早提供教育途徑，才能幫助他們在社會經濟階層向上爬。但是什麼樣的教育和方法可以提供這些機會呢？

現在大家已經注意到美國公立學校教育的失能，尤其是貧困地區的學校。儘管整個情況看來相當糟糕，但令人感到鼓舞的是，過去十年來也加速出現許多創新干預措施，在課程設計上結合大腦發展、延遲滿足、自我控制和自我紀律的新發現。有許多組織透過不同類型的學校機構，讓教育發揮更大效能，尤其是讓那些社經地位屈居劣勢的孩子得以普遍參與。

我在這裡要特別提出紐約市的 KIPP 學校計畫，正是緊密結合心理科學最新研究成果，其未來成效令人頗為期待。我們之前談過的喬治‧拉米雷斯就是靠它才找到自己的道路。我曾在 2012 年的秋季參觀過紐約市的 4 家 KIPP 學校，當時它在這裡總共有 9 間學校，第 10 所正在準備中。KIPP

的意思是「知識（K）即（I）力量（P）計畫（P）」，這在那些學校的標誌上都可以看到這份自豪。我去參觀那些學校，是想看看它們實際上是怎麼運作。那些學校設立的地點都是美國最貧困的地區，而學生也都是社經地位最為底層的孩子。我想知道的是，這些學校到底可以帶來哪些可能。

KIPP 現在正成為改造公立教育的典範。[15] 帶領我參觀學校的是四十來歲，看來精力不竭的大衛・雷文（Dave Levin），他就是 KIPP 教育集團的大推手。這些學校主要是讓孩子都從幼稚園就準備好，日後可以上大學。教室裡掛滿了跟大學有關的標語、布條。這裡的學生有 86% 以上都來自內城貧窮的少數族裔家庭；[16] 早上七點半到校，下午四點半或五點放學。暑假期間也會提供兩、三個星期的輔導課程。有許多課程都鼓勵家長前來參與，或者過來參觀上課的情況。由於名額有限，這裡的孩子都要抽籤才能獲得入學資格。1994 年，大衛・雷文和麥可・范伯格（Mike Feinberg）在德州休士頓為五年級學生設計了一套教程，而紐約市的 KIPP 學校即是以此為基礎。到了 2014 年，預計全美會有 141 所 KIPP 學校，從幼稚園到十二年級總共有五萬個學生。

我參觀過的學校之一，是曼哈頓哈林區的 KIPP 無限小學，這地方主要都是西班牙和非洲族裔，距離北邊的哥倫比亞大學和南邊的紐約市立學院都只有幾個街口。這所 KIPP

學校於 2010 年開設，現在大概有 300 名學生，分別就讀幼稚園到小學四年級，九成以上的學生都是非洲裔或西班牙裔，九成以上都來自低收入家庭，符合減免午餐費用的資格。這所學校其實相當漂亮，乾淨而明亮，裡頭的桌椅、設備都很現代化，感覺相當舒服。我小時候就讀的就是紐約市的公立學校；後來因為做研究，近幾年也接觸過。因此看到 KIPP 學校的樣子，讓我非常驚訝也很高興。

我漫步走近一年級教室，看到孩子們都認真聽講，年輕的老師輕聲細語地正在上課。這時候有位小男孩「馬爾康」（Malcolm）走過來，彬彬有禮也輕聲細語地自我介紹，並且伸出手跟我握手，有禮貌地問我的名字，歡迎我來到這間「哥大獅子班」。他帶我走進教室時，同學們正敲著桌子、大聲歡呼，因為老師剛剛宣布今天的「命名日」（Name Day）獲選人。這不是在慶祝生日，而是一種甜蜜而熱情的方式，每天選出一個孩子，接受大家的祝賀。

這裡的教室都用不同的大學來命名，牆上掛著勵志主題的橫幅，經常被師生拿來討論。例如「UNITE」代表理解、永不放棄、想像、冒險和探索。在教室的角落安置著一張「恢復椅」或「思考椅」，學生在快要生氣或老師覺得必要時，可以讓學生坐在那裡冷靜一下；而不是像過去的學校，用罰站來處罰。椅子旁邊設置了砂漏來計時，牆上掛有幾則指示幫助孩子安撫自己的情緒——遠離火爆場面；深呼吸；倒數數字；想像憤怒像氣球一樣飄走。還有其他一些冷靜自我的辦法，讓自己重新掌控自己的情緒，讓情緒從熱系統走出來，回復冷靜思考，那麼學生就可以離開那張椅子，再回來跟大家一起上課。

10歲的「梅德琳」（Madeline）是小學五年級生，我碰到她時，她才剛進入 KIPP 學校快滿一年。[17] 她是從這幢樓另一邊的公立學校轉學到 KIPP。「那邊比較冷漠，」瑪德琳想起那所公立學校：「而這裡的老師都比較嚴格，也有更多期待，你要遵守。」她對這裡的熱情不斷湧出：「我覺得我現在的學習很不一樣，老師講的也更清楚。我們每一天都學習新知識，複習舊功課，大家上學也都變得更認真。功課比較多，更常做複習，也會知道我們的成績如何。就是呈現自己有沒有進步的報告。這報告是最後的成績，如果你好好地上學、更認真一點，就有機會做出改變。」

當她20歲的時候，想要做什麼？她說想當個醫生、獸醫或老師。那麼，她要怎麼做才能達成理想呢？她慎重而緩慢地回答，談到許多細節和例子。她說她「聽課越專心，就學到越多」，每天晚上做功課三個小時，常常反省自己，談到她自己的改變：「我現在很用功，學到很多東西……每一節課要上90分鐘，每天都學到新知識。」

「社會智能是什麼？」我問她。她回答道：「就像是有什麼東西掉了，人家不必說，你也知道要把它撿起來。就是在別人告訴你之前，你自己就應該要想到。要是有人在上課時搗蛋，你也不必聽他的。」什麼是自我控制呢？「這跟社會智能很像。就算是上課時有人故意做些很好笑的事情，你也不應該笑，你要控制得住自己。如果你想去拿什麼你要的東西，你也要控制自己，不要去拿。」她這些話讓我想到另一個跟她差不多年紀的小朋友，也想讓自己更能控制自己：「要做什麼之前，要先想一下。」他很有耐心地跟我解釋。

　　作為研究人員，我也知道不能以偏概全，拿這兩、三個例子來推論全部；我知道我要慎重，不該只靠少少幾樣行為就倉促下結論，我在形成印象時要心存警惕。但我也知道，我在 KIPP 看過幾間教室，看到這些孩子們，看到他們怎麼傾聽、怎麼說話，老師們又是怎麼上課的，讓我對這些身處險境的孩子的未來感到更樂觀。

　　我不只是感覺到一絲溫暖的光亮而已。我的冷系統見識到，那些從實驗室獲得的結論，只要讓這些敬業的教師在適當的課堂環境中明智應用，就能提供孩子們改變一生的機會，讓他們找到自己的目標，願意努力鞭策自己朝著目標前進。KIPP 所示範的教育理念和教育制度，就是將研究成果納入日常課程和生活裡，證明自我控制是可以培養的，我們可以激發孩子的好奇心，鼓勵他們設定目標、實現目標，讓堅持和毅力本身成為獎勵。

我問大衛·雷文，KIPP學校真像喬治·拉米雷斯所說的，可以拯救人生嗎？大衛堅決否認，說他們不是在拯救誰的人生：「我們只是啦啦隊，這場遊戲要孩子們自己來，自己付出努力。我們只是把條件搞好，他們每個人都要自己努力。」他解釋說，KIPP的使命是幫助孩子們能擁有可以選擇的生活。「選擇」就不會是大家都走同一條路，也不代表大家都要上長春藤大學，甚至是都要上大學。「選擇」是要讓孩子擁有真正的選擇權，讓他們不論出身背景，都能創造自己的人生。

培養「性格技能」

大衛經常跟我談到KIPP需要如何發展才會更有效率，而它現在又是怎麼改變。在1990年代KIPP才剛創辦時，要脫離貧窮、進入機會與選擇的世界，似乎就需要上大學、獲得學術訓練。因此，KIPP的最主要目標就是幫助孩子們完成大學教育，現在也還是以此作為努力的方向。大衛告訴我，KIPP畢業生在2013年時有3,200位進入大學就讀，會完成學業者累計大約是40%。與此相較，KIPP之外類似背景的學生，上大學者只有 8% 到 10%；而整個美國的大學畢業率平均僅 32%。[18]

　　大衛認為這個成功率反映出的事實是，KIPP 學生不僅學到上大學所需的學術技能，同時也養成了必要的性格技能，讓他們在學時努力認真，日後的生活也一樣可以蓬勃發展。對他來說，繼續不斷的挑戰，是如何在 KIPP 課程中最有效地建立「品德教育」。我一開始聽到他談到「性格」時，原本很擔心，因為這常常會讓人以為是天生具備的，不過在這些學校並不這麼認為。剛好相反，「品德」被當作可教導的技能，是一些具體的行為和態度；其中最重要的，就是自我控制，還有毅力、樂觀、好奇和熱情。KIPP 學校努力倡導品格教育，不僅僅是在各個教室裡懸掛勵志標語、校長每週集合同學一起訓話而已，而是落實到每個同學、每個教師和導師日常生活中學習經驗的一部分。

　　我問大衛 KIPP 要如何實現人格教育，讓它在教室裡可以發揮力量。他認為最重要的是，讓學生在學校有機會練習一些特定行為，來培養重要的品德，例如自我控制和毅力等等。他說：「你要讓孩子學會克服挫折、碰上失敗之後很快站起來、不必監督也能專心用功，你就要讓他們上學時也能這麼做。老師要做好課程安排，讓學生有時間這麼做。」[19]因此在課程設計上，會提供大量時間讓學生做練習，讓他們自己去讀書，或者與幾個同學組成小組去做一些需要專心和毅力才能完成的困難挑戰，不必老師在旁邊監看。「關鍵是老師不必在課堂上講，也能讓學生努力用功。」

為了監測品德教育的進展，在幾個設定的週期結束時，學生都要做自我評鑑，一年總共要做好幾次。他們要針對個別的性格技能，評價自己的實踐頻率（從「幾乎沒有」到「幾乎總是」），這些性格技能包括：自我控制、毅力、樂觀、熱情、社會智能、好奇心和感恩。每項技能都有一句短語來表述特定的規範行為，例如「樂觀」是：「我要保持積極，就算事情進行得不太順利。」還有，「毅力」是：「有始就有終。」自我控制則分成兩項自律：要時時刻刻都把目標放在心上，工作時保持專注的能力（「我專心一致，抗拒干擾」）；碰上人際困擾時，能控制脾氣、克服挫折的能力（「遭受批評或其他挑釁時，要保持平靜。」）。關於「熱情」的行為特徵是：「興致盎然、生氣勃勃地進入新環境。」「社會智能」的定義是：「表現出尊重他人感受的行為。」學校不只要求老師要觀察和評價學生的進展狀況，也要用相同標準來評價整個學校的品德發展，小心防止退步。這些提升品德技能的努力雖然尚未獲得系統性衡量，但孩子和老師至少都已經用這種方式來思考和討論，判斷自己是否養成這些必要的品德技能。

我知道 KIPP 努力讓學生培養哪些品德時，感覺挺驚訝的。因為那些特質正是棉花糖測試中願意等待和馬上按鈴的小朋友，在十年後成為青少年時的差異（詳見第 1 章的討論）。以「毅力」為例，安琪拉・達克沃斯的「毅力測量」是說：「挫折不能阻止我。」而那些在幼稚園時等待時間較長的小朋友的父母，在形容他們如今已成為青少年的孩子時，幾乎也就是用這句話來表示。[20] 我們原本就發現高延宕滿足的孩子在長大後會有哪些行為和態度，如今知道 KIPP 也努力培養學生具備這些品德，讓他們在追求未來成功上擁有更多機會，對於這樣的重疊真令人感到鼓舞。

　　由於有許多原因，像 KIPP 這樣的學校通常從幼稚園才開始，無法兼及學齡前教育。但許多幼兒在更小的時候就陷於「劣勢生物學」的狀態，顯得特別脆弱和無助。[21] 學齡前的孩子，其實最適合學習那些處理壓力和發展認知技能的策略，這對他們日後的求學極有幫助。為了縮小貧富差距造成的成就差距，美國總統歐巴馬在 2013 年的國情咨文中，即曾呼籲在全美制定和推廣學前教育。如果要落實這項呼籲，那麼學齡前教育就要更有效地吸收相關的研究成果才會成功。在幼稚園提供必要基礎的同時，學校和家庭也要攜手合作，幫助孩子們繼續使用和進一步發展技能，培養認真負責的行為、自我控制、責任與社會認可的生活目標，如此一來才可能得到長期的收穫。歐巴馬的建議到底要怎麼讓美國的學前教育成功推廣，這還有待觀察。但是，我們有充分理由相信，不管要怎樣才能做到，更完善的學前教育正是目前迫切需要的。在大家的期待和努力下如果可以實現，這些學校就能幫助幼童培養必要的品德和積極態度，爭取到他們應該要有的機會。

NOTES

1. W. Mischel, "Walter Mischel," in *A History of Psychology in Autobiography*, vol. 9, edited by G. E. Lindzey and W. M. Runyan (Washington, DC: American Psychological Association, 2007), 229–267.

2. B. S. McEwen and P. J. Gianaros, "Stress-and Allostasis-Induced Brain Plasticity," *Annual Review of Medicine* 62 (2011): 431–445; Center on the Developing Child at Harvard University, Building the Brain's "Air Traffic Control" System: How Early Experiences Shape the Development of Executive Function: Working Paper No. 11 (2011); and M. I. Posner and M. K. Rothbart, *Educating the Human Brain*, Human Brain Development Series (Washington, DC: APA Books, 2007).

3. M. R. Rueda and others, "Training, Maturation, and Genetic Influences on the Development of Executive Attention," *Proceedings of the National Academy of Sciences* 102, no. 41 (2005): 14931–14936.

4. A. Diamond and others, "Preschool Program Improves Cognitive Control," *Science* 318, no. 5855 (2007): 1387–1388; and N. R. Riggs and others, "The Mediational Role of Neurocognition in the Behavioral Outcomes of a Social-Emotional Prevention Program in Elementary School Students: Effects of the PATHS Curriculum," *Prevention Science* 7, no. 1 (2006): 91–102.

5. C. Gawrilow, P. M. Gollwitzer, and G. Oettingen, "If-Then Plans Benefit Executive Functions in Children with ADHD," *Journal of Social and Clinical Psychology* 30, no. 6 (2011); and C. Gawrilow and others, "Mental Contrasting with Implementation Intentions Enhances Self-Regulation of Goal Pursuit in Schoolchildren at Risk for ADHD," *Motivation and Emotion* 37, no. 1 (2013): 134–145.

6. T. Klingberg and others, "Computerized Training of Working Memory in Children with ADHD—a Randomized, Controlled Trial," Journal of the American Academy of Child and Adolescent Psychiatry 44, no. 2 (2005): 177–186.

7. Y. Y. Tang and others, "Short-Term Meditation Training Improves Attention and Self-Regulation," *Proceedings of the National Academy of Sciences* 104, no. 43 (2007): 17152–17156; A. P. Jha, J. Krompinger, and M. J. Baime, "Mindfulness Training Modifies Subsystems of Attention," *Cognitive, Affective, & Behavioral Neuroscience* 7, no. 2 (2007): 109–119. See also M. K. Rothbart and others, "Enhancing Self-Regulation in School and Clinic," in *Minnesota Symposia on Child Psychology: Meeting the Challenge of Translational Research in Child Psychology*, vol. 35, edited by M. R. Gunner

and D. Cicchetti (Hoboken, NJ: Wiley, 2009), 115–158.

8. M. D. Mrazek and others, "Mindfulness Training Improves Working Memory Capacity and GRE Performance While Reducing Mind Wandering," *Psychological Science* 24, no. 5 (2013): 776–781.

9. McEwen and Gianaros, "Stress-and Allostasis-Induced Brain Plasticity."

10. Center on the Developing Child, Building the Brain's "Air Traffic Control" System, 12.

11. D. Brooks, "When Families Fail," *New York Times*, February 12, 2013.

12. "Sesame Workshop"®, "Sesame Street"®, and associated characters, trademarks, and design elements are owned and licensed by Sesame Workshop. © 2013 Sesame Workshop. All rights reserved.

13. S. Fisch and R. Truglio, eds., "The Early Window Project: Sesame Street Prepares Children for School," in *"G" Is for Growing: Thirty Years of Research on Sesame Street* (Mahwah, NJ: Erlbaum, 2001), 97–114.

14. N. E. Adler and J. Stewart, eds., *The Biology of Disadvantage: Socioeconomic Status and Health* (Boston, MA: Wiley-Blackwell, 2010).

15. 保羅‧都鐸一瓊斯（Paul Tudor-Jones）的「羅賓漢卓越計畫」（Robin Hood Excellence Program）和麥克‧卓克曼（Michael Druckman）的「Schools That Can」也是目前教改努力的例子。

16. 這裡說的「貧困」是指符合減免學校午餐費用的資格。

17. Personal interview with KIPP student, March 14, 2013, at KIPP Academy Middle School, South Bronx, NY.

18. These data are from Mischel interviews with Dave Levin, February 22, 2013, and with Mitch Brenner, April 17, 2013.

19. Personal communication from Dave Levin at KIPP to Mischel on December 26, 2013.

20. Y. Shoda, W. Mischel, and P. K. Peake, "Predicting Adolescent Cognitive and Social Competence from Preschool Delay of Gratification: Identifying Diagnostic Conditions," *Developmental Psychology* 26, no. 6 (1990): 978–986.

21. 美國有許多州並不提供經費支持學前教育。

CHAPTER 19
自我控制的核心策略應用

　　本章談到的自我控制之概念和策略,都是我們之前介紹過的研究成果。在這一章裡我要把它們放在一起,展示其關連性、綜合要點,特別專注於日常生活中的應用,看在必要時刻以及我們願意的情況下,這些研究成果可以怎麼幫助我們行使自我控制。

　　首先,抵抗誘惑之所以困難,是因為熱系統嚴重偏向「當下」,只想得到立即的獎勵,卻貶低延宕獎勵。心理學家已經證實,人類和動物都會「貶低未來」,[1] 經濟學家甚至提出一個簡單的數學模型來表示。[2] 我在哈佛大學的同事,至今也不斷在做研究的經濟學教授大衛・萊布森(David Laibson),曾利用這個概念來解釋:儘管他也很想定期去做運動,卻還是很少進健身房。我們每個人對於未來的貶低程度並不太一樣,而他的例子是將延宕獎勵貶低一半價值。為了建立一個表現貶低狀況的模型，萊布森對於各個活動都會賦予一個數字來表示它們的價值，如果活動需要努力、會帶來痛苦，即給予一個負值；要是能帶來獎勵，即給予正值。那麼對他來說，今天去做運動要付出努力，是「–6」的成本；因為運動而獲得的長期健康是「+8」的獎勵。當然，這些數值是根據決策者自己的價值觀。

對於他的躊躇不前，萊布森是這麼解釋的：他可以今天去運動（付出的努力成本「–6」），以獲得長期的健康好處（他認為的未來價值「+8」）。以他對「當下」的傾向來計算，今天就去運動的淨利益是 –6 + ½〔8〕= –2。因為未來價值會自動貶值一半，所以總體淨利益變成「–2」。相對的，如果明天才去運動的話，延宕的努力成本「–6」和獎勵（+8）都要減半，所以是 ½〔–6 + 8〕= +1。因此，以後再運動（淨利益為 +1）強過現在就運動（–2）。所以他就很少去健身房練身體囉。但這其中的價值認定，不但每個人的差異甚大，甚至我們每個人對於不一樣的活動也常常會有不同的看法；比方說你可能很虔誠地按時運動，可是遲遲不去清理衣櫃。

我們大腦的情緒傾向往往高估立即獎勵，而大幅貶低延宕獎勵，因此我們如果要行使自我控制，就要反其道而行，設法冷卻「當下」，為「未來」加溫。那些成功的學齡前兒童已經告訴我們要怎麼做了。他們會實際上遠離立即誘惑，來冷卻它的吸引力。例如把點心推開到桌子邊緣，雖然坐在椅子上但轉頭看別的方向；利用想像的辦法來分散自己的注意力，但在這個過程中時時緊記自己的目標（要得到兩顆棉花糖）。在我們提供冷卻策略建議的實驗中，他們改變對於誘惑的認知，以等待更大獎勵。例如讓誘惑變得更抽象，或者在心理上的距離更遙遠。這會讓等待變得更容易，時間拉長到甚至連我們都覺得不忍心。

基本原則：冷卻「現在」、加熱「未來」

不論年齡大小，自我控制的核心策略是冷卻「現在」、加熱「未來」，在空間和時間上遠離現在的誘惑，讓遠方的後果更靠近你。第 10 章曾談到我和同事們以抽菸和貪吃食物所做的實驗。當我們讓受測者專注於「未來」和吃的長期後果（「我會變胖」），他們感受到的貪欲都降低了，包括心理上和大腦顯像都是如此。讓老菸槍專注在「未來」和抽菸的長期後果（「我會得肺癌」），他們對於香菸的渴望也減弱了。要是專注在立即的「現在」，短期效應（「它感覺很好」）當然會有反效果，讓我們更難以壓抑渴望。

然而在實驗室之外，當我們的熱系統死盯著生活中的誘惑時，可沒人過來提醒我們要隔離欲望、冷卻即時滿足的誘惑。自我控制還是得自己來才行。但是這不會自然產生，因為一旦面對誘惑，熱系統會居於主導地位而貶低未來結果，熱系統會比冷系統更快被觸發，並加速冷系統的消退。我們的祖先要在荒野中生存，由熱系統控制主導可能很有幫助，但它也預設了屈服於誘惑的本能反應，讓一些聰明人很容易幹出蠢事來。就算我們會對自我控制的失敗感到懊悔，也不會後悔太久，因為我們的心理免疫系統會跳出來保護和捍衛，合理化自己的失控（「我那天太忙了啦」、「這是她的錯嘛」），不會讓自我感覺不好太久。這樣看來，我們要學會改變未來的行為，似乎是更不可能了。

「如果—那麼」實施計畫讓自我控制自發啟動

這個問題要怎麼解決呢？要做到自我控制，就必須想辦法在我們需要時自動觸發冷系統。但此時冷系統其實最難觸發，因此必須提早準備。現在各位回想一下，那些小朋友如何抵抗小丑盒的誘惑。小丑盒不斷地找小朋友講話，叫他們現在就來玩，不要再工作了（詳見第 5 章）。不過小朋友們預先排演了「如果—那麼」實施計畫來做準備。例如：「如果小丑盒發出聲音，叫你看著他、跟他玩，你要看著自己的工作，不可以看他。然後說『不，我不要。我要工作。』」這種「如果—那麼」計畫即可幫助孩子們堅持目標，繼續工作，抗拒小丑盒的哄騙誘惑。

在生活中使用「如果—那麼」實施計畫來幫助大人、小孩控制自己的行為，其效果比原本想像的還要成功。[3] 如果我們預備好這些精心排練過的計畫，自我控制能在刺激出現時自動觸發（「如果我走近冰箱，不可以打開冰箱門」、「如果看到酒吧，就要到對街去」、「早上七點鬧鐘一響，我就要去健身房」）。我們越是經常排演、練習這樣的實施計畫，行為就會更自動化，執行自我控制更不費力。

找到「如果—那麼」計畫的「如果」

要建立「如果—那麼」計畫來控制自己的衝動，第一步是要先找到觸發衝動反應的熱點。我們在威迪科營區的研究（詳見第 15 章），研究人員不但要觀察孩子們表現出來的攻擊強度，也要注意他們表現和不表現出攻擊行為的心理狀況。不良行為往往是在特定狀況下才會出現，具備高度的脈絡性，而不會在許多不同狀況下表現一致。比方說，「安東尼」和「吉米」的攻擊程度雖然不相上下，但觸發攻擊的熱點完全不同。安東尼是跟同儕互動才會發作，即使對方和顏悅色；吉米則是與大人互動時才會失控，同儕的嘲弄或挑釁反而不會讓他發作。

要找出我們自己的熱點，有一種方法是寫日記來追蹤我們失控的時候，就像我在第 15 章談到追蹤緊張反應的自我監測。必須追蹤日常生活中會觸發壓力的心理活動，找出造成壓力的特定狀況，並注意緊張反應的強度。熱點通常會比我們原先所以為的更具體。比方說，各位回想一下「珍妮」的情況，她平常的壓力指數並不高，甚至常常低於平均。只有在感覺受到排擠時，她的壓力指數才會達到破表的程度。這種時候她的情緒崩潰，對別人和自己都充滿了憤怒。一旦能夠精確地找到熱點，比方說藉由追蹤觸發狀況，我就可以根據熱點來制定「如果——那麼」實施計畫，並且事先加以練習，那麼我們就能改變回應的方式。

　　對拒絕敏感的「比爾」（詳見第 12 章）來說，特別會讓他發火的嚴重狀況是他覺得太太早餐時只看報紙，卻不注意他。他可以針對這個狀況進行實施計畫演練，那麼太太下次要是只看報卻不注意他，就能自然啟動冷卻策略，讓他分散注意力。比方說這時要從 100 默數到 0，或許就能平靜下來，控制足以破壞親密關係的暴怒。或許，之後他可以用有建設性的方式來取代發脾氣（「請把商業版遞過來」），幫助自己一步一步地維護這個他擔心失去的關係。這個辦法聽起來很簡單，但實際應用時的確可以發揮驚人的效果。彼得・高維茲（Peter Gollwitzer）和加百列・歐廷根（Gabriele Oettingen）在他們的研究中屢次發現實證。困難的是要長時間維持這樣的改變，從節制飲食到戒菸，在這方面都要特別努力才能加強自我控制。[4] 但只要能堅持下去，新行為也會自行創造滿足，幫助我們持續不懈。新行為本身會創造出價值，不再只是個負擔，而成為滿足和自信的泉源。要改變長期以來的行為模式和學習新模式，不管是彈鋼琴或學會自我克制，避免傷害我們所愛的人，最佳處方就是：練習、練習、再練習！直到這些行為自動自發，而且本身就能成為獎勵。

必定失敗的計畫

當人們預期自己無法控制欲望時，經常採取「事先承諾」（pre-commitments）的方法，先減少環境中的誘惑。例如家裡不要有難以抗拒又妨礙健康的食品，不要放酒、不要偷藏香菸、不要再買那些誘惑人的東西——或者，就算要買也要買更為量小價昂的，能讓人覺得被誘惑的成本太高、無法負荷。「事先承諾」其實是以低廉成本博取利益的好策略，從聖誕節儲蓄計畫（譯按：這是西方人為了支應聖誕節禮品的龐大開銷，採取定期定額的儲蓄計畫）、保險單和退休金計畫都可以應用。[5] 然而這種計畫要是欠缺約束力，沒有具體的「如果—那麼」實施計畫給予助力，很可能跟那些新年新計畫沒什麼兩樣。我們人類就是很會做些不痛不癢的承諾，然後想盡辦法為自己開脫。

我有個早已過世的朋友兼同事就常常上演這種戲碼。他是很有名的心理研究專家，雖然想戒菸又不肯下定決心，只是用不買香菸這種事先承諾的辦法，希望戒掉自己菸不離手的習慣。結果呢，他四處跟人要伸手牌的香菸。到了聖誕節的時候，哥大一些辦公室幾乎空無一人，他也找不到伸手牌可抽了。絕望之餘，他竟然在曼哈頓的路上撿菸蒂！他曾經跟我坦白那最感羞愧的一刻：他後來在百老匯大街找到誘人的菸蒂，就彎下腰去撿拾。當他直起身來，手上拿著菸蒂，發現某個街友面露不悅。街友也想撿那根菸蒂！可惜動作不夠快。此時他對我那位衣著高雅的朋友嚷著：「我真□□□（消音）不敢相信！」

　　我朋友的例子可說明這種事先承諾的辦法必敗無疑，雖然他也夠聰明，知道這樣根本行不通。他既然說要戒菸，就應該爭取旁人的幫忙，叫他們不管他怎麼哀求，都應該拒絕他才是。但他卻不這麼做，而朋友們對他伸手牌的禮貌回應，當然更讓他的企圖不可能成功。他自己應該很清楚，當熱系統想抽菸（大部分時候都是熱系統作祟），如果想要對抗眼前犯癮的誘惑力，一定要大幅提高違背預先承諾的成本；這個成本要遠遠高過立即抽菸的價值才行。心理治療師不論採取的是什麼方針或策略，都經常對病患說「你必須想要改變」──重點正是「想要」二字。

有效的事先承諾計畫

要讓事先承諾策略有效，就要轉換成「如果一那麼」實施計畫。這在認知行為治療中可以找到許多例子。以我那位朋友的狀況來說，他要先為一些最討厭的事情（這些他可是不缺的）簽好幾張大額支票，並且跟治療師約定好，萬一他又抽菸或跟別人要伸手牌，就捐一張支票出去。各位要是想試試這個辦法卻沒有治療師的話，你也可以請求會計師、律師、最好的朋友甚至是最靠近你的敵人來做監督。[6]

又因為我們對於未來獎勵總是大幅貶低，所以像是醫療保健到退休金計畫等等，通常就很難做得好。比方說，有成百上千萬的美國人到了 65 歲時，才驚訝地發現自己年輕時存下的退休金竟然那麼少（詳見第 9 章）。發現這個問題的規模和嚴重程度之後，研究人員已協助雇主克服人性自我控制的限制；如今企業界雇用新員工時，參加退休金儲蓄通常就是預設選項。以大企業來說，過去以不參加 401(k) 退休金計畫為預設時，只有40% 的員工會參加；如今以參加為預設，則有 90% 的員工參與。[7]

各位要是沒有這種高瞻遠矚的老闆，就只好在現在的太平年月儘量想到未來的自己，想像自己未來希望變成什麼樣子，讓你的人生具備連續性和方向感，朝著一個可以看得見的長遠目標前進，在回顧過去之餘也能眺望未來。具體行動方面，我們可以利用實施計畫來敦促自己，在新工作開始的第一天就選擇較高撥存比例的退休金計畫。如果是留在同一家公司沒換工作的人，也可以利用實施計畫，例如週一早上10點就去人力資源部門查看退休金儲蓄的選擇，確定自動執行的退休金儲蓄正確無誤。這種策略可以幫助我們避開對於未來的貶低——如果退休金計畫並非預設選項，我們就必須這麼做。

認知重新評價：這不是點心，是毒藥！

我們在 PART 1 看到，學齡前兒童對於誘惑的心理再呈現，決定他們是否可以控制自己。他們要是能重新評價那個熱切誘惑，讓自己冷靜下來，就能夠等待延宕的獎勵。二十年後，我也有一個「開竅」時刻，突然在自己的生活中了解到那些發現的意義。雖然是發生在 1985 年的事情，如今回想起來仍是那麼生動，彷彿就在昨日。

那時候我的兩邊手肘突然起了疹子，非常癢，就像沾到什麼酸液似的，讓我很難過。後來它又不斷擴散，也越來越嚴重。歷經一年的苦惱，才找到一位有名的皮膚科醫生，他說這是「乳糜瀉」（celiac disease）。他開出來的藥也有效，不過我日後必須一直服用這種藥。他還警告說，為了防範藥物帶來的副作用，必須定期檢查血壓。後來病況很快好轉，但比較溫和的發疹還是持續不斷。幾個月後，我才從醫學院的圖書館理解到（那時既沒 Google 也沒有電腦網路），乳糜瀉這種病幾乎沒什麼人知道，它是我們身體的免疫系統對穀物中麩質的過敏反應，例如小麥、大麥和黑麥都含有麩質。唯一的治療方法就是不要吃帶有麩質的食品，醫生開的藥雖然可以緩解症狀，但無法防止疾病的長期破壞。

我問我的皮膚科醫生，他為什麼不告訴我應該要吃無麩質飲食呢？他說這世界都是含有麩質的食物，誰也無法控制自己只吃無麩質的食物，所以說明那件事根本沒意義。然後在四分之一個世紀後的今天，事實證明世界各地有許多人被診斷患有乳糜瀉之後，包括我自己在內，都設法堅持無麩質飲食。我們能夠做到這樣，並不是自我控制的能力有多麼高超，而是因為我們知道麩質對我們有害之後，原本貶低未來獎勵的價值感就變了。過去難以抗拒的誘惑，例如巧克力蛋糕、法國棍子麵包、白醬義大利麵，對我們來說就全部變成毒藥囉。

對乳糜瀉患者來說，吃一點含有麩質的食物，痛苦的後果就會馬上到來，而且必定到來。因此我們要做出改變就比較容易，並且幾乎都是自動自發的。但若是想要戒菸、節制飲食、控制脾氣，或為了退休金而節約儉省，因為負面效應總是在遙遠的未來、也未必就會來到，那麼這個要讓我們改變行為的動力就不是那麼肯定，也不會那麼快速。它們都是抽象的，既不會讓你全身發癢，也不會讓你馬上拉肚子。因此你必須對它們重新評價，讓它們變得更確實、更具體（想像醫生拿著 X 光片，說你的肺長了腫瘤），要把未來想成是現在發生的事。

自我抽離：走出自我

雖然有很好的自我控制計畫可以依賴，但是人生之中，憤怒、焦慮、痛苦、遭受排斥和其他許多負面情緒總是不可避免的。我們來看看那些跟伴侶或配偶共同生活多年，後來遭到遺棄的人（詳見第 11 章）。如此遭遇的失戀者經常陷溺於那個悲慘經驗中，難以自拔；反而使得他們的悲傷、憤怒和怨恨如同火上加油，結果只是壓力更大、更痛苦。當壓力增大時，人就受到熱系統的掌控，冷系統趨於停滯，進而引發惡性循環：壓力增加→熱系統主導→負面情緒→長期痛苦→加深憂鬱→失去控制→慢性壓力→心理和生理狀況更趨惡化→壓力更大。

要擺脫這種惡性循環，暫時中止對自己及外界自我沉溺式的習慣性眼光，會有幫助。此時我們對於痛苦經驗的看待，不要像過去一樣從自己的眼睛去看，而要像一隻停在牆上的蒼蠅，像是在觀察第三者所發生的事情。不同的觀察角度，可以改變經驗的評價和理解。[8] 藉由拉開你跟事件的心理距離，可以降低壓力、冷卻熱系統，讓前額葉皮層重新評價到底發生了什麼事，你才可以理解、做個了斷，然後才能繼續前進。

促成如此改變的機制，目前雖然還在研究中，但光是從自我沉溺到自我抽離的轉變，就能大幅減輕心理和生理上的痛苦，讓我們重新控制自己的思考和感受。所以這種牆上蒼蠅式的心理特技，很值得一試。光靠自己不容易辦到，但我們在書中談到的許多原則和發現，認知行為療法都已加以運用，來解決一些最嚴重的心理和行為問題。[9] 如果是那些自我控制失敗的人，這種辦法會特別有效；這種案例大概就像約翰·契佛小說〈大橋天使〉所描述的那樣。熱系統一旦自動觸發，形成嚴重負面情緒、滋生焦慮，就會造成令人失去行為能力的恐慌。這時候要是沒有旁人的協助，最優秀的自我控制能力對此也是莫可奈何；除非你夠幸運，碰上自己的大橋天使。

父母該怎麼做？

　　我在許多學校演講，最後總會強調自我控制的能力並不是與生俱來、先天註定的，而家長也總是會問：「我們要做些什麼，來幫助孩子呢？」時間足夠的話，我會告訴他們，讓懷孕期的胎兒和剛出生幾年內的嬰兒不要感受到太大壓力，這一點尤其重要。現在大家都知道，嬰幼兒在人生早期暴露於長期的極端壓力下，對於成長非常有害。更令人吃驚的是，在嬰兒剛出生後的第一年內，如果置身於父母親持續衝突的溫和慢性壓力下，儘管還不到肢體暴力的程度，例如光是在睡覺時聽到爸媽吵架的聲音，嬰兒大腦的壓力反應也一樣會升高。[10] 要降低嬰幼兒的壓力，當爸媽的首先要先降低自己的壓力；為人父母者常因為小孩的誕生而感受到較大壓力。嬰兒經常半夜每隔幾小時就會哭鬧和需索，而這個時間，爸媽也常常累趴了；此時那些用來冷卻和控制衝動、誘惑和遭到拒絕之熱系統反應的辦法，也可以用來處理這些狀況。

　　從嬰兒的第一年開始，照護者就可以利用分心策略，來轉移嬰兒對痛苦的感受，讓他們把注意力放在其他的刺激和活動上。久而久之，小朋友就會學會控制自己的注意力來減輕痛苦感受，這正是發展執行功能的基本步驟。在這個過渡期裡，家長的引導即可提供幫助。「布魯斯」（Bruce）是在家工作的作家，但他要花費許多時間來照顧4歲大的兒子。那個男孩有一次等著看他最喜愛的電視節目，可是左等右等等不來，就發脾氣了。布魯斯以前看過棉花糖研究的發現，知道分散注意力可以幫助小朋友耐心等候點心，所以他依樣畫葫蘆就在兒子身上試一試。布魯斯先安撫孩子，讓他平靜下來，告訴他有些辦法可以讓等待更容易，只要分散自己的注意力，也許是想像一些好玩的事，或者實際去玩一些有趣的東西，就能等到節目播出。後來他兒子拿著心愛的玩具，離開電視機，自己玩得很愉快，直到電視節目開始播出。後來更讓他驚訝的是，看到兒子輕鬆又愉快地從中學會分散注意力，在其他狀況下也會利用這個方法，讓延宕滿足變得更容易。

但要是照顧者不在附近時，碰上小朋友彼此傷害的情況，分散注意力就沒什麼效果。「伊麗莎白」（Elizabeth）是有執照的心理治療師和諮商顧問，受過完整的認知行為療法訓練，經常跟一些家長合作，解決小朋友在自我控制上的問題。我請她舉例說明學齡前兒童控制攻擊行為該用哪些策略，她以自己的兒子為例，當時她的兒子3歲。她說：

> 他會咬人，最嚴重的時候在學校一天咬了三個小朋友。我試過很多辦法，最後發揮效果的辦法其實很簡單，就是「咬人的男孩沒有甜點」。所以我去學校接他時，

就問問他有沒有咬人，要是咬人的話，晚上就不能吃甜點。我們事先就會先講好，上學途中也會再說一次。第一天帶他去學校，我在離開前就跟老師說了這件事，而且他也聽到了。等我到學校接他時，發現他那天在快要放學之前，咬了一個同學。所以我跟他說：「那好吧，今晚不能吃甜點囉。」他說：「好吧，媽媽。」然後我們擁抱了一下。回家以後，我讓他看看我做的甜點，然後再次提醒他，要是明天不咬人，晚上就可以吃甜點。他知道我的堅持。每次發現他咬人時，我們就會一起想辦法，看他可以做些什麼別的事情，就是不要咬人。然後我們會在上學途中練習，每當他可以想出別的方法（「那我就用說的好了，媽媽。」），我會稱讚他做出正確選擇。「大概三、四天以後，他就不再咬人了，而且此後再也沒犯過。」[11]

父母應該幫助小朋友知道自己可以有所選擇，而且每個選擇都有它的後果，從伊麗莎白的例子能看出這件事的重要性。這個例子也可以說明，明智地運用獎勵，可以鼓勵孩子做出適當的選擇。至於應該使用哪些獎勵，取決於父母的價值觀，同時也要看那些東西對特定孩子的效果。比方說，當爸媽的如果不想以食物作為獎勵，應該也很容易找到其他方式和經驗。

小孩發展自我控制策略，會受到他從小與照顧者依戀經驗的影響。希望孩子跟自己比較親密，又想要他們學會適當的自我控制技能，當爸媽的人就要特別注意自己的行為，小孩才比較有機會學到。比較關注孩子需求，必要時提供支持與協助的父母，比過度控制孩子或只顧自己不顧小孩的父母，更有機會鼓勵孩子獨立自主（詳見第 4 章）。

　　要讓孩子了解自主和責任，我們應該讓他們從小就知道自己可以做選擇，而每個選擇都會有它的後果。好的選擇會有好的結果；壞的選擇也會有壞的結果。各位還記得喬治・拉米雷斯吧，那個在南布朗克斯覺得迷失、找不到目標的孩子，最後也能成為耶魯大學的優秀學生。他說自己的人生被拯救，是在 9 歲時知道選擇和結果的關係，種什麼因、結什麼果。他在 KIPP 的第一天就發現自己可以有所選擇，但也有責任自己承擔後果。而教師的責任就是確保孩子做出選擇，會得到他們應得的結果。伊麗莎白也是用同樣的「如果─那麼」方法來教導她那個愛咬人的兒子：咬人的孩子就不能吃甜點。喬治學到的教訓是，三年級的小朋友不聽話、不好學，但「要是我對別人客氣有禮，他們也會對我客氣有禮。」（詳見第 8 章）

　　家長們可以為孩子創造很多環境，讓他們領略成功的經驗。有個重要的方法是跟他們一起進行有趣但困難的任務，難度逐步增加，這些活動可以是學習彈鋼琴、玩積木或樂高，或是一些攀爬障礙物的肢體遊戲。父母必須做到的是，在孩子需要時提供協助，然後讓他們自己去玩；不要去控制他們，也不要幫他們做。孩子儘早領略成功經驗，可以幫助他們培養樂觀心態，對於成功和能力會有實際而不空泛的期待，讓他們懂得去尋找一些本身即可提供滿足的活動。（詳見第 8 章）

我們還可以幫助孩子養成「漸進成長」的思維模式，讓他們認為自己的才華、能力、智力和社交行為並非與生俱來就固定不變的，而是經由努力學習可以培養的技巧和能力。獎勵孩子，不是因為他們獲得好成績或是「好聰明」，而是因為他們很努力。卡蘿・德維克的研究指出，要引導孩子把自己的能力和智慧視為能夠塑造的東西，讓他們樂意透過努力來提升自己的績效（詳見第 8 章）。同樣重要的是，我們要幫助他們理解和接受失敗也是生活和學習的一部分，但要鼓勵他們找出建設性的方法來處理這些挫折，讓他們願意不斷地嘗試，而不會變得焦慮、憂鬱和逃避。如果我們說要給他們延宕獎勵，希望他們樂意等待延宕滿足，最好要小心謹慎，一定要遵守諾言。[12]

不過對於「我們應該怎麼幫助孩子」這個問題，可以說最好的答案就是以身作則。你希望孩子變成什麼樣的人，就自己做示範。父母和孩子生命中的重要人物能否嚴謹地控制自我，對孩子本身即有深遠的影響，看他們怎麼處理壓力、挫折和情緒；用什麼標準來評價自己的成就；他們對於他人感受的同情心和敏感程度；他們的態度、目標和價值觀；他們對紀律採用什麼方法；自己是否欠缺紀律，凡此種種都有深遠的影響力。父母的示範和教導可以提供孩子龐大的庫存，讓他們在面對無止盡的挑戰時得以選取應有的反應，也能在自己的發展過程中從父母的示範與教導摸索出適合自己的有效反應。

許多研究都發現身教模範的威力效用，從學齡前兒童控制攻擊情緒、克服怕狗的心理、心臟手術後的復原到避免不安全性行為，既使是短期實驗都能發現它的威力。例如在賓恩幼稚園的實驗中，小朋友看到友善的成人模範打罵玩偶，他們在自己玩耍時也會細緻地模仿那些攻擊行為，甚至發揮創意添加更多細節。[13] 同樣地，在保齡球遊戲中對自我獎勵採取很高標準的模範，也會強烈影響旁觀的孩子。既使沒有大人陪伴時，他們也一樣對自己採用嚴格的標準和獎勵模式。

一些虛構故事的角色，像小孩、可愛動物，例如熊寶貝或跳跳虎，還有擬人化的火車頭等等，這些角色在故事中做出各種好事或壞事、帶來不同的後果，都會讓小朋友學到好行為和壞行為的教訓，而他們都很喜歡反覆不停地看或聽這些故事。學齡前兒童並不知道，這些床前故事和電視教育節目正在教導他們執行功能。這些不同角色上演各種主題故事，傳授正面的社會與情感價值，包括要怎麼應對悲傷；如何利用語言來處理憤怒，而不是動手動腳；怎麼當一個好朋友；怎麼表達感激之情；以及怎麼做到延宕滿足。這些故事書和節目都可以幫助小朋友，讓他們透過喜愛的媒體學會應對壓力和人際衝突，並且發展執行功能。

不管那些策略是怎麼學到的，四、五歲的小朋友要是自己玩耍或在棉花糖測試中等待更大獎勵時，懂得運用那些方法，讓它更容易、更自動地冷卻熱系統，那真是挺幸運的。不過我在結束這些討論時也不能不重申，延宕滿足也是過猶不及，過度的延宕跟不懂得延宕一樣不好。不管是對大人或小孩，最大的挑戰是明辨時機，什麼時候該等待更多的棉花糖，什麼時候又該馬上按鈴、及時行樂。不過這一切也都需要培養出等待的能力，否則也沒有選擇可言。

NOTES

1. G. Ainslie and R. J. Herrnstein, "Preference Reversal and Delayed Reinforcement," *Animal Learning and Behavior* 9, no. 4 (1981): 476–482.

2. D. Laibson, "Golden Eggs and Hyperbolic Discounting," *Quarterly Journal of Economics* 112, no. 2 (1997): 443– 478.

3. P. M. Gollwitzer and G. Oettingen, "Goal Pursuit," in *The Oxford Handbook of Human Motivation*, edited by R. M. Ryan (New York: Oxford University Press, 2012), 208– 231.

4. R. W. Jeffery and others, "Long-Term Maintenance of Weight Loss: Current Status," *Health Psychology* 19, no. 1S (2000): 5–16.

5. M. J. Crockett and others, "Restricting Temptations: Neural Mechanisms of Precommitment," *Neuron* 79, no. 2 (2013): 391–401.

6. D. Ariely and K. Wertenbroch, "Procrastination, Deadlines, and Performance: Self-Control by Precommitment," *Psychological Science* 13, no. 3 (2002): 219–224.

7. D. Laibson, "Psychological and Economic Voices in the Policy Debate," presentation at *Psychological Science and Behavioral Economics in the Service of Public Policy*, the White House, Washington, DC, May 22, 2013. See also R. H. Thaler and C. R. Sunstein, *Nudge: Improving Decisions about Health, Wealth, and Happiness* (New York: Penguin, 2008).

8. E. Kross and others, "Asking Why from a Distance: Its Cognitive and Emotional Consequences for People with Major Depressive Disorder," *Journal of Abnormal Psychology* 121, no. 3 (2012): 559–569; and E. Kross and O. Ayduk, "Making Meaning out of Negative Experiences by Self-Distancing," *Current Directions in Psychological Science* 20, no. 3 (2011): 187–191.

9. B. A. Alford and A. T. Beck, *The Integrative Power of Cognitive Therapy* (New York: Guilford Press, 1998); and A. T. Beck and others, *Cognitive Therapy of Depression* (New York: Guilford Press, 1979).

10. A. M. Graham, P. A. Fisher, and J. H. Pfeifer, "What Sleeping Babies Hear: A Functional MRI Study of Interparental Conflict and Infants' Emotion Processing," *Psychological Science* 24, no. 5 (2013): 782–789.

11. Quotes from personal communication with "Elizabeth" on August 27, 2013.

12. L. Michaelson and others, "Delaying Gratification Depends on Social Trust," *Frontiers in Psychology* 4 (2013): 355; W. Mischel, "Processes in Delay of

Gratification," in *Advances in Experimental Social Psychology*, edited by L. Berkowitz, vol. 7 (New York: Academic Press, 1974), 249–292.

13. A. Bandura, D. Ross, and S. A. Ross, "Transmission of Aggression through Imitation of Aggressive Models," *Journal of Abnormal and Social Psychology* 63, no. 3 (1961): 575–582.

CHAPTER 20
人性

「你的未來就在一顆棉花糖裡。」

當我的研究第一次在網路上公開時，我一看到這個標題，就動念想要寫出這本書。現在我要開始寫最後一章時，我又拿這段話到 Google 搜尋，結果找到這麼一段：「命運也許不是由星座決定，但如果是由基因決定的呢？」[1] 但本書所討論的研究，卻是指向一個完全不同的結論。我的研究指出，不論大人或小孩，自我控制都是可以培養的，讓大腦前額葉皮層得以觸發冷系統、控制熱系統。如此一來，我們才不會被刺激所控制，被當下的衝動和壓力推著走；而是能行使自我控制，才能擁有真正的選擇。現代科學傳達的重要教訓是，我們的命運並非由基因所決定，在子宮裡就寫好了。人類大腦的構造比原先想像的更具可塑性，因此我們可以決定自己怎麼生活，積極地塑造自己的命運。[2]

雖然很多在棉花糖測試中能夠等待延宕滿足的小朋友，日後數十年裡也大都可以維持良好的自我控制，但有些人還是會退步；而那些早早就按鈴的小朋友，有些則在日後表現出相反的模式，當他們長大成人後，自我控制能力也隨之加強。我這本書就是想搞清楚這些不同的變化，讓各位瞭解其中的複雜性，指出成長過程中的某些選擇，會影響日後的人生。

執行功能與熱烈的目標

　　能在棉花糖測試中堅持下去的小朋友，是因為他們的執行功能發展良好，若不是的話也就辦不到。他們成功等待棉花糖的第二個關鍵因素是願意去努力，也就是毅力。對於好像永遠等不到的那個時刻，他們不停地運用自己的頭腦和想像力來轉移注意力，苦苦等候大人回來，絕不按鈴。兩顆棉花糖——或餅乾、或任何他們選擇的獎勵——就成為他們熱烈盼望的目標，而且強大到足以維持英勇的努力，讓他們認為值得這麼做。而在小朋友的驚奇屋之外，當我們關愛的人開列出願望清單時，也一定要包含自己願意去發現、投入或創造出熱烈期盼的目標，才會有意願去建設自己想要的生活。

大明星布魯斯・史普林斯汀第一次在鏡子裡看見自己抱著新吉他的模樣，發現了自己的目標。喬治・拉米雷斯說他在 KIPP 的第一天，才知道當個學生應該是什麼樣子。馬克・歐文在中學時偶然讀了海豹隊員寫的書《綠臉孔》，才突然了解那就是自己想要成為的人。大衛・雷文說他開始教書之後，才清楚自己這一生的使命。我們這一生都有自己的故事，隨著時間開展不停地編寫。回顧過往的某些目標，也許當時連我們自己都不理解；眺望未來，也很想知道自己將何去何從。

　　我很小的時候有個最不喜歡的叔叔，從事雨傘製造的生意。他做得很成功，也很希望我以後跟他一起做傘。他不停地煩我，問我長大後要做什麼，希望我會說我要跟他一樣。我是絕對不想跟他一樣的，不過他倒是讓我好好地想清楚自己要做什麼。另一位心理學家，也是我一生的同事和朋友，他在心理學史上擁有最輝煌和成功的事業，他說自己這個熱烈目標要歸功於他的爸爸。在 1930 年代的大蕭條時，他爸爸放棄了自己繼續求學的雄心壯志，不眠不休地工作來照顧家人。我朋友說他想達成父親放棄的志向，以此作為人生目標，也因此造就了成功的事業。

　　要成功地追求自己的目標，一定要具備自我控制的能力，然而只有目標本身才能提供我們方向和動力。擁有目標，正是讓我們對生活感到滿意的重要因素。[3] 我們在小時候所挑選的目標，會強烈影響自己日後的追求，以及我們對生活的滿意程度。這些目標，不管它們是怎麼形成的，都能造就我們的人生故事，也跟達成目標必要的執行功能一樣重要。

自我控制，尤其說到「竭力控制」時，聽起來好像是非常困難、非常費力的嚴厲承諾，像是自願走進只知道工作的自我否定、喪失眼前歡樂，只為了未來而活的人生。有位熟人告訴我，他最近跟幾個朋友在曼哈頓吃飯，席間話題轉向棉花糖測試。有位朋友是住在格林威治村的小說家，跟他親哥哥的生活剛好截然對立。他哥哥是非常成功、很有錢的投資銀行家，過著那種身穿條紋西裝、戴著愛馬仕領帶的奢華生活。他哥哥早早便結婚生子，幾個小孩也非常優秀。而這位作家曾經出版五部小說，但都沒引起什麼迴響，銷售狀況也不是很好。雖是如此，這位作家覺得自己過得也很不錯，白天寫作，晚上享受單身生活，女朋友也是一個接著一個。然後這作家猜測說，他西裝筆挺的哥哥大概就是會等待棉花糖的人，而他應該是早早就按鈴投降了吧。

事實上，那位小說家要是不懂得自我控制，就不可能寫出五本書；而他刻意維持著只有享樂、不給承諾的親密關係，或許也要控制得住自我才行。如果不擅於自我控制，恐怕無法讀完一家專收菁英分子的大學文學院；並且這種需要創意的寫作，絕對不是馬馬虎虎的自我控制就能做得到。要在藝術創意方面獲得成功，跟其他工作一樣，也都需要良好的執行功能；其中的差異只在於目標不同。缺乏執行功能的運作，發現目標、追求目標的機會也就不再。這就是南布朗克斯那些沒抽中 KIPP 學校的窮孩子所面對的狀況。但若是欠缺讓自己努力的目標和動力，那麼光有執行功能也一樣是無可著力。

關於人類的另類觀點

各位對於本書談到大腦和行為可塑性的反應，大都取決於你相不相信人可以控制自己、改變自己。從更大的脈絡來看我們是誰、可以變成什麼，這些科學發現提供了兩種相互矛盾的解讀。現在各位趁著熱系統還沒形成僵化結論之前，趕快運用冷系統思考一下這些發現的結果。

人性本質到底是可塑可變或者固定不變，這個問題的答案不僅是科學家長久以來的關注重點，對我們每個人的日常生活也非常重要。[4] 有些人認為自我控制能力、意志力、智力等人格特徵是與生俱來的，從出生之後就不可改變。當他們看到實驗證實執行功能和自我控制在教育補強後也會提高，只會當作短期效果，不可能在長期上帶來差異；光是學會一點小技巧並不能改變與生俱來的本質。另外一些人則認為這些證據顯示人類是可以改變的，我們可以改變自己的思維和行為，可以打造自己想要的生活，而不是只靠遺傳基因，像博彩一樣由老天爺決定自己是勝利者或失敗者。

　　如果我們允許這些證據來改變我們對人的看法，科學家發現大腦可塑性就是告訴我們，人類的本性其實很有彈性，也有很大的改變潛力，絕非一成不變。我們出生來到這個世界，並不會受到一成不變的特質所綑綁，由它們來決定我們會變成什麼樣的人；而是在與社會及生物環境的互動中，不斷地發展自我。這些互動塑造出我們的預期、目標和驅動我們的價值觀，還有我們對刺激和經驗的解讀方式，以及我們構造出來的人生故事。[5]

　　再說到先天與後天的討論（詳見第 7 章），正如考菲爾和法蘭西斯所言：「過去以為基因才是決定因素，但環境因素也是……過去以為只有環境才能塑造，但現在發現基因組也可以。」[6] 而我這本書基本上也指出，現在已經找到大量證據表明，我們在某種程度上也擁有積極主動的行為能力，可以控制這些互動要怎麼進行。這也是說，對於人類的本質，我們其實有更多的可能可以做選擇，也要肩負起更多責任，跟過去那個世紀的人性決定論觀點不太一樣。那些觀點認為我們的行為是起因於環境、基因遺傳、潛意識、不良的教養或者因為演化，還有運氣。而我本書所說的，也承認上述那些因素的影響，但在這個因果關係的最末端，當按鈴說要馬上吃棉花糖的那一刻，個人才是行動與決策的主體。

當我被問到自我控制的研究到底在說什麼時，我想起笛卡爾那句名言：「我思故我在。」[7]如今我們對於心靈、大腦和自我控制的更多發現，笛卡爾這句話也可以再向前邁進一步：「我思故我變。」藉由改變思考，我們可以改變自己的感受和行為，因此而改變自我。要是有人懷疑：「我真的可以改變嗎？」我要引用喬治‧凱利給病患的回答。病人經常問說他們真的可以控制自己的生活嗎？凱利會盯著他們的眼睛說：「你真的想要嗎？」

NOTES

1. Radiolab: http://www.radiolab.org/story/96056- your-future-marshmallow/.

2. P. D. Zelazo and W. A. Cunningham, "Executive Function: Mechanisms Underlying Emotion Regulation," in *Handbook of Emotion Regulation*, edited by J. J. Gross (New York: Guilford Press, 2007), 135–158; and Center on the Developing Child at Harvard University, Building the Brain's "Air Traffic Control" System: How Early Experiences Shape the Development of Executive Function: Working Paper No. 11 (2011).

3. Originally published in W. G. Bowen and D. Bok, *The Shape of the River: Long-Term Consequences of Considering Race in College and University Admissions* (Princeton, NJ: Princeton University Press, 1998); and C. Nickerson, N. Schwarz, and E. Diener, "Financial Aspirations, Financial Success, and Overall Life Satisfaction: Who? And How?," *Journal of Happiness Studies* 8, no. 4 (2007): 467–515. For a summary of the essential findings see D. Kahneman, *Thinking, Fast and Slow* (New York: Farrar, Straus and Giroux, 2011), 401–402.

4. W. Mischel, "Continuity and Change in Personality," American Psychologist 24, no. 11 (1969): 1012–1018; and W. Mischel, "Toward an Integrative Science of the Person (Prefatory Chapter)," *Annual Review of Psychology* 55 (2004): 1–22.

5. C. M. Morf and W. Mischel, "The Self as a Psycho-Social Dynamic Processing System: Toward a Converging Science of Selfhood," in *Handbook of Self and Identity*, 2nd ed., edited by M. Leary and J. Tangney (New York: Guilford, 2012), 21–49.

6. D. Kaufer and D. Francis, "Nurture, Nature, and the Stress That Is Life," in *Future Science: Cutting-Edge Essays from the New Generation of Scientists*, edited by M. Brockman (New York: Oxford University Press, 2011), 63.

7. R. Descartes, *Principles of Philosophy*, Part I, article 7 (1644).

ACKNOWLEDGMENT

致謝

　　我要特別感謝我的女兒 —— Judy Mischel、Rebecca Mischel 和 Linda Mischel Eisner —— 我要把本書獻給她們三位。當她們還是孩子的時候，激發了我的研究，並成為第一個「研究對象」；等到她們長大成人，也慷慨地讓我講述這些故事。我的工作夥伴，Michele Tolela Myers 給我許多明智的建議、富於創意的精心編訂，和無盡的支持、寬容與鼓勵。我的侄子 Paul Mischel，從開始到結束都貢獻出他的科學知識和智慧、犀利眼光和關懷。Ran Hassin 既是啦啦隊也是富於創意的編輯，在本書的手稿階段也擔任我的諮詢顧問。Bert Moore 是我的學生，我們數十年前在史丹佛大學一起做實驗，現在還是我的朋友，以耐心和關懷閱讀我的手稿，並給我許多建議。我還要感謝許多同事和朋友（我很榮幸，但無法一一列出）讀過全部或部分手稿，並給我許多有用的評論，有些人甚至讀過好幾遍。

我的經紀人 John Brockman 對這本書充滿了信心，有他的幫助才得以實現。Tracy Behar 是我在小布朗出版公司的編輯，她反覆修改讓本書行文更為清晰明確，Sarah Murphy 也協助了這項任務。我的助手兼右手 Amy Cole 處理了大大小小的細節，讀過好幾個版本的草稿，也給我許多評論。她跟 Brooke Burrows 也一起搞定那些註釋。

　　最後我要感謝許多小朋友和家庭的貢獻，他們慷慨地與我合作，時間往往長達數年，本書中談到的許多發現都是這麼來的。同樣地，我也要深深感謝書中談到的許多學生和同事，他們跟我一起做研究，也都是我的朋友，我這一生都跟他們一起努力，也才會有這本書。而這項研究則是受到美國心理健康研究所和美國國家科學基金會的慷慨資助和不斷支持。

忍耐力——其實你比自己想的更有耐力！棉花糖實驗之父寫給每個人的意志增強計畫 / 沃爾特·米歇爾（Walter Mischel）著；陳重亨譯 -- 初版 . -- 台北市：時報文化 , 2015.8； 面； 公分 （NEXT 叢書 ; 223）

譯自：The Marshmallow Test: Mastering Self-Control

ISBN 978-957-13-6368-4（平裝）

1. 行為心理學 2. 自我實現

176.8　　　　　　　　　　　　　　　　　　　　　　　　　　　　　　　　104015854

NEXT 叢書 223

忍耐力——其實你比自己想的更有耐力！棉花糖實驗之父寫給每個人的意志增強計畫

The Marshmallow Test: Mastering Self-Control

作者　沃爾特·米歇爾 Walter Mischel｜譯者　陳重亨｜主編　陳盈華｜美術設計　陳文德｜執行企劃　張媄茜｜總編輯　余宜芳｜董事長　趙政岷｜出版者　時報文化出版企業股份有限公司　108019 台北市和平西路三段 240 號 3 樓 發行專線—(02)2306-6842 讀者服務專線—0800-231-705．(02)2304-7103 讀者服務傳真—(02)2304-6858　郵撥—19344724 時報文化出版公司　信箱—10899 臺北華江橋郵局第 99 信箱　時報悅讀網—http://www.readingtimes.com.tw｜法律顧問　理律法律事務所　陳長文律師、李念祖律師｜印刷　勁達印刷有限公司｜初版一刷　2015 年 8 月 28 日｜初版七刷　2021 年 11 月 17 日｜定價　新台幣 380 元｜時報文化出版公司成立於一九七五年，並於一九九九年股票上櫃公開發行，於二〇〇八年脫離中時集團非屬旺中，以「尊重智慧與創意的文化事業」為信念。｜版權所有　翻印必究（缺頁或破損的書，請寄回更換）